新编事业单位会计操作实务

XINBIAN
SHIYE DANWEI KUAIJI
CAOZUO SHIWU

王国生◎编著

首都经济贸易大学出版社
Capital University of Economics and Business Press
·北京·

图书在版编目(CIP)数据

新编事业单位会计操作实务/王国生编著. —北京:首都经济贸易大学出版社,2014.1

ISBN 978 -7 -5638 -2168 -6

Ⅰ.①新… Ⅱ.①王… Ⅲ.①单位预算会计 Ⅳ.①F810.6

中国版本图书馆 CIP 数据核字(2013)第 250551 号

新编事业单位会计操作实务

王国生 编著

出版发行 首都经济贸易大学出版社

地 址 北京市朝阳区红庙(邮编 100026)

电 话 (010)65976483 65065761 65071505(传真)

网 址 http://www.sjmcb.com

E - mail publish@cueb.edu.cn

经 销 全国新华书店

照 排 首都经济贸易大学出版社激光照排服务部

印 刷 北京永生印刷有限责任公司

开 本 710 毫米×1000 毫米 1/16

字 数 294 千字

印 张 16.75

版 次 2014 年 1 月第 1 版 2014 年 1 月第 1 次印刷

书 号 ISBN 978 -7 -5638 -2168 -6/F·1234

定 价 28.00 元

前　言

2012年12月19日财政部修订发布了《事业单位会计制度》，规定自2013年1月1日起全面施行。与原《事业单位会计制度》相比，新的《事业单位会计制度》既继承了原制度的合理内容，又体现了若干重大突破和创新，如新增了与国库集中支付、政府收支分类、部门预算、国有资产管理等财政改革相关的会计核算内容，创新引入了固定资产折旧和无形资产摊销，明确规定了基建数据并入会计“大账”，着力加强了对财政投入资金的会计核算，进一步规范了非财政补助结转、结余及其分配的会计核算，全面完善了会计科目体系和会计科目使用说明，系统改进了财务报表体系。

《事业单位会计制度》的修订发布，对于促进公共财政体制改革和发展，规范事业单位会计行为，提高事业单位会计信息质量、透明度和公信力，加强事业单位预算管理、财务管理、资产管理和绩效评价等具有十分重要的意义。

为了帮助广大财会人员全面、准确地理解和掌握新的《事业单位会计制度》，更好地贯彻执行新制度，我们编写了《新编事业单位会计操作实务》一书。该书具有以下特点：

1. 结构规范化。本书严格按照2013年实施的《事业单位会计准则》的结构设计其内容，分为总论、资产、负债、净资产、收入、支出或者费用、财务会计报告七部分。以通俗易懂的语言，剖析了《事业单位会计制度》的框架、重要会计事项的确认与计量，以及事业单位会计信息的披露等。

2. 内容务实化。本书以丰富的举例，深入浅出地对《事业单位会计制度》中的难点和重点内容以及学习《事业单位会计制度》时可能面临的共同问题进行了剖析。通过这些举例，可以使读者快速、轻松地理解《事业单位会计制度》的精髓，并提高解决实际问题的能力。

3. 内容讲解形象化。本书使用了大量流程图，使会计科目对应关系清楚，便于读者掌握经济交易或事项的来龙去脉。

本书是科研、教育、文化艺术、卫生、体育、交通、城市公用、农业、林业、渔业、水利等事业单位，社会福利事业单位，信息咨询事业单位，地震测防、海洋、环境保护、地质勘探等事业单位，检验检测事业单位，知识产权、专利事业单位以及机关后勤服务事业单位财会人员、各级各类管理人员及财会院校师生学习和了解新《事业单位会计制度》的工具书和必备指南，同时也是事业单位财会人员完成继续教育的最佳选择。

本书的撰写得到王曦、耿仁、杨继良、王焕新的帮助，他们对原书稿进行了核校。

在本书编写过程中，作者参考了众多会计同仁的研究成果，在此不一一列举，深表谢意。

由于时间仓促，书中对《事业单位会计制度》一些问题的理解和表达可能不够全面和透彻，个别地方甚至难免有一些不妥之处，敬请读者批评和指正。

作者

2013 年 10 月

目　录

第一章 总论

第一节 事业单位会计概念

一、事业单位的概念与分类

“事业单位”一词是我国特有的概念,世界上没有其他国家有事业单位的称谓。什么是事业单位?回答这个问题,可从两个方面着手:一是从汉字字面、构词规则认识事业单位,二是从社会结构视角,探求事业单位在社会结构中的方位,找到全面认识事业单位的实践和理论起点。

首先,从汉字字面、构词规则来认识事业单位。“事业单位”一词中的“事业”,根据《现代汉语词典》的解释,一是指人所从事的,具有一定目标、规模和系统且对社会发展有影响的经常活动;二是特指没有生产收入,由国家经费开支、不进行经济核算的事业(区别于企业)。对“单位”词条的解释也有两种:其一指计量事物标准量的名称;其二指机关、团体或属于一个机关团体等的各个部门。从词源学来看,“事业单位”是由“事业”与“单位”两个词复合而成,其中“单位”是中心词,“事业”是修饰词,即“事业单位”没有生产收入,由国家经费开支、不进行经济核算的机关、团体等。

其次,按照现代经济学与公共管理学理论,一个典型意义的社会组织可划分为三大部门,即公共部门构成第一部门,企业构成第二部门以及非营利组织构成第三部门。它们分别活跃于政治领域(为民服务)、经济领域(创造利润)和社会领域(改变人类)。中国公共部门的机构(即“单位”)分为党政机关、事业单位、国有企业(包括国有金融机构)和国家发起的社会团体四类。事业单位是我国公共部门机构之一。

2004 年国务院修改发布的《事业单位登记管理暂行条例》指出:事业单位,是指国家为了社会公益目的,由国家机关举办或者其他组织利用国有资产举办的,从事教育、科技、文化、卫生等活动的社会服务组织。根据上述事业单位定义,可对事业单位有如下认识:

第一,事业单位的数量众多,涉及内容广泛,人才济济。

目前,中国有 100 多万个事业单位,其职工总数接近 3 000 万人,占公共部门就业人数的41%,全国劳动力总量的4%,涉及教育、科技、文化、卫生等领域。中国的经济资源有相当大一部分投入到了事业单位,绝大多数事业单位是以脑力劳动为主体的知识密集性组织,专业人才是事业单位的主要人员构成,其中包括60%的受过良好教育的专业技术人员(如教师、医生、科学家、工程师、演员、作家等)、大量的国有土地、大约三分之二的非经营性国有资产,以及各级政府综合预算经常性开支的三分之一。①

第二,事业单位不是从事生产经营的单位,它一般不直接提供物质产品,或者虽然提供物质产品但是作为新知识、信息、技术的载体来提供,即使从事部分生产经营活动,也不具有经常性,其社会职能为提供非生产性服务。

第三,大部分事业单位的资金来源主要是国家的财政拨款。其开展专业及辅助活动支付的款项,属于国家财政开支的范围,一般由国家财政予以全部或部分补贴。

事业单位可以按照不同标准,进行如下分类:

按行业分类,事业单位可分为:①教育事业单位;②科研事业单位;③文化艺术事业单位;④卫生事业单位;⑤体育事业单位;⑥农业、林业、渔业和水利事业单位;⑦社会福利事业单位;⑧城市公用事业单位;⑨交通事业单位;⑩信息咨询事业单位;⑪中介服务事业单位;⑫勘察(探)事业单位;⑬气象事业单位;⑭地震测防事业单位;⑮海洋事业单位;⑯环境保护事业单位;⑰检验检测事业单位;⑱知识产权事业单位;⑲机关后勤服务事业单位。②

按照事业单位隶属关系分类,可将其分为:国务院所属、中央部委所属和省(市)政府所属、地区(市)政府所属、县(市、区)政府所属和乡政府所属六个层次。

按照事业单位承担的社会功能分类,可将其分为:①承担行政职能事业单位;②从事生产经营活动事业单位;③从事公益服务事业单位。

根据职责任务、服务对象和资源配置方式等情况,将从事公益服务的事业单位细分为两类:承担义务教育、基础性科研、公共文化、公共卫生及基层的基本医疗服务等基本公益服务,不能或不宜由市场配置资源的,划入公益一类;承担高等教育、非营利医疗等公益服务,可部分由市场配置资源的,划入公益二类。

事业单位是以政府职能、公益服务为主要宗旨的公益性单位或非公益性职能部门等。它参与社会事务管理,履行公共管理和社会服务职能,宗旨是为社会服务,主要从事教育、科技、文化、卫生等活动。新中国成立60多年来,我国教育、科技、文化、卫生等各项事业不断发展壮大,取得了举世瞩目的成就。事业单位作为经济社会发展的重要力量,在促进经济发展、推动社会进步等方面发挥了重要的

---

① 世界银行东亚和太平洋地区减贫和经济管理局:《中国:深化事业单位改革,改善公共服务提供》,中信出版社,2005年版,第1页。

② 黄恒学主编:《分类推进我国事业单位管理体制改革研究》,中国经济出版社,2012年版,第85页。

作用。

二、事业单位会计概念

什么是事业单位会计？事业单位会计是政府会计的组成部分，是适用于事业单位的一门专业会计。它是以货币为主要计量单位，对事业单位资金运动的过程及结果进行确认、计量、记录和报告，向会计信息使用者提供与事业单位财务状况、事业成果、预算执行等有关的会计信息，反映事业单位受托责任的履行情况，有助于会计信息使用者进行社会管理、做出经济决策的一项管理活动。

第一，事业单位会计是政府会计的一个分支。政府会计，是专门用于确认、计量、记录政府受人民委托管理国家公共事务和国家资源、国有资产，报告政府公共财务资源管理业绩及履行受托责任情况的会计分支。政府会计一般包括财政总预算会计、行政单位会计和事业单位会计三部分，事业单位会计是政府会计的组成部分。

第二，事业单位会计是一门专业会计。首先，事业单位从事各类专业及辅助活动所需要的资金主要是来自财政拨款，因此，事业单位会计应以预算资金运动为其反映和监督的主要内容，体现预算会计的特点，是预算会计的一个组成部分。其次，事业单位辅助活动以及为社会提供的有偿服务，需要采用其他专业会计对此进行核算，如高校所属校办企业要运用制造业会计，高校所属的食堂、超市要分别采用餐饮会计和商品流通会计等。再次，事业单位业务活动性质相差很大，有工业型单位、农业型单位还有流通型单位，每种类型事业单位的管理要求和方法有所不同。因此，事业单位会计必然是政府会计、零售会计、成本会计、农业会计等多种会计核算形式的综合。可见，事业单位会计融合其他专业会计理论与方法。

第三，事业单位会计目标是反映受托责任履行情况、提供相关决策所需要的会计信息。会计活动本身仅是一种手段而非目的，会计的目标是向会计信息使用者提供与事业单位财务状况、事业成果、预算执行等有关的会计信息，反映管理层受托责任履行情况，有助于会计报告使用者做出经济决策。事业单位会计信息使用者包括政府及其有关部门、举办(上级)单位、债权人、事业单位自身和其他利益相关者。

第四，事业单位会计的基本程序为确认、计量、记录和报告。“确认”，是指将经济交易或事项是否作为资产、负债等会计要素加以记录和列入报表的过程；“计量”，是指依据一定的计量标准和计量方法，将符合确认条件的会计要素加以衡量、计算、入账、列报，以确定其金额的处理过程；“记录”，是指在确认和计量基础上对经济业务事项运用会计账户进行账务处理的方法记录；“报告”，是确认、计量和记录的结果，是连接企业和投资者等会计信息使用者的载体和桥梁。

第五，事业单位会计的性质是一项管理活动。事业单位会计是基于人们对预算资金管理的需要而产生的一种管理活动，它既为预算管理提供信息，又直接履行管理的职能。

三、事业单位会计目标

关于事业单位会计核算目标,《事业单位会计准则》(2012)第四条表述如下:事业单位会计核算的目标是向会计信息使用者提供与事业单位财务状况、事业成果、预算执行等有关的会计信息,反映事业单位受托责任的履行情况,有助于会计信息使用者进行社会管理、做出经济决策。

科学规范的会计核算目标理论是一套完整的体系,但其内容主要包括向谁提供信息、提供什么信息和如何提供信息等方面,如图1-1所示。

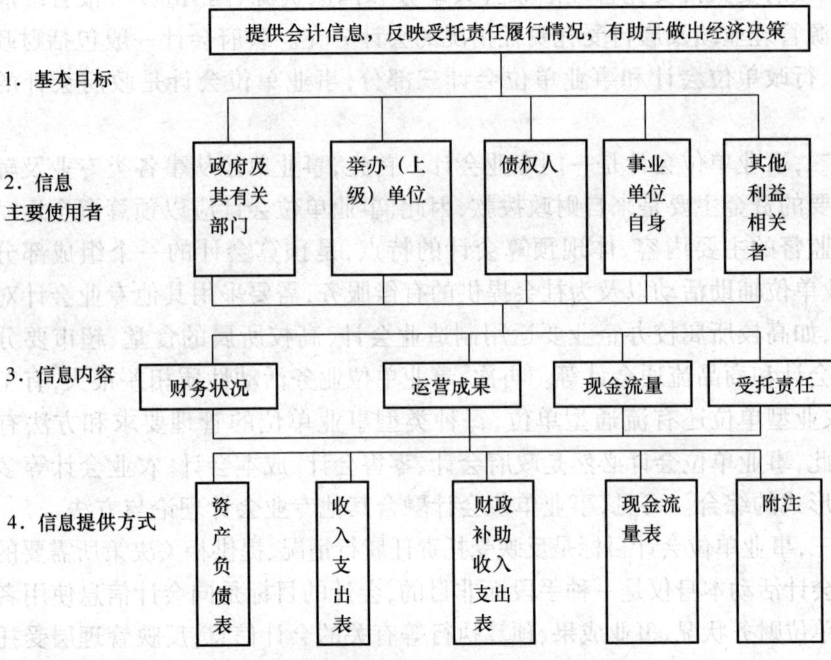

注：事业单位中医院编制现金流量表。

图1-1　事业单位会计目标框架

(一)向谁提供信息

向谁提供信息,也就是会计信息使用者或称为会计服务对象。《事业单位会计准则》指出:事业单位会计信息使用者包括政府及其有关部门、举办(上级)单位、债权人、事业单位自身和其他利益相关者。

1. 政府及其有关部门。政府及其有关部门,如财政部、发改委、审计署、中央银行、立法机构等。它们是事业单位会计信息的主要使用者。他们期望借助会计信息,以帮助他们评价事业单位对资源的管理情况、事业单位遵守法律和其他授权的情况、事业单位的财政状况以及事业单位的业绩。

2. 举办(上级)单位。举办(上级)单位包括事业单位的举办单位、主管部门。它们代表政府对所属事业单位受托责任的履行情况及财务业绩等做出评价,并据此制定相关政策和措施。为此,事业单位提供必要的会计信息,满足各方面的需要。

3. 债权人。债权人即事业单位贷款人,他们向事业单位提供财务资源,在评价事业单位筹资运营及其活动以及偿债能力时,需要相关的会计信息。

4. 事业单位自身。事业单位管理层,是会计信息主要使用者之一,他们的有些需求通过财务报表得到满足。管理人员还需要另外的信息,如特定活动内容、相关成本信息,以便有效地履行其管理责任。

5. 其他利益相关者。其他利益相关者,如经济和财务分析师、工会组织、媒体、职工等,也需要了解事业单位的发展状况,他们也构成了事业单位会计信息使用者。

事业单位会计信息使用者可分为两类:一是内部使用者,如事业单位内部管理者、事业单位职工及工会组织;二是外部使用者,是指与事业单位有一定的利益关系,但不参与事业单位经营活动的单位或个人,如出资人、债权人、政府部门、事业单位客户、社会公众等。

(二)提供什么信息

提供什么信息包括信息的内容和质量要求(或称"质量特征")。事业单位会计信息内容取决于会计信息使用者的需要,但从总体来说,主要是指事业单位财务状况、业务成果和现金流量三个方面。具体来说包括:

1. 与各类经济决策有关的信息。能否获得可靠、相关的会计信息是决定各类经济决策成败的关键因素之一。与经济决策相关信息的需求是多方面的,事业单位会计提供与经济决策相关的信息主要包括以下方面:

(1)财务状况信息。财务状况,即事业单位的资产、负债、净资产及其结构。任何事业单位的财务状况会受到其所控制的资源、资金结构、变现能力和偿债能力以及事业单位适应其所处环境变化能力的影响。控制经济资源能力信息,有助于预测事业单位今后产生现金和现金等价物的能力;资金结构信息,有助于预测未来对借款的需要、营运成果和现金流量将如何在债权人、投资者之间分配,还有助于预测事业单位进一步筹集资金的成功程度;变现能力和偿债能力的信息,有助于预测事业单位在其财务承诺到期时履行承诺的能力,其中,变现能力是指在考虑财务承诺后,近期内现金可供运用的情况;偿债能力指在较长的时期内,财务承诺到期时有无现金可供履行承诺。关于事业单位财务状况变动的信息,有助于评价事业单位在报告期内的投资、筹资和经营等活动。

(2)事业成果信息。事业成果,即事业单位某一时期收入扣除支出后形成的结果。事业成果信息有助于预测事业单位在现有资源基础上产生现金流量的能力,还有助于判断事业单位利用新增资源可能取得的效果。事业单位管理者利用事业成果信息,可以总结成绩、发现问题,以改善管理。

(3)预算执行信息。事业单位预算是对单位一定时期财务收支规模、结构、资金来源和去向所做的预计,是事业单位筹集和使用财务资源的基本依据。从会计角度看,预算是把有限的资金分配到各个项目或活动中的过程,是政府已经做出的各种财务决策的综合反映。因此,预算可视为向决策者提供的一种信息。与事业单位有经济利益的各方,需要了解预算执行过程的实际收入、支出、收支进度与用途等重要信息,并将其与预算数据进行比较,找出差距信息,以便及时采取必要调节措施,促进预算目标的实现。

2. 与事业单位管理层受托责任履行情况有关的信息。所有权和经营权的相互分离,使事业单位管理层与出资者或者债权人之间形成了委托、受托责任。事业单位出资者和债权人等方面需要了解各级管理层保管、使用资产的情况,以便于评价事业单位管理层的责任或业绩,并做出是否需要调整投资或者信贷政策、续聘还是调换管理者等决策。可见,与事业单位管理层受托责任履行有关的情况也是财务会计信息的重要内容。

但是,会计信息并不是众多数字和文字的简单组合,而是需要具备一定的质量要求,如可靠性、全面性、及时性、可比性、相关性和明晰性等。

(三)如何提供信息

如何提供信息,也就是以何种方式将会计信息传输给使用者,即提供信息的载体。事业单位会计信息的表达方式是财务会计报告。事业单位的财务会计报告包括财务报表和其他应当在财务会计报告中披露的相关信息和资料。其中财务报表由会计报表及其附注构成。会计报表至少应当包括资产负债表、收入支出表和财政补助收入支出表等。

四、事业单位会计特征

事业单位会计是指事业单位核算、反映和监督单位预算执行及各项业务活动的专业会计。事业单位会计的特点是相对于企业会计而言的。由于事业单位的非营利性质、本身业务活动较为简单以及纳入财政预算管理等管理要求,事业单位会计具有明显区别于企业会计的特点,主要包括:

第一,会计目标侧重于满足预算管理的需要,兼顾内部管理需要和其他信息需要。就会计一般目标而言,事业单位会计与企业会计都是反映管理层受托责任履行情况,有助于财务会计报告使用者做出经济决策。但就事业单位会计目标具体内容来说,重于满足预算管理的需要、兼顾内部管理需要和其他信息需要。

第二,会计核算基础以收付实现制为主。《事业单位会计准则》规定,“事业单位会计核算一般采用收付实现制;部分经济业务或者事项采用权责发生制核算的,由财政部在会计制度中具体规定。行业事业单位的会计核算采用权责发生制的,由财政部在相关会计制度中规定"。会计制度对会计核算基础的选择进行了具体的规定。①

• 普通事业单位的会计核算以收付实现制作为主要确认基础,部分经济业务或事项可以采用权责发生制基础确认。根据《事业单位会计制度》的规定,"事业单位会计核算一般采用收付实现制,但部分经济业务或者事项的核算应当按照本制度的规定采用权责发生制"。《事业单位会计制度》中规定采用权责发生制基础确认的事项主要有两项:一是事业单位年终注销未完成实际支付的直接额度和未下达的授权额度时,可以确认本年度的财政补助收入;二是事业单位的经营类业务,要求合理配比一定期间内的收入与费用,一般采用权责发生制基础确认各项收入和费用。

• 行业事业单位的会计核算,应当根据行业会计制度的要求选择会计确认基础。多数行业事业单位根据成本核算和绩效管理的需要,采用权责发生制作为确认基础。例如,《医院会计制度》规定,"医院会计采用权责发生制作为核算基础"。

第三,会计要素分为五大类。事业单位会计要素分为五大类:即资产、负债、净资产、收入和支出;其会计等式为:资产 = 负债 + 净资产,资产 + 支出 = 负债 + 净资产 + 收入。

企业会计要素包括资产、负债、所有者权益、收入、费用和利润。

第四,某些具体业务的会计核算不同于企业会计,主要有:固定资产计提折旧不确认为成本费用;购入固定资产记录"双分录"(即:借记"事业支出"等科目,贷记"银行存款"等科目;同时借记"固定资产"科目,贷记"非流动资产基金"科目)等。

第五,会计报表较为简单,主要包括资产负债表和收入支出表。事业单位收付实现制下的收入支出表,也与权责发生制下的企业利润表存在显著差异。个别行业如医院也编制现金流量表。

第二节 事业单位会计内容

一、事业单位资金及其运动

事业单位担负着培养各类人才,进行科学研究和文化、体育活动,增进社会福

① 事业单位会计制度研究组编写:《事业单位会计制度讲解》,东北财经大学出版社,2013 年版,第 19 页。

利，提高人民健康水平，以及为生产服务而进行的勘察、设计、计量和情报等重要任务。为了完成这些任务，事业单位必须拥有一定数量的货币资金、房屋、建筑物、车辆、办公用品等作为开展业务活动、完成事业预算的物质基础。这些财产物资的货币表现就是事业单位的资金。

事业单位性质不同，其资金运用也有其特殊性，但无论何种事业单位，其资金一般占用在以下方面：①货币资金，如库存现金、银行存款和零余额账户用款额度；②材料、物资和债权；③房屋、建筑物、设备、车辆；④无形资产，如专利权、著作权、土地使用权等。

（一）事业单位资金的来源

事业单位支配使用的资金，按其来源分类，可分为财政拨款、上级补助资金、事业收入或经营收入、单位内部形成资金、借入资金等类别。

1. 财政拨款。财政拨款，即财政预算拨款收入，是指财政部门核拨给事业单位的财政预算资金拨款、基本支出拨款和项目支出拨款。财政拨款是事业单位资金来源的主要部分。

2. 上级补助资金。上级补助资金，是指来自于财务主管部门或上级单位拨付的资金。

3. 事业收入或经营收入。事业收入或经营收入，是指事业单位开展专业活动及其辅助活动，或者开展专业活动及其辅助活动之外的非独立生产经营活动取得的收入。

4. 事业单位内部积累资金。内部形成积累资金，如根据规定收费或从有关费用成本中提取形成的专用基金，对外开展教学、科研、医疗等有偿服务取得的收入转入事业基金，非独立核算单位结余转入事业基金部分，所属独立核算生产经营单位实现的利润上缴部分。

5. 借入资金，是指事业单位从银行等金融机构借入的资金。

6. 其他，如接受其他单位捐赠、投资等。

（二）事业单位的资金运动

事业单位资金随着教育、科研、医疗、文化等公益活动的开展而运转和发生变化。资金的运动依次经历资金投入（取得）、资金使用、资金退出三个阶段，而完成其运动的全过程。

1. 资金投入（取得）阶段。在资金投入（取得）阶段，事业单位一方面通过建设单位建造、购置并移交使用的房屋及建筑物、大型仪器设备等主要固定资产而取得固定资金；另一方面根据主管部门核定的经费预算，从国家预算取得财政预算拨款等预算资金，其占用形态为货币资金、零余额账户用款额度；还可根据合同协议，从有关部门、企业单位取得横向课题经费、对外服务收入等非税资金，其占用形态为货币资金。投入事业单位的上述固定资产和货币资金，构成了其运营活动的物质基础。

2. 资金使用阶段。在资金使用阶段，随着教育、科研、医疗、文化等活动的进行，一方面动用货币资金购买运营活动所必需的材料物资和预付有关费用（如预付零星开支备用金、差旅费等），库存现金、银行存款和零余额账户用款额度随之转化为存货和预付款项，另一方面动用货币资金支付教育、科研、医疗、文化等活动所发生的人员费用、公务费、业务费等有关费用，购置仪器设备、图书资料、一般设备等固定资产，则货币资金随之分别转化为事业支出或经营支出，与此同时，涉及固定资产、无形资产增加事项，流动资产（固定资产、无形资产）随之相应增加。此外，当教育、科研、医疗、文化等活动领用材料物资和发生的有关费用报销后，材料等存货、预付款项，随之转化为事业支出等各项支出。

对于事业单位直接为社会开展的教育科技有偿服务活动，则应归集其费用支出并进行必要的成本计算，以便与收入相配比而确定其收益，并形成事业基金。

3. 资金退出阶段。在资金退出阶段，事业单位发生的事业支出随着年终结账而核销，与之相关的预算拨款、上级补助收入等也相应冲销，事业单位取得的事业资金和科学研究资金最终退出了单位。当年预算已执行但未完成，或者因故未执行，下一年度需要按照原用途继续使用的资金，应转入下年继续使用。当年预算工作目标已完成，或者因故终止，当年剩余的资金，按照规定，返还财政或留归单位转入基金。至于提供有偿服务资金发生的耗费（即有偿服务支出），应从有偿服务收入中获得补偿，有偿服务的收益，转为事业基金。

事业单位上述的资金、资金来源与运用、资金运动构成了事业单位会计内容。

二、事业单位会计内容

以上所述事业单位资金、资金来源与运用、资金运动只是对会计内容的一般描述，而且这种描述比较抽象。为了便于确认、计量、记录和报告，以及适用不同会计主体对会计信息的需求，还要利用会计要素的形式，使会计内容更加具体化。因为只有通过会计要素，才能使会计对象、会计科目和财务报表具体联系起来，更好地反映事业单位业务经营活动的特点。

（一）会计要素的概念

会计要素，是对会计内容的基本分类，是确认、计量和报告某一会计主体财务状况，确定运营成果的基本单位，也是确定财务报告结构和内容的基础。关于会计要素的概念，可从以下方面来认识：

1. 会计要素与会计内容的关系。会计要素是基于会计目标，对会计内容进行合理与系统分类所形成的基本类别。前已说过，会计的内容是资金及其运动，而资金及其运动是关于会计内容的理论概括，要对会计内容具体地予以确认、计量、记录和报告，还必须将会计内容区分为若干主要组成部分，使之既能定性，又能定量。

这些组成部分就是会计要素,它们既相区别又相联系,有机地构成会计的完整内容,即资金及其运动。可见,会计要素是会计内容的组成部分或构成元素,也是其具体化。

2. 会计要素与会计科目的关系。会计科目所记录的经济内容是资金运动的具体表现,它们不是彼此孤立和互不联系的,而是既有个性又有共性,按照共性对它们进行层层归并和概括,提供总括会计信息,最后就形成各个会计要素。如“资产”要素就是对各种形形色色的资产进行归并和概括的结果。正因为如此,会计要素又是账户的基本类别,是账户按经济内容分类的基础。

3. 会计要素与财务报表的关系。向会计信息使用者提供与事业单位财务状况、事业成果、预算执行等有关的会计信息是事业单位会计核算的目标。而事业单位的财务状况,就是某一时点的各种经济资源的占有、运用和来源情况。为此,要表明事业单位的财务状况,就需要按照一定标准对各种经济资源的占用进行分类,对各种经济资源的来源进行分类,通过分类将其反映在财务报表中。正是从这一意义上将会计要素称为财务报表的要素,也正是从这一意义上将会计要素视为财务报表的基本单位,视为财务报表的基本构件。会计要素也就成为财务报表应予揭示的信息(指报表项目)的分类基础,是组成财务报表的基本框架和结构。

《事业单位会计准则》规定事业单位的会计要素有:资产、负债、净资产、收入和支出或者费用。其中,资产、负债和净资产是事业单位财务状况的静态反映,也可视为资产负债表要素;收入、支出或者费用从动态方面来反映事业单位的活动成果,也可视为收入支出表要素。人们利用这些会计要素,可以从静态和动态两个方面为投资者等财务报告使用者提供有价值的会计信息。

(二)资产

资产是指事业单位占有或者使用的能以货币计量的经济资源,包括各种财产、债权和其他权利。资产可以是有形的财产物资,如存货、固定资产,也可以是企业拥有的债权和权力,如应收款项、无形资产(专利、商标权)等。在财务报表上,资产通常按流动性分为流动资产与非流动资产。一般在一年内或长于一年的一个营业周期内变现或耗用的资产称为流动资产,如货币资金、应收及预付款项、存货等。不符合上述条件的资产均为非流动资产,如长期投资、固定资产、在建工程、无形资产等。

(三)负债

负债是指事业单位所承担的能以货币计量,需要以资产或者劳务偿还的债务。按照流动性分类,负债可分为流动负债和非流动负债。一般将在一年内或长于一年的一个营业周期内偿还的债务称为流动负债,如短期借款、应付及预收款项等。偿还期长于一年或长于一个营业周期的债务属于非流动负债,如长期借款、长期应付款等。

(四)净资产

净资产是指事业单位资产扣除负债后的余额。事业单位的净资产包括事业基金、非流动资产基金、专用基金、财政补助结转结余、非财政补助结转结余等。

资产、负债及净资产是资金这一同一体的两个方面,客观上存在着必然相等的关系,即资金的平衡关系。从数量上看,资产总额必然等于负债和净资产总额。即:

资产 = 负债 + 净资产

事业单位在正常经营过程中,无论发生什么交易或事项都不会破坏上述资产、负债和净资产之间的平衡关系。

(五)收入

收入是指事业单位开展业务及其他活动依法取得的非偿还性资金。事业单位的收入包括财政补助收入、事业收入、上级补助收入、附属单位上缴收入、经营收入和其他收入等。

(六)支出或者费用

支出或者费用是指事业单位开展业务及其他活动发生的资金耗费和损失。事业单位的支出或者费用包括事业支出、对附属单位补助支出、上缴上级支出、经营支出和其他支出等。

会计要素、会计等式和财务报表的关系,如图 1-2 所示。

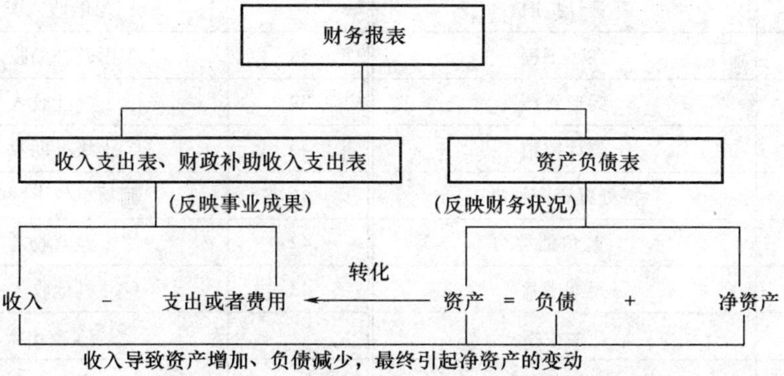

图 1-2 会计要素、会计等式和财务报表的关系

三、事业单位会计科目表

一个事业单位所使用的全部总分类科目的目录称为会计科目表。一份会计科目表表明一个会计主体的完整的科目体系。一个事业单位的会计科目(总分类科目)无论是由有关部门统一制定,还是由单位自主设置,都需要事先编列会计科目表,按照会计科目表开设分类账,以便事业单位内部随时查找。事业单位会计科目表如表1-1所示。

表1-1　事业单位会计科目表

序 号	名 称	序 号	名 称
	一、资产类	26	其他应付款
1	库存现金	27	长期借款
2	银行存款	28	长期应付款
3	零余额账户用款额度		三、净资产
4	短期投资	29	事业基金
5	财政应返还额度	30	非流动资产基金
6	应收票据	31	专用基金
7	应收账款	32	财政补助结转
8	预付账款	33	财政补助结余
9	其他应收款	34	非财政补助结转
10	存货	35	事业结余
11	长期投资	36	经营结余
12	固定资产	37	非财政补助结余分配
13	累计折旧		四、收入类
14	在建工程	38	财政补助收入
15	无形资产	39	事业收入
16	累计摊销	40	上级补助收入
17	待处置资产损溢	41	附属单位上缴收入
	二、负债类	42	经营收入
18	短期措款	43	其他收入
19	应缴税费		五、支出类
20	应缴国库款	44	事业支出
21	应缴财政专户款	45	上缴上级支出
22	应付职工薪酬	46	对附属单位补助支出
23	应付票据	47	经营支出
24	应付账款	48	其他支出
25	预收账款		

四、会计科目的运用

为了保证事业单位会计核算工作的正常进行,并满足会计资料使用者的需要,事业单位在会计科目的使用上,必须注意以下几点:

第一,事业单位应当按照本制度的规定设置和使用会计科目。在不影响会计处理和编报财务报表的前提下,可以根据实际情况自行增设、减少或合并某些明细科目。

第二,《事业单位会计制度》统一规定会计科目的编号,不得打乱重编,以便于填制会计凭证、登记账簿、查阅账目,实行会计信息化管理。

第三,事业单位在填制会计凭证、登记会计账簿时,应当填列会计科目的名称,或者同时填列会计科目的名称和编号,不得只填列科目编号,不填列科目名称。

第四,事业单位按照《事业单位财务规则》或相关财务制度的规定不对固定资产计提折旧、不对无形资产进行摊销的,不设置"累计折旧""累计摊销"科目,在进行账务处理时不考虑《事业单位会计制度》其他科目说明中涉及的"累计折旧""累计摊销"科目。

第三节 事业单位会计机构和会计人员

会计机构是各单位办理会计事务的职能部门,会计人员是直接从事会计工作的人员。建立健全会计机构,配备与工作要求相适用的、具有一定素质和数量的会计人员,是做好事业单位会计工作,充分发挥会计职能作用的重要保证。

一、会计机构的设置

为了科学地组织会计工作,对于那些财务收支数额大,会计业务多的单位,都要单独设置由本单位领导人直接领导的财务会计机构(即一级管理机构),如财务会计局(司)、财务会计处、财务会计科等。其中,有些业务复杂、会计工作繁重的基层单位,还可以在财务会计处(科)下,分设若干职能组,分别承担一定的核算任务。对于财务收支数额不大、会计业务比较简单的事业单位,可以不单独设置会计机构,但应在有关机构中设置若干办理会计工作的专职或兼职会计人员,单位领导人应当在这些会计人员中指定一人为主管人员,负责领导和办理本单位的会计工作。总之,一个单位应当设置会计机构还是在有关机构中设置专职的会计人员,由各单位根据会计业务的繁简和工作需要来决定,既要满足经济管理的要求,又要避免人浮于事。

二、会计人员的配备

各事业单位应根据本单位规模的大小及业务需要,配备适量的会计人员。会计人员的配备应该符合会计机构内岗位设置的要求。

（一）会计人员的资格

会计是一项政策性和专业性极强的工作，担任会计工作的人员必须具备必要的专业知识才能胜任这一重要的工作，才能更好地为经济管理服务。从目前的实际情况出发，会计人员应具备的专业知识至少应包括以下几个方面：

1. 财务会计知识。根据会计法规所规定的会计人员的主要职责，会计人员要想做好本职工作，就必须掌握必要的财务会计知识，才可能熟练运用会计政策和管理方法对本单位的业务活动进行有效的反映与监督。会计人员必须掌握的财务会计知识内容主要有以下几个方面：

(1)会计及相关的经济法律、法规和规章等政策方面的知识，如《会计法》《事业单位财务规则》《事业单位会计准则》《事业单位会计制度》《会计人员工作规则》《会计档案管理办法》等。

(2)财务会计基本原理，如记账程序、记账规则、财务会计基础理论、财务会计分析等。

(3)必要的现代财务会计管理知识，如管理会计、会计制度设计、会计电算化的应用等。

2. 相关的经济管理知识。会计工作是经济管理工作的重要组成部分，会计业务涉及经济活动的各个领域，参与单位的经济管理和业务管理是会计人员的重要职责。为了有效地参与单位的经济管理和业务管理，会计人员必须具备经济学相关学科的丰富知识和必要的生产经营管理知识。会计人员应该掌握的经济管理知识包括：事业单位财务管理学、财政学、金融学、审计学、统计学等，这是指导会计工作实践顺利进行的基础和保证。

3. 其他知识。要想做好会计工作，除了掌握以上知识外，还必须掌握其他一些知识，如会计人员要正确反映自己的意见，就必须具备一定的写作水平；要想掌握国外现代管理理论和管理方法，就必须掌握一门外语等。

（二）会计人员的职责

1. 按照规定进行会计核算。进行会计核算是会计人员的首要职责，就是按照《会计法》、《事业单位会计准则》和《事业单位会计制度》的规定，认真填制和审核会计凭证，登记各种账簿，记录各种财产物资的增减变动及使用情况，正确地计算各种收入、费用和业务成果。按期结算、核对账目，进行财产清查，编报各种会计报表，如实反映财务状况、业务成果和现金流量，保证会计数字真实、准确、完整，为政府有关部门、出资者、债权人和单位内部管理者提供真实可靠的会计信息。

2. 按照规定进行会计监督，即通过会计工作对本单位的各项经济业务和会计手续的合法性、合理性、有效性或预算执行情况进行监督。对不真实、不合法的原始凭证，不予受理；对记载不准确、不完整的原始凭证，予以退回，要求按照国家统一会计制度的规定更正、补充。对违法收支,不予办理;发现账簿记录与实物、款项不符时,应当按照有关规定进行处理;无权自行处理的,应当向本单位领导报告。此外,各单位必须依照法律和法规,接受财政、审计、税务机关的监督,如实提供会计凭证、会计账簿、会计报表等会计资料和有关情况,不得拒绝、隐匿、谎报。

3. 拟定本单位办理会计事务的具体办法,即根据国家的会计法规、制度、财政经济方针、政策及上级机关的有关规定,结合本单位的具体情况,拟定本单位会计工作必须遵循的要求和办理会计事务的具体办法,如会计人员岗位责任制度、内部稽核制度、财产清查制度和收支核算办法等。

4. 参与拟订经济计划、业务计划,考核分析预算、财务计划的执行情况。会计人员要积极参与制订业务计划(如民间非营利教育部门的教育及发展计划、文艺团体的排练演出计划、科研单位的发展和研究计划等),通过掌握的会计信息和会计特有的方法,比较、分析各项计划的合理性和效益性,为制订科学合理的计划并顺利实施打下基础。

5. 办理其他会计事项。比如,协助单位内部其他管理部门做好管理的基础工作,提供关于改制、合并、分立等方面有关的会计信息,举办单位管理人员财会知识的培训等。

三、会计人员的职业道德

会计人员的职业道德是指会计人员在职业活动中应遵循的、体现会计职业特征的、调整会计职业关系的职业行为准则和规范。

会计是以提供会计信息为主的经济管理活动。其工作质量的好坏直接影响着出资者、债权人和社会公众的利益,进而影响着整个社会的经济秩序。会计人员在提供会计信息的过程中,除了必须将本职工作置于法律、法规的约束和规范之下,还必须具备与其职能相适应的职业道德水准。根据我国会计工作、会计人员的实际情况,我国会计人员职业道德规范主要包括以下内容:

(一)爱岗敬业

爱岗就是会计人员热爱本职工作,安心本职岗位,并为做好本职工作尽心尽力、尽职尽责。敬业是指人们对其所从事的会计职业或行业的正确认识和恭敬态度,并用这种严肃恭敬的态度,认真地对待本职工作,将身心与本职工作融为一体。

(二)诚实守信

诚实守信是指会计人员要实事求是,严格按照会计准则、会计制度进行记账、算账和报账,做到手续完备、账目清楚、数字准确,不伪造账目,不弄虚作假,如实地反映企业经济业务的事项。同时,还要依法保守本单位的商业秘密,除法律规定和单位领导人同意外,不能私自向外界提供或者泄露本单位的会计信息。

（三）廉洁自律

会计人员必须加强世界观的改造，树立正确的人生观和价值观，严格划分公私界限，做到不贪、不沾、不收礼、不同流合污，正确处理会计职业权利与职业义务的关系，增强抵制行业不正之风的能力。

（四）客观公正

客观是指会计人员开展会计工作时，要以客观事实为依据，真实地记录和反映实际经济业务事项，会计核算要准确，记录要可靠，凭证要合法。公正是指制定与实施会计法规制度、履行会计职能时，要做到公平公正、不偏不倚，维护会计主体和社会公众的利益。

（五）坚持准则

坚持准则，要求会计人员在处理经济业务的过程中，不为主观或他人意志左右，严格按照会计法律、国家统一的会计制度以及与会计工作相关的法律制度办事，确保会计信息的真实、完整，维护国家利益、社会公众利益和正常的经济秩序。

（六）提高技能

提高技能，是指会计人员通过学习、培训和实践等途径，不断提高会计理论水平、会计实务能力以及职业判断能力，自动更新知识的能力、提供会计信息的能力、沟通交流能力以及职业经验。运用所掌握的知识、技能和经验，开展会计工作，履行会计职责，以适应深化会计改革和会计国际化的需要。

（七）参与管理

参与管理，是指会计人员不能消极被动地局限于记账、算账和报账，要树立参与管理的意识，经常主动地向领导反映经营管理活动中的情况和存在的问题，主动提出合理化建议，协助领导决策，参与经营管理活动，做好领导的参谋。

（八）强化服务

强化服务是要求会计人员具有文明的服务态度、强烈的服务意识和优良的服务质量。会计人员必须端正服务态度，做到讲文明、讲礼貌、讲信誉、讲诚实，坚持准则，提高会计行业的声誉和全行业的运作效率。强化服务的关键是提高服务质量，要求会计人员真实、客观地记账、算账和报账，积极主动地向上级领导者反映业务活动情况和存在的问题，提出合理化建议，协助领导决策，参与经营管理活动。

第四节　事业单位会计制度

一、事业单位会计标准体系

（一）事业单位会计标准体系

根据财政部《会计改革与发展“十二五”规划纲要》的精神，改革后的事业单位会计标准体系将包括《事业单位会计准则》(作为事业单位会计体系的概念基础和框架)、《事业单位会计制度》(主要适用于公益一类事业单位),以及医院、高等学校等行业制度(主要针对公益二类事业单位)。

以此为依据,可将我国事业单位会计标准分为会计准则和会计制度两种规范形式和三个层次,即一级事业单位会计准则、二级事业单位通用会计制度、三级事业单位行业会计制度三个级次模型。

可见,我国事业单位会计标准模式是“准则”与“制度”并行模式。一般来说,准则与制度没有谁优谁劣之分,关键是看谁更适合本国实际情况。在我国,事业单位会计标准采用准则加制度模式,其主要原因可以归纳为以下两个方面:

一是事业单位涉及的行业较多,如科研、教育、文化、卫生、体育等,各行业在会计核算的要求和会计管理水平等方面差别较大,必须有较高层次的会计准则规范,以确保各行业会计信息的客观性和可比性。

二是会计准则的层次较高,因此,其内容不可能十分具体,为便于实务工作者实际操作,就有必要再根据会计准则制定相应的会计制度,会计制度一般以其具体、详细和极具操作性见长,几十年来,备受广大会计人员尤其是非企业单位会计人员的青睐,基层单位可以依照其规定具体操作。

(二)《事业单位会计准则》的框架结构

《事业单位会计准则》是事业单位从事会计核算工作的规范,它规定了事业单位会计工作应该这样做,而不应该那样做;这种规范为判别会计信息的是与非或好与坏提供了依据。需要说明的是,《事业单位会计准则》不仅仅是一项技术规范,同时也是一项重要的内部管理制度。《事业单位会计准则》通过规范事业单位会计的确认、计量和报告行为,必将进一步提升事业单位内部管理水平,促进事业单位长期健康、可持续发展。

事业单位会计准则体系作为技术规范,有着严密的结构和层次。根据2012年财政部颁布的《事业单位会计准则》,其结构如图1-3所示。

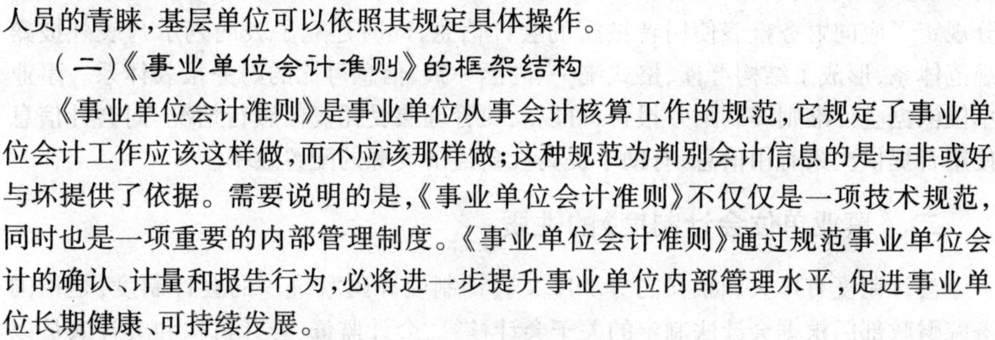

图1-3 《事业单位会计准则》结构

1. 总则。总则明确了《事业单位会计准则》的制定目的、依据、适用范围、会计标准体系、财务报告目标、会计基本假设、会计核算基础、会计要素、财务报表等。

2. 会计信息质量要求。会计信息质量要求,是指财务报告提供的会计信息对使用者决策有用而应具备的基本特征。财务报告是向使用者传送财务信息的工具,为了使财务报告传送的信息发挥其应有的作用或达到其应有的效果,财务报告传送的信息必须具有某些质量特征。《事业单位会计准则》指出,为实现事业单位财务报告的目标,事业单位提供的会计信息应当具备可靠性、相关性、可理解性、可比性、实质重于形式、及时性、重要性等信息质量特征。

3. 会计要素。会计要素是根据交易或者事项的经济特征所确定的财务会计对象的基本分类。关于会计要素,《事业单位会计准则》提出了资产、负债、净资产、收入和支出(费用)五个会计要素;对会计要素的概念进行了界定;同时就每个要素的确认、计量和报告进行具体规范。

4. 财务报表。《事业单位会计准则》突出强调了财务报表的地位和作用。提出了以资产负债表、收入支出表等所组成的事业单位财务报表体系。财务报表部分规定了应向财务报表使用者披露的会计信息,同时建立了表内列示与表外披露规范体系,形成了结构严谨、格式统一、内涵一致、信息可比的财务报表体系。事业单位依据会计准则编制财务报告,可以反映管理层受托责任履行情况,向会计信息使用者提供决策有用信息,有助于提高社会经济资源的配置效率。

二、《事业单位会计制度》的性质

会计制度有广义和狭义之分。广义会计制度即国家统一的会计制度,是指国务院财政部门根据会计法制定的关于会计核算、会计监督、会计机构和会计人员以及会计工作管理的制度。狭义会计制度,是指财政部制定的会计核算行为规范,即财务会计核算制度。此处所讲的会计制度是狭义的会计制度。

事业单位会计制度,是我国事业单位会计核算工作的具体规范,它以《会计法》为依据,根据《事业单位会计准则》的要求,结合事业单位特点和管理要求制定,较为全面地规范了事业单位经济业务或者事项的确认、计量、记录和报告方法,为事业单位会计核算的操作提供了指引,它直接对事业单位会计核算工作发挥规范作用。

三、《事业单位会计制度》的结构

《事业单位会计制度》发布于 1997 年,自 1998 年 1 月 1 日起施行。2012 年财政部对事业单位会计制度进行了修订,自 2013 年 1 月 1 日起施行。修订后的《事业单位会计制度》内容如图 1－4 所示。

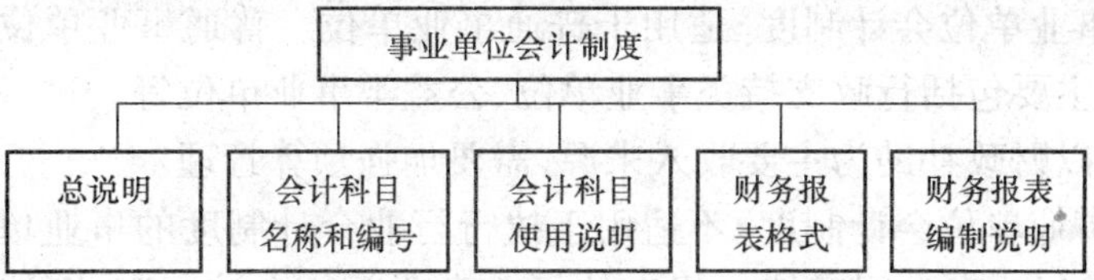

图 1－4 《事业单位会计制度》内容

（一）总说明

“总说明”部分，说明了会计制度的制定依据、会计制度适用范围、会计基础、会计要素、运用会计科目原则、财务报告组成内容、财务报告责任、会计工作组织。

（二）会计科目名称和编号

关于“会计科目名称和编号”部分，《事业单位会计制度》主要对会计科目名称、分类和编号统一做出规定。共设置 48 个会计科目，其中：资产类科目 17 个、负债类科目 11 个、净资产类科目 9 个、收入类科目 6 个、支出类科目 5 个。

（三）会计科目使用说明

“会计科目使用说明”是会计制度的核心内容。《事业单位会计制度》对 48 个会计科目核算范围、明细账设置方法、涉及该科目经济业务的会计处理原则及方法做出具体规定。此外，也对与该科目相关的重要概念进行了界定。

（四）财务报表格式

关于“财务报表格式”部分，《事业单位会计制度》主要就事业单位向外报送财务报表的编号、财务报表名称和编制期三方面做出统一规定。

（五）财务报表编制说明

“财务报表编制说明”部分，详细说明了财务报表相关项目的含义及编制方法。

四、《事业单位会计制度》的适用范围

《事业单位会计制度》第一部分指出，《事业单位会计制度》适用于各级各类事业单位，下列事业单位除外：一是按规定执行《医院会计制度》等行业事业单位会计制度的事业单位；二是纳入企业财务管理体系执行《企业会计准则》或《小企业会计准则》的事业单位。参照公务员法管理的事业单位对《事业单位会计制度》的适用，由财政部另行规定。

事业单位对基本建设投资的会计核算在执行《事业单位会计制度》的同时，还应当按照国家有关基本建设会计核算的规定单独建账、单独核算。

根据事业单位会计制度的相关规定，可对《事业单位会计制度》的使用范围具

体解释如下①：

第一,《事业单位会计制度》适用于普通事业单位。普通事业单位与行业事业单位相对应,主要包括行政支持类事业单位、公益类事业单位等。这些事业单位的公益性较强,以财政补助为主要收入来源,需要加强预算管理。

第二,《事业单位会计制度》不适用于执行行业会计制度的事业单位。如果事业单位所处的行业存在国家统一规定的行业事业单位会计制度,则该事业单位适用特定的行业事业单位会计制度。没有国家统一规定的特定行业事业单位会计制度的事业单位,都适用《事业单位会计制度》。

第三,纳入企业财务管理体系的事业单位,执行《企业会计准则》或《小企业会计准则》,不执行《事业单位会计制度》。我国有些事业单位,生产经营业务较多,采用企业化管理方法,并逐步向企业组织转变。这些单位尽管属于事业单位,但执行企业会计的有关规范。纳入企业财务管理体系的主要是事业单位附属独立核算的生产经营单位、事业单位经营的接受外单位要求投资回报的项目,以及经主管部门和财政部门批准的具备条件的其他事业单位。

第四,参照公务员法管理的事业单位对事业单位会计制度的适用,由财政部另行规定。参照公务员法管理的事业单位具有法律、法规授权的公共事务管理职能,其人员纳入事业编制,享受国家公务员待遇。

① 事业单位会计制度研究组:《事业单位会计制度讲解》,东北财经大学出版社,2013 年版,第 17 页。

第二章　资产的核算

第一节　资产概述

一、资产的概念

资产概念很重要，因为它确定了能够在资产负债表上列报会计要素的类别，同时该概念也界定了作为资产所需要管理的范围。关于资产概念，《事业单位会计准则》指出，资产是指事业单位占有或者使用的能以货币计量的经济资源，包括各种财产、债权和其他权利。

事业单位要从事教育、科技、医疗卫生、科学技术研究，就必须要有房屋、实验室、优良的仪器设备、科技材料、医疗药品以及足够的资金等。可见，占有或使用一定数量的资产，是事业单位生存和发展的基本前提条件。资产是一项经济资源，这种经济资源具有为事业单位开展专业活动及其他辅助活动提供或创造客观条件的某种经济权利或经济潜能。这种经济权利或经济潜能，是事业单位因向受益人或其他委托人提供所需产品或劳务而直接或间接流入的现金以及形成的其他权利。

二、资产的特征

根据《事业单位会计准则》关于资产的定义，可将资产的特点归纳如下：

（一）资产的内涵是一种经济资源

资产是一种经济资源，这种资源单独或与其他资产相互结合，可以直接或间接地为事业单位开展专业业务活动及其他辅助活动提供某种经济权利或经济潜能。这种经济权利或经济潜能的形式是多种多样的，有的资产具有一定的购买力，如库存现金，事业单位可用其购入其他资产；有的资产代表着现金清偿权，如应收账款和应收票据等，事业单位可以在未来某一指定日期收取现金；有的资产则可以出售转让取得现金收入，如出售存货；而有的资产则可以为事业单位提供某种潜在的服务或权利，如房屋可以为运营活动提供作业场所。另外，如设备、办公用品、专利权等都是事业单位为了期望在其使用过程中获得某种利益而购置的。可见，通过对这些资产的有效利用，使事业单位的经济利益或者服务潜力得到增加。

（二）资产必须为事业单位所占有或使用

一般而言，某项目要被确认为事业单位的资产，该事业单位必须对其拥有占有权或使用权。通常来说，事业单位对本单位的资产并没有所有权，只有占有权或者使用权。由于政府对事业单位占有或使用国有资产在法律上的确认，事业单位即使对国有资产不具有所有权，但它能够对资产进行支配、控制，使资产能够按照事业计划充分发挥其作用。

有时，某些资产并不为事业单位所拥有，但事业单位能够支配、控制这些资产，而且同样能够从资产的使用中获得排他性的经济利益，也应将其确认为事业单位的资产。如事业单位融资租入的固定资产可视为事业单位的资产。相反，事业单位出售一批已办妥销售手续但暂时寄存本事业单位的商品，虽然事业单位存有这种商品，但已不能控制这批商品，所以不再属于事业单位的资产，否则，事业单位就会虚列资产。

（三）资产必须能用货币来计量

事业单位为开展业务及其他活动所拥有的各项经济资源，其实物形态各不相同，采用的计量方式也是多种多样。在商品经济条件下，由于货币是一般等价物，以各种实物形态存在的资产价值，都可以通过货币获得表现和计量。货币计量是会计核算的重要特征，如果归属特定事业单位的某项资源不能用货币计量，就难以确认和计量它的价值，就不能纳入会计核算的范围。

三、资产的分类

事业单位资产可以按照不同标准进行分类：

（一）有形资产和无形资产

按资产有无实物形态分类，资产分为有形资产和无形资产。

1. 有形资产，是指事业单位占有或者使用的能以货币计量、具有物质形态的经济资源，如存货、固定资产等。

2. 无形资产，是指事业单位占有或者使用的能以货币计量、不具有物质形态的经济资源，如专利权、商标权、著作权、土地使用权、非专利技术等。

按有无实物形态对资产进行分类，可以判断事业单位资产的质量，关注无形资产价值信息，促进事业单位运营活动的稳定性。

（二）流动资产和非流动资产

按资产流动性分类，资产分为流动资产和非流动资产。

1. 流动资产是指预计在一年内（含一年，下同）变现或者耗用的资产。

2. 非流动资产是指流动资产以外的资产。

可见，《事业单位会计准则》对资产划分流动资产与非流动资产采用一年作为标志，原因是事业单位资金来源主要是政府预算资金，而政府预算一般是财政年度为起讫日期,即一年。

资产按其流动性分类,可以向债权人提供有关清算变现能力的信息,完整反映事业单位的运营活动,可以有效地预测现金的流动。

(三)货币性资产和非货币性资产

按资产与货币的关系,分为货币性资产和非货币性资产。货币性资产是指持有的货币和将以固定或可确定金额的货币收取的资产。而非货币性资产是指货币性资产以外的资产。前者如货币资金、应收账款、应收票据、准备持有到期的债权投资等。这些资产在将来为事业单位带来的货币金额是固定的,或可确定的。非货币性资产有别于货币性资产的最基本特征是,其将来为事业单位带来的货币资金是不固定的,或不可确定的。非货币性资产包括存货、固定资产、无形资产、股权投资等。

将事业单位资产分为货币性资产和非货币性资产,有利于掌握这两类资产的计价方式。在事业单位资产中,货币性资产通常不存在计价问题,一般以本项目货币额表示。而非货币性资产的计价则要考虑采用的计量属性,如接受捐赠设备、存货等有可能采用历史成本,也可能采用公允价值等。所以,货币性资产与非货币性资产的计价方式是不同的。

四、资产确认与计量

(一)资产的确认标准

会计上资产确认的一般标准是:第一,符合资产的定义;第二,能够可靠地计量。根据确认的两项基本标准的要求,任何一个项目如确认为资产,首先要符合资产要素的定义,而且要能可靠地计量。由于资产的本质特征为经济资源,因此,对资产的确认关键是要判断这种经济资源是否具有使用价值,能够形成建立事业单位工作环境的物质基础和正常运转的条件保障。只有具备这种条件的经济资源,才能够作为资产存在和确认。

为事业单位正常运转提供或创造客观条件是资产确认的必要条件,确认资产还应该符合可靠计量的要求。可靠计量,要求有确凿、可靠的证据,并借助货币反映其各种交易价格。各项资产如何计量,将在后面各节中详细介绍。

(二)资产计量的基础

资产的计量,是指对资产予以衡量、计算,并确定其金额的过程。进行会计计量需明确两个问题:计量单位和计量属性。

计量单位指的是计量尺度的量度单位。一般情况下,以货币作为会计计量单位。

依据现代会计计量理论,在计量单位一定的前提下,会计计量的重心即在于选择计量属性。在财务会计中,计量属性是指对资产、负债采用货币单位计量的方式。《企业会计准则——基本准则》第四十二条规定,会计计量属性主要包括:历史成本、重置成本、可变现净值、现值、公允价值。

采用不同的计量属性,一项会计要素就会确定为不同的金额。目前,会计核算中主要采用历史成本进行计量,因为历史成本是交易双方所认同的价格,人为估计等主观因素程度较低,其真实性、可证性在所有计量方法中最高。《事业单位会计准则》第二十二条指出,事业单位的资产应当按照取得时的实际成本进行计量。除国家另有规定外,事业单位不得自行调整其账面价值。

事业单位取得资产实际成本计量方法,应区分两种情况:一是以支付对价方式取得的资产,应当按照取得资产时支付的现金或者现金等价物的金额,或者按照取得资产时所付出的非货币性资产的评估价值等金额计量。二是取得资产时没有支付对价的,其计量金额应当按照有关凭据注明的金额加上相关税费、运输费等确定;没有相关凭据的,其计量金额比照同类或类似资产的市场价格加上相关税费、运输费等确定;没有相关凭据、同类或类似资产的市场价格也无法可靠取得的,所取得的资产应当按照名义金额入账。

第二节 货币资金

一、货币资金概述

(一)货币资金的概念

货币资金是指事业单位在开展专业及辅助活动过程中,停留在货币状态的那部分资金,按其用途和存放地点不同,货币资金分为库存现金、银行存款和零余额账户用款额度。

市场经济条件下,事业单位的一切经济活动都表现为货币收付的交换形式。政府财政补助、上级补助、事业收入等表现为货币量的增多,而事业单位购置设备、仪器、存货,支付职工薪酬等,表现为货币量的减少。货币资金是事业单位资金运动的起点和终点,也是唯一能够随时转换为其他资产或用于清偿债务并最具流动性的资产。货币资金具有较强的流动性,在资产负债表中,列在资产项目的首位。

(二)货币资金的内容

1. 库存现金是指存放于企业财会部门,由出纳人员负责经管的货币,包括库存的人民币和各种外币。

2. 银行存款是指事业单位存入银行或其他金融机构的各种款项。

3. 零余额账户用款额度是指实行国库集中支付的事业单位根据财政部门批复的用款计划收到和支用的零余额账户用款额度。

(三)货币资金的管理要求

货币资金确认与计量方法并不复杂,其重点是对货币资金的管理或控制。为此，事业单位必须严格遵照国家关于货币管理、外汇管理和结算制度的规定，办理货币资金的收付业务；同时，要严密反映和控制货币资金的收付和结存情况，保护货币资金的安全完整，合理有效地使用货币资金，保证各项事业活动的顺利进行。

二、库存现金的核算

（一）库存现金的概念及作用

现金有广义和狭义之分。狭义的现金是指单位的库存现金。广义的现金包括库存现金、银行存款和其他符合现金定义的票证。我国会计上所界定的现金概念，就是指库存现金。

事业单位是一个有生命的有机体，而现金流转则是其生命的源流。事业单位经济业务始于库存现金，或者终于库存现金。库存现金是资产中流动性最强的资产，它可充当交易媒介，直接支用，也可以立即投入流通，还可以随时存入银行。拥有大量的库存现金，是一个单位具有较强的偿债能力和承担风险能力的标志。

（二）库存现金的管理

1. 控制库存现金收付范围。按照国务院颁布的《现金管理暂行条例》的规定，事业单位现金的适用范围如下：职工工资、津贴；个人劳务报酬；根据国家规定发给个人的各种奖金；各种劳保、福利费用以及国家规定的对个人的其他支出；向个人收购农副产品和其他物资的价款；出差人员须随身携带的差旅费；结算起点以下的零星支出；中国人民银行确定需要支付现金的其他支出。除上述款项以外的结算业务，应通过银行办理转账结算。

2. 完善库存现金的内部控制制度。库存现金是通用的支付手段，使用方便，收付频繁，也容易被挪用或侵吞，因此，事业单位应严格加强库存现金的管理与控制。

(1)库存现金控制的基本原则。这主要包括：①职能分工。事业单位应当建立健全库存现金管理岗位责任制，合理设置岗位，将不能够兼容的工作分由不同的人来完成，不得由一人办理库存现金业务的全过程，确保不相容岗位相互分离，做到现金的收付和记录岗位分开，出纳不得兼任稽核、票据管理、会计档案保管和收入、支出、债权、债务账目的登记和对账工作。单位应当严禁一人保管支付款项所需的全部印章。财务专用章应当由专人保管，个人名章应当由本人或其授权人员保管。②交易分割，即现金收支凭证的审核、款项的收付、账簿的登记等工作，不得由一人兼管，由三方经办人分工负责，以便互相验证、互相控制，达到互相牵制的目的。③内部稽核。设置内部稽核人员或单位，对现金的记录和实际余额加以突击检查，起到威慑的作用；若遇有舞弊发生，也可及时发现。

(2)现金控制的一般程序。对事业单位收入或支出流程的控制。如收入款项一系列手续、支付款项领用支票、报销支出或费用的程序。

①现金收入的控制。单位从开户银行提取现金，应如实写明其用途，由本单位

财会部门负责人签字盖章，并经开户银行审查批准后予以支付。单位当日现金收入，应于当日送存开户银行，当日送存银行有困难，由开户银行确定送存时间。

②现金支出的控制。单位使用现金，应严格遵守国家规定的现金使用范围，除规定可用现金支付的项目外，一切款项的收付均应通过银行转账结算。

事业单位的一切现金收支，都必须取得或填制原始凭证，作为收付款的书面证明。同时对证明收付款的一切原始凭证都应进行认真的审核。根据复核无误的收付款凭证办理现金收入和支付，还要做好登记现金日记账等工作。

3. 现金库存限额的控制。库存现金的限额，是指为了保证事业单位日常零星开支的需要，允许事业单位保留的库存现金的最高金额。这一限额一般由事业单位的开户银行根据事业单位业务的实际需要，按照《现金管理暂行条例》核定。库存现金限额一经核定，事业单位应当按核定的限额控制库存现金，超过库存限额部分的现金须及时解交开户银行，以保证现金的安全。需要增加或减少库存现金限额的事业单位，需向开户银行提出申请，由其重新核定。

(三) 会计科目的设置

为了会计记录的需要，事业单位应设置“库存现金”科目，核算库存现金收支和结存情况。该科目的借方登记库存现金的增加额；贷方登记库存现金减少额；期末借方余额，反映事业单位实际持有的库存现金。

事业单位应当设置“库存现金日记账”，由出纳人员根据收付款凭证，按照业务发生顺序逐笔登记。每日终了，应当计算当日的现金收入合计额、现金支出合计额和结余额，将结余额与实际库存额核对，做到账款相符。有外币现金的事业单位，还应当分别按照人民币和外币进行明细核算。

月份终了，“现金日记账”的余额应与“库存现金”总账的余额核对，做到账账相符。“现金日记账”格式如表 2－1 所示。

表 2－1　现金日记账

2×13 年		凭证		摘要	对应账户	借方	贷方	借或贷	结存
月	日	种类	号数						
5	5			承前页				借	15 000
	5	收	5	提取现金	银行存款	6 000		借	21 000
	5	收	6	收取培训收入	事业收入	1 800		借	22 800
	5	收	7	废品收入	其他收入	2 200		借	25 000
	5	付	6	报销差旅费	事业支出		400	借	24 600
	5	付	7	购买办公用品	事业支出		3 000	借	21 600
	5			本日合计及余额		10 000	3 400	借	21 600

（四）库存现金账务处理程序与方法

事业单位从银行等金融机构提取现金、因开展业务等其他事项收到现金，按照实际收到的金额增加库存现金；将现金存入银行等金融机构、支付内部职工出差预借差旅费、因购买服务或商品等其他事项支出现金，按照实际存入银行或实际支出的金额减少库存现金。

事业单位库存现金账务处理程序与方法如图 2－1 所示。

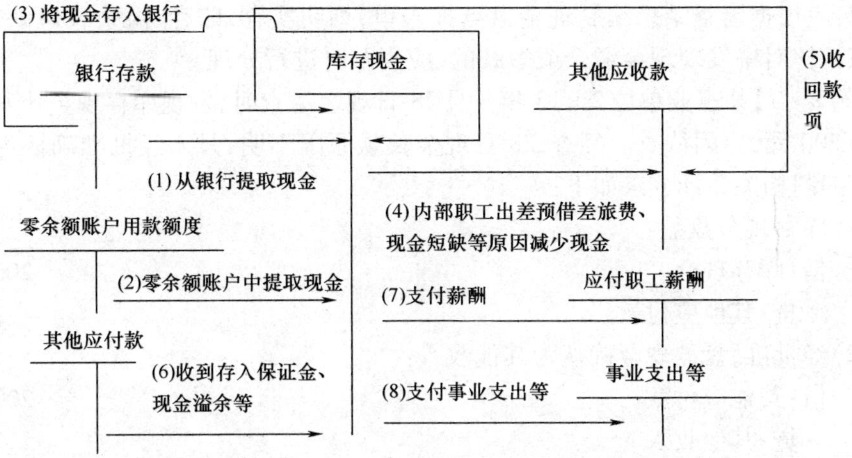

图 2－1　库存现金账务处理程序与方法

【例 2－1】2×13 年 3 月 5 日，某事业单位库存现金业务如下：(1) 从开户银行提取现金 6 000 元拟支付临时清洁工工资；(2) 收取某单位培训收入 1 800 元；(3) 单位后勤部门交来处理废品收到现金 2 200 元；(4) 科研部门王玲出差归来报销差旅费 5 400 元，原预借 5 000 元，其差额以现金支付；(5) 以现金支付购买办公用品支出 3 000 元。

会计部门根据上述经济事项，编制会计分录如下：

(1) 借：库存现金	6 000	
贷：银行存款		6 000
(2) 借：库存现金	1 800	
贷：事业收入		1 800
(3) 借：库存现金	2 200	
贷：其他收入		2 200
(4) 借：事业支出	5 400	
贷：其他应收款——王玲		5 000
库存现金		400

(5)借:事业支出　　3 000

　　贷:库存现金　　3 000

根据上述经济事项所编制的会计分录,登记库存现金日记账如表2-1所示。

为了加强库存现金的管理,出纳或有关人员应对库存现金进行定期或不定期的盘点清查。清查方法是以库存现金的实有数与账面余额进行核对。清查时不仅要查明库存现金实有数和账面结存数是否相符,还要审查现金收支是否符合现金管理制度。如果清点库存现金数大于现金日记账余额为溢余,反之,则为短缺。清查结束,应根据清查结果编制现金盘点报告单,列明实存、账存、溢余或短缺金额。每日账款核对中发现现金溢余或短缺的,应当及时进行处理。

【例2-2】某事业单位2×13年8月28日现金清查时,发现库存现金比其账面余额多200元,原因待查。经查,28日现金长款原因不明,月末经批准确认为其他收入。编制相关会计分录如下:

(1)库存现金盘盈:

借:库存现金　　200

　　贷:其他应付款　　200

(2)经批准,盘盈现金确认为其他收入:

借:其他应付款　　200

　　贷:其他收入　　200

【例2-3】2×13年8月30日现金清查时,发现库存现金比其账面余额少300元,原因待查。经查,30日现金短缺200元为出纳员张洁的责任,收到赔款;其余短缺无法查明原因,经批准确认为其他支出。

(1)库存现金盘亏:

借:其他应收款　　300

　　贷:库存现金　　300

(2)盘亏库存现金予以处理:

借:库存现金　　200

　　其他支出　　100

　　贷:其他应收款　　300

三、银行存款的核算

(一)银行存款的管理要求

银行存款是指事业单位存入银行的各种存款。银行是全国现金出纳结算中心,各单位除保留少量的备用现金外,所有货币资金都必须存入银行,由银行集中办理转账结算。遵守银行的现金结算规定,对国家缩小现金流通范围,减少货币投放和防止违法乱纪行为的发生有重要意义。同时,对单位本身也是简化结算工作,保证货币资金安全的有效措施。因此,事业单位按规定在银行开立存款户,按照银行规定的结算方式办理各类资金结算,并加强银行存款户的管理,提供真实、可靠的存款信息。

1. 事业单位会计机构内部要合理分工,明确职责范围。银行存款日记账必须由出纳人员根据审核无误的会计凭证逐日逐笔序时登记的,不能由其他人员进行登记。

2. 事业单位应按期对账,做到账证相符、账账相符和账实相符,其中银行存款日记账与银行存款收付款凭证相互核对相符,即账证相符;银行存款日记账与银行存款总账互相核对相符,做到账账相符;银行日记账与银行开出的对账单之间相符,即账实相符。

3. 事业单位办理资金收付时,必须遵守银行信贷、结算和现金管理等有关规定:①事业单位开立的账户,不准出租、出借或转让给其他单位或个人使用,只供本单位在业务运营范围内的资金收支活动;②银行存款收入支出凭证,必须如实填明款项来源或用途,不得巧立名目,弄虚作假,套取现金,套购物资,严禁利用账户进行非法活动;③事业单位不准签发空头、远期的支付凭证等。

(二)会计科目的设置

事业单位应设立"银行存款"账户核算银行存款收支和结存情况。该账户的借方登记银行存款的增加额;贷方登记银行存款的减少额;期末借方余额,反映事业单位存在银行或其他金融机构的款项。

事业单位在提供银行存款收、付和结存总括情况的同时,还应按开户银行和其他金融机构的名称及存款种类设置明细账户,并按明细科目设置"银行存款日记账",提供银行存款收、付、存详细情况。"银行存款日记账"应逐日、逐笔进行登记,每日终了应结出存款余额;有外币存款的单位,还应按外币种类设置"银行存款日记账",分别按人民币和各种外币进行明细核算。

(三)银行存款账务处理程序与方法

事业单位通过银行办理的转账结算,分为票据结算和非票据结算。其中,票据结算指使用票据结算方式进行货币给付及其资金结算的行为。与票据种类相适应,我国票据结算分为银行支票、银行本票、银行汇票、商业汇票等结算方式。非票据结算方式包括委托收款、托收承付、汇兑、信用卡和信用证等方式。不同的结算方式,采用结算凭证和处理手续不同,但它们在核算上有一个基本点,即:不论什么结算方式,都是在接到开户银行收到款项的通知时,借银行存款;在开出支票或收到开户银行付款通知时,贷银行存款。其程序与方法如图 2-2 所示。

【例 2-4】2×13 年 5 月,某事业单位发生银行存款业务及编制的会计分录如下:(1)在专业业务活动之外,销售产品一批,取得收入 26 000 元存入银行;(2)以

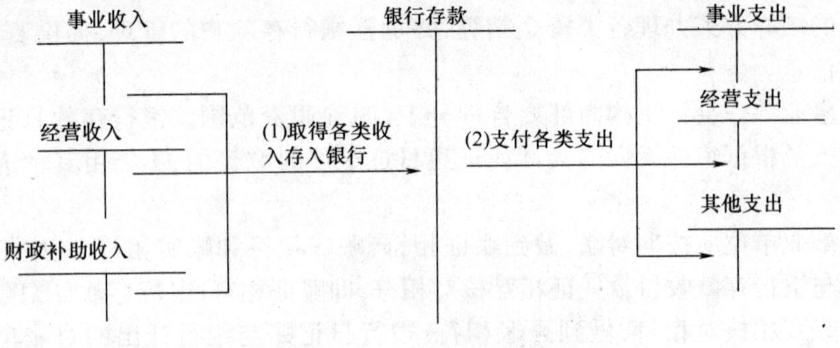

图 2-2　银行存款收付程序与方法

银行存款支付材料款 3 800 元;(3) 接到银行结息通知,第二季度存款利息 1 500 元存入单位账户;(4) 暂收甲公司存入保证金 2 000 元,存入银行。

(1) 销售产品取得收入:

借:银行存款	26 000	
贷:经营收入		26 000

(2) 支付材料款:

借:存货	3 800	
贷:银行存款		3 800

(3) 收到存款利息:

借:银行存款	1 500	
贷:其他收入		1 500

(4) 暂收保证金:

借:银行存款	2 000	
贷:其他应付款		2 000

(四) 外币存款的核算

1. 事业单位以外币购买物资、劳务等,按照购入当日的即期汇率将支付的外币或应支付的外币折算为人民币金额,借记有关科目,贷记"银行存款"科目、"应付账款"等科目的外币账户。

2. 事业单位以外币收取相关款项等,按照收取款项或收入确认当日的即期汇率将收取的外币或应收取的外币折算为人民币金额,借记"银行存款"科目、"应收账款"等科目的外币账户,贷记有关科目。

3. 期末,事业单位根据各外币账户按期末汇率调整后的人民币余额与原账面人民币余额的差额,作为汇兑损益,借记或贷记"银行存款""应收账款""应付账款"等科目,贷记或借记"事业支出""经营支出"等科目。

【例 2-5】甲事业单位以人民币作为记账本位币,外币业务采用业务发生时的市场汇率折算,年末计算外币账户的汇兑损益。

2×13 年初,该事业单位有关外币账户的余额如表 2-2 所示。

表 2-2 单位:元

项 目	美元金额	汇率(美元:人民币)	折合人民币金额
银行存款(美元户)	3 500 000(借方)	1:6	21 000 000(借方)
应收账款(美元户)	2 600 000(借方)	1:6	15 600 000(借方)
应付账款(美元户)	5 300 000(贷方)	1:6	31 800 000(贷方)

2×13 年该事业单位发生经济事项及编制会计分录以下,不考虑相关税费:

(1)接受国外乙公司捐赠款项 1 000 000 元,款项于当日存入银行,当日市场汇率为 1 美元 =6.2 元人民币。

借:银行存款 6 200 000

贷:其他收入 6 200 000

(2)出口销售科研设备一批,售价为 1 200 000 美元,款项尚未收到。当日市场汇率为 1 美元 =6.1 元人民币。

借:应收账款(1 200 000×6.1) 7 320 000

贷:经营收入 7 320 000

(3)偿还应付国外丙公司的货款 800 000 美元,款项已通过美元账户划转。当日市场汇率为 1 美元 =6.15 元人民币。

借:应付账款(800 000×6.15) 4 920 000

贷:银行存款 4 920 000

(4)收到应收国外丁公司的货款 600 000 美元,款项于当日存入银行,当日市场汇率为 1 美元 =6.25 元人民币。

借:银行存款(600 000×6.25) 3 750 000

贷:应收账款 3 750 000

(5)自国外进口科研材料一批,材料价款 500 000 美元,货款尚未支付。当日市场汇率为 1 美元 =6.16 元人民币。

借:存货(500 000×6.16) 3 080 000

贷:应付账款 3 080 000

2×13 年 12 月 31 日,当日市场汇率为 1 美元 =6.25 元人民币。

根据上述资料,该事业单位 2×13 年外币发生额和经调整汇兑损益后的期末余额,如表 2-3 所示。

期末,根据表 2-3 对汇兑损益汇总进行账务处理如下:

银行存款当期产生的汇兑差额 =23 125 000-(21 000 000+6 200 000-4 920 000)=845 000(元)

应收账款当期产生的汇兑差额 =20 000 000-(15 600 000+7 320 000-3 750 000)=830 000(元)

表2－3　　　　单位:元

项　目	期初余额		借方发生额		贷方发生额		期末余额（2×13年12月31日）	
	美元金额	折合人民币金额	美元金额	折合人民币金额	美元金额	折合人民币金额	美元金额	折合人民币金额
银行存款（美元户）	3 500 000（借方）	21 000 000（借方）	1 000 000	6 200 000	800 000	4 920 000	3 700 000	23 125 000
应收账款（美元户）	2 600 000（借方）	15 600 000（借方）	1 200 000	7 320 000	600 000	3 750 000	3 200 000	20 000 000
应付账款（美元户）	5 300 000（贷方）	31 800 000（贷方）	800 000	4 920 000	500 000	3 080 000	5 000 000	31 250 000

应付账款当期产生的汇兑差额＝31 250 000－(31 800 000＋3 080 000－4 920 000)

＝1 290 000(元)

借:银行存款(美元户)　　845 000

　应收账款(美元户)　　830 000

　贷:应付账款(美元户)　　1 290 000

　　其他收入　　385 000

(五)银行存款的核对

银行存款日记账应定期与银行对账单核对,至少每月核对一次。银行对账单上的余额,常与单位银行存款日记账余额不一致,其原因一般有以下两种情况:一是双方记账发生错误,二是单位与银行之间存在未达账项。产生未达账项的原因一般有四种情况:①银行已收款入账,而单位尚未收款入账;②银行已付款入账,而单位尚未付款入账;③单位已付款入账,而银行尚未付款入账;④单位已收款入账,而银行尚未收款入账。

调节未达账项的方法,是将本单位的"银行存款"账户余额和"银行对账单"余额,各自加上对方已收而本单位未收的未达账项,减去对方已付而本单位未付的未达账项以后,检查两方余额是否相等。在实际工作中,对未达账项的调整,是通过编制"银行存款余额调节表"进行的。

【例2－6】某事业单位2×13年9月30日,收到银行送来对账单的余额为1 385 000元,单位"银行存款"账面余额为1 325 000元,经逐笔核对,发现有如下未达账项:

(1)单位收到支票一张,计款75 000元,单位已入账,银行尚未入账。

(2)银行代单位支付电费21 000元,单位尚未收到结算凭证和电费收据,因而尚未入账。

(3)银行代收退回的存货采购款 70 000 元,并已入账,单位尚未收到通知单,未入账。

(4)单位已签发转账支票一张计 86 000 元,单位已付款入账,但持票单位尚未到银行办理转账手续。

根据上述资料,编制银行存款余额调节表,如表 2－4 所示。

表 2－4　银行存款余额调节表

2×13 年 9 月 30 日　　单位:元

项　目	金　额	项　目	金　额
1. 单位银行存款月末余额	1 325 000	1. 银行对账单月末余额	1 385 000
2. 加:单位未收银行已收的款项	70 000	2. 加:银行未收单位已收的款项	75 000
3. 减:单位未付银行已付的款项	21 000	3. 减:银行未付单位已付的款项	86 000
调节后余额	1 374 000	调节后余额	1 374 000

需要注意的是:①未达账项不是记账错误,因此,对查出的未达账项不需作账务调整,但对长期未达账项,应查明原因及时处理;②表 2－4,经过调节后所得出的相等数额,在双方记账无误的情况下,它表示单位在银行的实际存款额。

四、零余额账户用款额度的核算

“零余额账户用款额度”是近年来为了实现会计标准与相关财政改革的有机衔接,确保相关财政改革政策的贯彻落实而增加的资产项目。

2000 年以来,我国实施了一系列公共财政改革措施,如部门预算、国库集中收付、政府收支分类、国有资产管理等,很多改革涉及会计科目及核算方法的调整。设置“零余额账户用款额度”资产项目,对其确认、计价和披露是事业单位会计改革内容之一。

(一)国库集中支付制度

国库集中支付制度,也叫国库单一账户制度,是指将政府的所有财政性资金集中在人民银行或指定的代理银行开设国库单一账户,所有预算单位需要购买商品或支付劳务款项时,由预算单位提出申请,经国库支付机构审核后,将资金直接从单一账户支付给收款人。实行国库集中收付制度,财政性资金按发出支付令的不同主体,分为两种支付方式。一种是由财政部门发出支付令的支付方式,称为财政直接支付方式;另一种是由预算单位经财政部门授权自行发出支付令的支付方式,称为财政授权支付方式。与财政资金支付方式相适用,财政资金支付程序具体分为财政直接支付程序和财政授权支付程序两类。

1. 财政直接支付。财政直接支付是指预算单位按照部门预算和用款计划确定的资金用途,提出支付申请,经财政国库执行机构审核后开出支付令,送代理银行,通过国库单一账户体系中的财政零余额账户或预算外资金支付专户,直接将财政性资金支付到收款人或收款单位账户。财政直接支付的财政性资金包括工资支出、工程采购支出、物品和服务采购支出。财政直接支付程序如图 2 -3 所示。

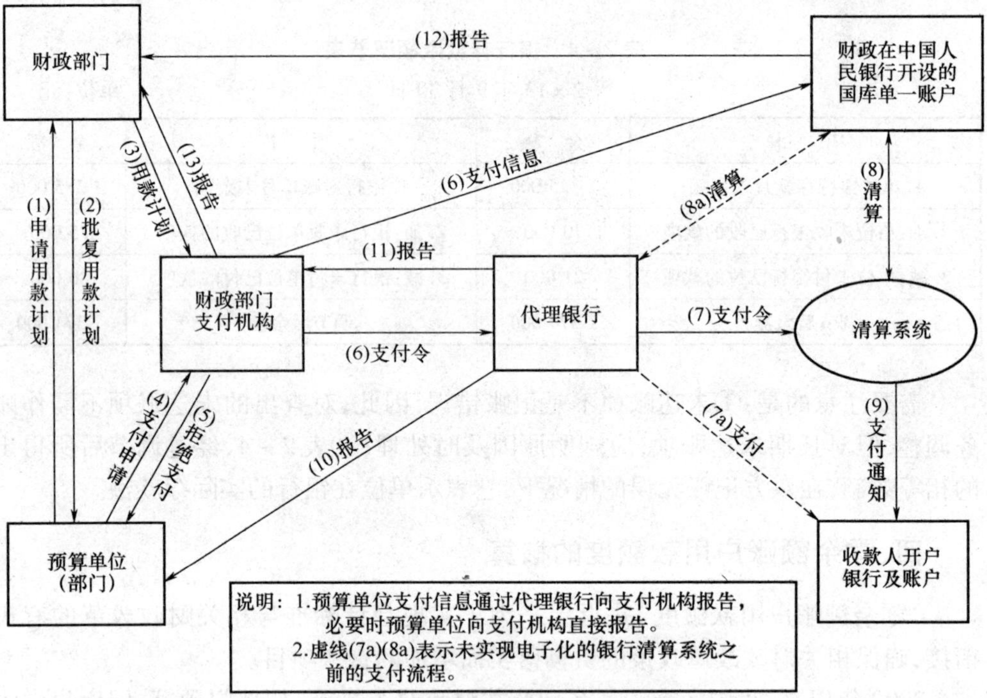

图 2 -3　财政直接支付程序图

2. 财政授权支付。财政授权支付是国库集中支付的另一种方式,是指预算单位按照部门预算和用款计划确定资金用途,根据财政部门授权,自行开具支付令送代理银行,通过国库单一账户体系中的单位零余额账户或特设专户,将财政性资金支付到收款人或用款单位账户。财政授权支付的支出范围是指除财政直接支付支出以外的全部支出。财政授权支付程序适用于未纳入工资支出,工程采购支出,物品、服务采购支出管理的购买支出和零星支出。具体包括:单件物品或单项服务购买额不足 100 000 元人民币的购买支出;年度财政投资不足 500 000 元人民币的工程采购支出;特别紧急的支出和经财政部门批准的其他支出。财政授权支付程序如图 2 -4 所示。

(二)零余额账户用款额度

零余额账户用款额度,是指实行国库集中支付的事业单位根据财政部门批复的用款计划收到和支用的零余额账户用款额度。

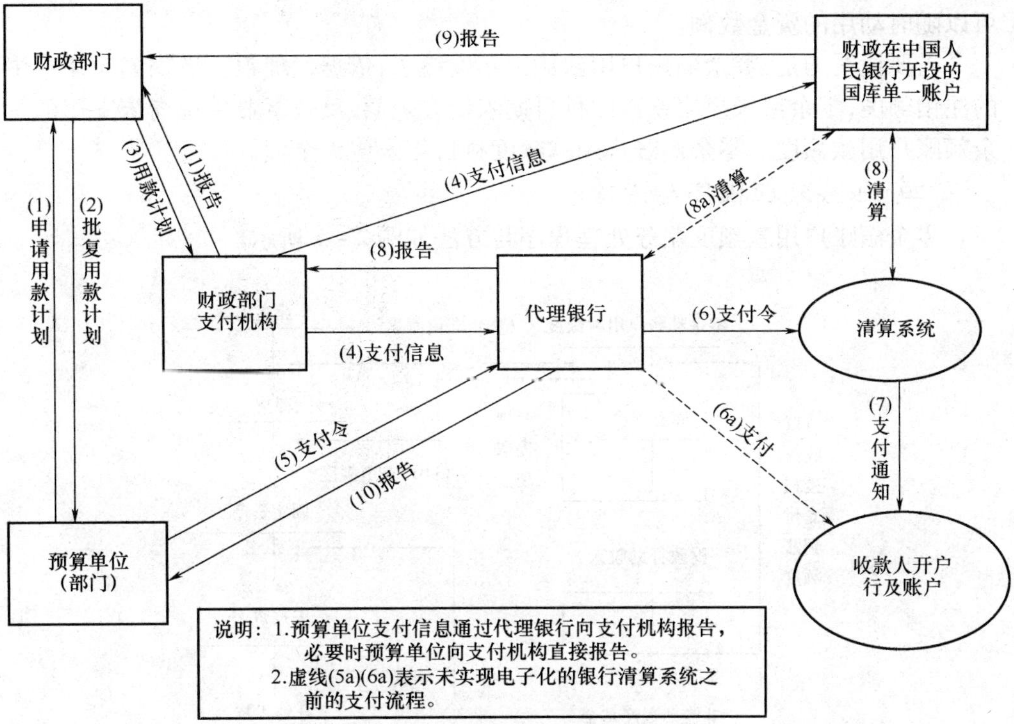

图2－4　财政授权支付程序

纳入财政国库单一账户制度改革的事业单位，财政部门为其在商业银行开设了单位零余额账户。当财政部门向事业单位零余额账户的代理银行下达零余额账户用款额度时，事业单位的零余额账户用款额度增加，即确认资产增加。事业单位可以根据经批准的单位预算和用款计划，自行向单位零余额账户的代理银行开具支付令，从单位零余额账户向收款人支付款项，或从单位零余额账户提取现金。代理银行在将事业单位的支付令与事业单位的单位预算和用款计划进行核对并向收款人支付款项后，于当日通过事业单位的零余额账户与财政国库单一账户进行资金清算。资金清算后，事业单位零余额账户的余额为零。

（三）会计科目的设置

为了确认和披露零余额账户用款额度增减变动情况，《事业单位会计制度》规定在货币资金类别下增加了"零余额账户用款额度"等资产类科目，用于通过财政部门下达的预算指标以及其审批的月度用款计划向国库集中支付核算中心申请用款。该科目不是一个实存资金账户。尽管如此，只要事业单位从单位零余额账户中支取的款项小于财政部门下达的单位零余额账户用款额度，事业单位的零余额账户的用款额度便仍然存放在代理银行，事业单位仍然可以继续通过单位零余额账户使用剩余的用款额度实现支付。因此,零余额账户用款额度实质是事业单位可以随时动用的资金数额。

需要说明的是,零余额账户用款额度年度终了,依据代理银行提供的对账单中的注销额度,零余额账户用款额度科目期末借方余额,反映事业单位尚未支用的零余额账户用款额度。零余额账户用款额度科目年末应无余额。

(四)账务处理程序与方法

零余额账户用款额度账务处理程序与方法如图 2-5 所示。

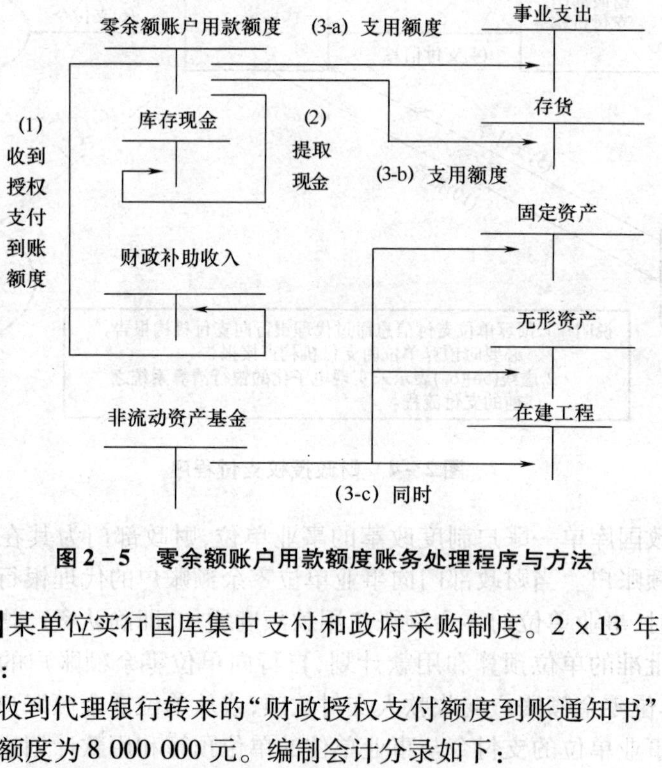

图 2-5　零余额账户用款额度账务处理程序与方法

【例 2-7】某单位实行国库集中支付和政府采购制度。2×13 年 11 月份发生如下经济业务:

(1)1 日,收到代理银行转来的"财政授权支付额度到账通知书",通知书中注明的本月授权额度为 8 000 000 元。编制会计分录如下:

借:零余额账户用款额度　　8 000 000

　贷:财政补助收入　　8 000 000

(2)3 日,从零余额账户提取现金 10 000 元。编制会计分录如下:

借:库存现金　　10 000

　贷:零余额账户用款额度　　10 000

(3)4 日,购入一批价值 30 000 元的科研用材料,已验收入库,并向银行开具支付令。5 日,收到代理银行转来的"财政授权支付凭证"和供货商的发票。编制会计分录如下:

借:存货　　30 000

贷:零余额账户用款额度　　30 000

(4)15 日,购入一批随买随用的办公用品 15 000 元,款项以零余额账户支付。编制会计分录如下:

借:事业支出　　15 000

贷:零余额账户用款额度　　15 000

(5)25 日,按规定的政府采购程序与甲科研器械供货商签订一份购货合同,购买激光仪器二台,合同金额为 80 000 元。合同约定,所购仪器本月 27 日交付,货款由单位在验货后向代理银行开具支付令。27 日,收到仪器,发票中注明的金额为 80 000 元。单位验货后,向代理银行开具了支付令,通知代理银行支付甲供货商货款。编制会计分录如下:

借:固定资产——专用设备　　80 000

贷:非流动资产基金——固定资产　　80 000

同时,

借:事业支出　　80 000

贷:零余额账户用款额度　　80 000

【例 2－8】承【例 2－7】,该单位 11 月份购入随买随用的办公用品因质量问题退货。因购货退回发生国库授权支付额度退回 10 000 元。

借:零余额账户用款额度　　10 000

贷:事业支出　　10 000

年度终了,依据代理银行提供的对账单做注销额度,以及下年初事业单位依据代理银行提供的额度恢复到账通知书做恢复额度的相关账务处理程序与方法,如图 2－6 所示。

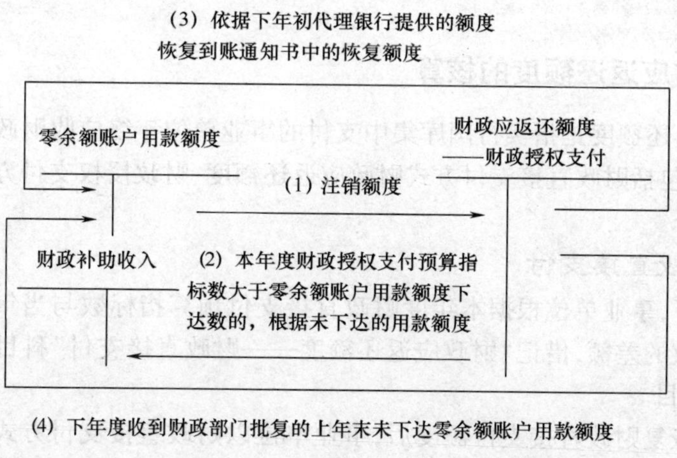

图 2－6　财政授权支付年终结余资金账务处理程序与方法

【例2－9】承【2－7】，2×13年12月31日，该单位财政授权支付年终结余资金为50 000元。编制会计分录如下：

借：财政应返还额度　　50 000

　贷：零余额账户用款额度　　50 000

2×14年1月5日，该单位收到代理银行转来的《财政授权支付额度恢复到账通知书》，恢复2×13年度财政授权支付额度50 000元。编制会计分录如下：

借：零余额账户用款额度　　50 000

　贷：财政应返还额度——财政授权支付　　50 000

第三节　应收及预付款项

一、应收及预付款项概述

应收及预付款项，是指事业单位在其业务活动过程中形成的短期债权，是单位持有的对客户的索取权。出于满足日常管理的目的，事业单位应将应收及预付款项划分为财政应返还额度、应收账款、预付账款、应收票据和其他应收款项。财政应返还额度、应收账款、应收票据和预付账款项目的产生与事业单位运营活动直接相关，而其他应收款项则产生于事业单位的非运营活动。

应收及预付款项是事业单位对其他单位或个人在结算过程中形成的流动资产，属于事业单位的短期债权。由于应收及预付款项发生的次数比较频繁，通常又表现为其他单位或个人对债权事业单位的资金占用。因此，事业单位对应收及预付账款要特别注意加强管理，要控制资金的额度和占用时间，及时对各种款项进行清理和结算。

二、财政应返还额度的核算

财政应返还额度是指实行国库集中支付的事业单位年终应收财政下年度返还的资金额度，包括财政直接支付方式财政应返还额度、财政授权支付方式财政应返还额度两部分。

（一）财政直接支付

年度终了，事业单位根据本年度财政直接支付预算指标数与当年财政直接支付实际支出数的差额，借记"财政应返还额度——财政直接支付"科目，贷记"财政补助收入"科目。

下年度恢复财政直接支付额度后，事业单位以财政直接支付方式发生实际支出时，借记有关科目，贷记"财政应返还额度——财政直接支付"科目。

【例2－10】2×13年12月31日，某事业单位与代理银行对账单进行核对，当年财政直接支付预算指标为 8 000 000 元,财政直接支付实际支出数为 7 850 000 元。2×14 年 1 月 2 日,该单位收到代理银行转来的《财政直接支付额度恢复到账通知书》,恢复 2×13 年度财政直接支付额度 150 000 元。该单位会计处理如下:

(1)注销财政直接支付额度:

借:财政应返还额度 150 000

　　贷:财政补助收入 150 000

(2)恢复额度,不编制会计分录。

(二)财政授权支付

年度终了,事业单位依据代理银行提供的对账单作注销额度的相关账务处理,借记"财政应返还额度——财政授权支付"科目,贷记"零余额账户用款额度"科目。事业单位本年度财政授权支付预算指标数大于零余额账户用款额度下达数的,根据未下达的用款额度,借记"财政应返还额度——财政授权支付"科目,贷记"财政补助收入"科目。

下年初,事业单位依据代理银行提供的额度恢复到账通知书作恢复额度的相关账务处理,借记"零余额账户用款额度"科目,贷记"财政应返还额度——财政授权支付"科目。事业单位收到财政部门批复的上年末未下达零余额账户用款额度时,借记"零余额账户用款额度"科目,贷记"财政应返还额度——财政授权支付"科目。

【例 2-11】某事业单位 2×13 年度财政授权支付年终结余资金为 360 000 元。2×14 年 1 月 2 日,该单位收到代理银行转来的《财政授权支付额度恢复到账通知书》,恢复 2×13 年度财政授权支付额度 360 000 元。编制会计分录如下:

(1)财政授权支付年终结余资金:

借:财政应返还额度 360 000

　　贷:零余额账户用款额度 360 000

(2)恢复额度:

借:零余额账户用款额度 360 000

　　贷:财政应返还额度——财政授权支付 360 000

三、应收票据的核算

(一)应收票据概述

应收票据是事业单位因从事经营活动销售产品而收到的商业汇票。按其承兑人不同,可分为商业承兑汇票和银行承兑汇票。

票据是具有一定书面格式的债权、债务凭证,是由债务人签发的在指定日期内由持票人向出票人(即签发人)或承兑人收回票面金额的书面证明。通常,一个单位持有还没有到期、尚未兑现的票据包括支票、银行本票、银行汇票和商业汇票等。

但在我国实务中，上述票据大部分为即期票据，可以即刻收款或存入银行成为货币资金，不需要作为应收票据核算。因此，应收票据主要是指单位持有的还没有到期、尚未兑现的商业汇票。

企业、事业单位之间根据购销合同进行合法的商品交易，才能签发商业汇票。除商品交易以外，其他方面的结算，如劳务报酬、债务清偿、资金借贷等不可采用商业汇票结算方式。一般来说，商业汇票的承兑期限由交易双方商定，最长不能超过6个月。商业承兑汇票若由收款人签发，则应交付款人承兑；若由付款人签发，则应经本人承兑。收款人或被背书人对将要到期的商业承兑汇票，应送交开户银行办理收款；付款人应于商业承兑汇票到期前将票款足额交存其开户银行，银行待到期日凭票将款项划转给收款人、被背书人或贴现银行。承兑单位对于承兑的汇票负有到期无条件支付票款的责任。银行承兑汇票的承兑申请人持银行承兑汇票和购销合同向其开户银行申请承兑。承兑银行按票面金额向承兑申请人收取一定比例的承兑手续费。商业汇票一律记名，但可以背书转让。

（二）会计科目的设置

事业单位应设置"应收票据"科目核算应收票据增减变动情况。该科目借方登记取得的应收票据的面值；贷方登记到期收回的票款或到期前向银行贴现的应收票据的票面余额，期末余额在借方，反映事业单位尚未收回且未申请贴现的应收票据的面值。其明细账应按商业汇票的种类设置。同时设置"应收票据备查簿"，逐笔登记每一应收票据的种类、号数、出票日期、到期日、票面金额、交易合同号和付款人、承兑人、背书人姓名或单位名称、背书转让日、贴现日期、贴现率和贴现净额、收款日期、收回金额和退票情况等资料。应收票据到期结清票款或退票后，应当在备查簿内逐笔注销。

（三）账务处理程序与方法

事业单位因销售产品、提供服务等收到票据或收到债务人以票据抵偿前欠货款时，确认应收票据增加。持未到期的商业汇票向银行贴现、将持有的商业汇票背书转让以取得所需物资时、票据到期收回应收票据以及因付款人无力支付票款、收到银行退回的商业承兑汇票等，确认应收票据减少。

应收票据账务处理程序与方法如图2－7所示。

1. 应收票据取得与收回。在我国，商业汇票的期限较短，一般按其面值计价。即事业单位收到应收票据时，按照票据的面值入账。但应收票据取得方式不同，其账务处理也有所区别。事业单位取得商业汇票的方式一般有两种：一是因销售商品、提供劳务等而收到买方开出、承兑的商业汇票；二是因债务人抵偿前欠货款而取得的应收票据。

事业单位因销售产品、提供服务等收到商业汇票，按照商业汇票的票面金额，确认应收票据增加，按照确认的收入金额，增加经营收入，按照应缴增值税金额，确

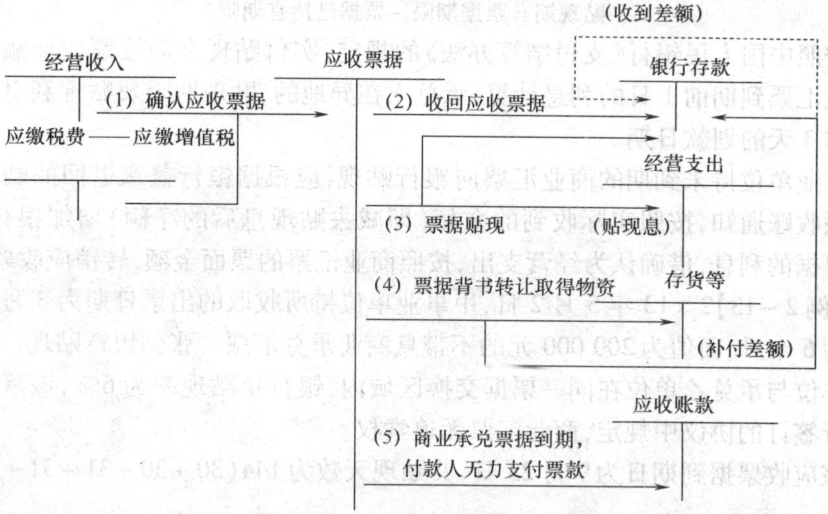

图 2-7 应收票据账务处理程序与方法

认应缴税费负债增加。

【例 2-12】2×13 年 4 月 1 日,甲事业单位销售一批产品给乙公司,货已发出,发票上注明产品价款 400 000 元,增值税额 68 000 元。收到乙公司商业承兑汇票一张,期限为 6 个月,票面年利率为 10%。收到票据时编制如下会计分录:

借:应收票据——乙公司　468 000

　贷:经营收入　400 000

　　应交税费——应交增值税(销项税额)　68 000

2×13 年 10 月 1 日乙公司签发的商业承兑汇票到期,甲事业单位收回应收票据。编制会计分录如下:

借:银行存款　468 000

　贷:应收票据——乙公司　468 000

2. 应收票据贴现。事业单位持有的应收票据在到期前,如果出现资金短缺,可以持未到期的银行承兑汇票向其开户银行申请贴现,以便获得所需资金。“贴现”,就是指票据持有人将未到期的票据在背书后送交银行,银行受理后从票据到期值中扣除按银行贴现率计算确定的贴现利息,然后将余额付给持票人,作为银行对持票人短期贷款的一种融通资金行为。

在贴现中,银行向贴现单位收取的利息为贴现利息;银行计算贴现利息使用的利率为贴现率;贴现单位从银行获得的票据到期值扣除贴现利息后的货币资金称为贴现所得。相关概念的计算公式如下:

贴现所得 = 票据到期值 - 贴现息

贴现利息 = 票据到期值 × 贴现率 × 贴现期

贴现期 = 票据期限 - 票据已持有期限

按照中国人民银行《支付结算办法》的规定，实付贴现金额按票面金额扣除贴现日至汇票到期前 1 日的利息计算，承兑人在异地的，贴现期限及贴现利息的计算应另加 3 天的划款日期。

事业单位持未到期的商业汇票向银行贴现，应根据银行盖章退回的贴现凭证第四联收账通知，按照实际收到的金额（即减去贴现息后的净额）增加银行存款，贴现票据的利息，借确认为经营支出，按照商业汇票的票面金额，转销应收票据。

【例 2 - 13】2 ×13 年 5 月 2 日，甲事业单位持所收取的出票日期为 3 月 23 日、期限为 6 个月、面值为 200 000 元的不带息商业承兑汇票一张到银行贴现。假设甲事业单位与承兑乙单位在同一票据交换区域内，银行年贴现率为 6%，该事业单位与银行签订的协议中规定，商业汇票无追索权。

该应收票据到期日为 9 月 23 日，其贴现天数为 144（30 + 30 + 31 + 31 + 23 - 1）天。

贴现息 = 200 000 × 6% × 144 ÷ 360 = 4 800（元）

贴现净额 = 200 000 - 4 800 = 195 200（元）

编制会计分录如下：

借：银行存款	195 200
经营支出——利息支出	4 800
贷：应收票据——乙单位	200 000

需要说明的是，应收票据的实质是融通资金的一种信贷形式，因此，申请并已贴现的应收票据到期时，承兑人的银行账户不足支付，申请贴现的单位将会收到银行退回的应收票据和支款通知，银行从贴现单位的账户中将票据款划出。此时，贴现单位要按所付本息，确认应收账款增加和银行存款减少。如果申请贴现单位的银行存款账户余额不足，银行将之做逾期贷款处理，贴现单位则应确认应收账款和短期借款增加。

3. 应收票据转让。事业单位可以将自己持有的商业汇票背书转让，将汇票权利转让给他人或者将一定的汇票权利授予他人行使。背书是指在票据背面或者粘单上记载有关事项并签章的票据行为。出票人在汇票上记载“不得转让”字样的，汇票不得转让。背书转让的，背书人应当承担票据责任。背书人以背书转让汇票后，即承担保证其后手所持汇票承兑和付款的责任。

事业单位将持有的商业汇票背书转让以取得所需物资时，按照取得物资的成本，确认存货增加，按照商业汇票的票面金额，减少应收票据，如有差额，做借加或减少银行存款处理。

【例 2 - 14】2 ×13 年 11 月 1 日，甲事业单位向乙公司销售商品一批，按所签合同采用商业汇票结算，价款计 20 000 元。票据为不带息票据，期限为 3 个月。

2×14年1月5日,该事业单位将持有的乙公司票据背书转让给丙公司以取得所需材料,该批材料价款22 500元。另外,以转账支票补付材料差价款2 500元,以现金支付丙运输公司材料运杂费175元。不考虑相关税费。甲事业单位编制会计分录如下:

(1)销售商品收到票据:

借:应收票据——乙公司　　20 000

　贷:经营收入　　20 000

(2)应收票据背书转让:

借:存货　　22 675

　贷:应收票据——乙公司　　20 000

　　库存现金　　175

　　银行存款　　2 500

需要说明的是,应收票据一般应在收到或开出并承兑时,以其票面金额入账。由于应收票据是用票据表现的一种债权,它使得债权债务关系显现为票据化,但其发生坏账的可能性较小。

四、应收账款的核算

(一)应收账款概述

1. 应收账款的概念。应收账款是指事业单位因开展经营活动销售产品、提供有偿服务等而应收取的款项。如事业单位所属非独立核算科研部门应向外单位收取开发、研究、试制合同款等。应收账款是事业单位在结算过程中形成的短期性债权,它代表了事业单位未来收取现金、得到商品或劳务等各类经济利益的权利。

2. 应收账款确认与计量。确认应收账款,可从两方面认识,一是应收账款形成是与事业单位的经营活动相关的,是因商业信用活动而形成的短期债权而非长期债权,故将其确认为流动资产;二是应收账款仅指本单位应收客户的款项,因此,它既不同于应收职工欠款、应收债务人的利息以及本单位付出的各类保证金等。

严格地说,应收账款作为一种债权,应按未来可得现金的现值入账。但是,由于应收账款属短期债权,其现值与交易发生日确定的金额间差异较小,应收账款一般按交易发生日或销售确认时的实际发生额或确定的金额入账。在大部分应收款交易中,要确认的金额就是双方的交换价格。交换价格就是债务人(客户或借款人)所欠的金额,通常是以发票作为交换价格的证明。但有时,事业单位应收账款可能涉及现金折扣因素,也是应收账款核算时关注的问题。

现金折扣,指债权人为鼓励债务人在规定的期限内付款而向债务人提供的债务扣除。事业单位赊销产品时,通常给予顾客一定的还款期限,同时为了鼓励客户提前付款,还与顾客达成协议,约定顾客在不同期限内付款可以享受不同比例的折扣,即现金折扣。现金折扣一般用符号“折扣/付款期限”表示。例如买方在10天内付款可按售价给予3%的折扣,用符号“3/10”表示;在20天内付款按售价给予1%的折扣,用符号“1/20”表示;在30天内付款,则不给折扣,用符号“N/30”表示。可见,现金折扣使应收账款的实收数额随着客户付款是否及时而发生变化。

例如,某科研机构赊销科技产品5 000元,双方合同约定的付款条件为2/10、1/20和N/30。假设客户于10日付款,应收账款的实收数额为4 900元;20日内付款,应收账款的实收数额为4 950元;超过20日付款应收账款实收数额则为5 000元。

现金折扣通常有总价法和净价法两种会计处理方法。总价法,指应收账款和销售收入按未扣减现金折扣前的金额入账,当顾客在折扣期内支付货款时,销售方把给予客户的现金折扣作为财务费用处理。可见,现金折扣只是顾客在折扣期内支付货款时才予以确认。净价法,指应收账款和销售收入按扣减现金折扣后的金额入账,客户超过折扣期限多付的金额,销售方冲减财务费用。

目前,在我国会计实务中,现金折扣一般采用总价法。

(二)会计科目的设置

为了总括地反映与监督应收账款的增减变化和资金占用情况,应设置“应收账款”科目。该科目借方登记事业单位因开展经营活动销售产品、提供有偿服务等而应收取的各种款项;贷方登记事业单位已收回或转作商业汇票结算方式的应收账款以及已转销的坏账损失;其借方余额反映待结算应收款的累计数。其明细账应按债务单位或个人名称设置。

(三)账务处理程序与方法

1.应收账款发生与收回。事业单位发生应收账款时,按照应收未收金额,确认应收账款增加,按照确认的收入金额,增加经营收入,按照应缴增值税金额,确认应缴税费负债增加。应收账款发生与收回账务处理程序与方法如图2-8所示。

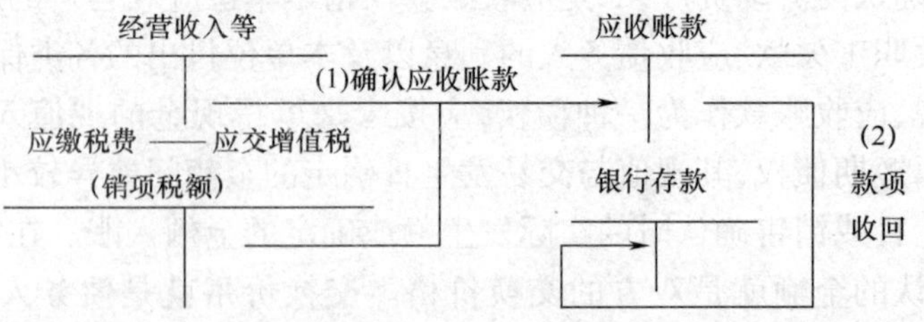

图2-8 应收账款发生与收回账务处理程序与方法

【例2-15】甲事业单位非独立核算部门2×13年6月取得经营收入50 000元,其中存入银行30 000元,对方乙单位欠款20 000元。月末收回乙单位欠款20 000元。编制会计分录如下:

(1)确认应收账款等:

借:银行存款　30 000

　应收账款——乙单位　20 000

　贷:经营收入　50 000

(2)收回乙单位欠款:

借:银行存款　20 000

　贷:应收账款——乙单位　20 000

2. 应收账款转为应收票据。有时,事业单位将应收账款转为商业汇票方式结算,在收到商业汇票时,在增加应收票据的同时,转销应收账款。编制会计分录如下:

借:应收票据 × × ×

　贷:应收账款 × × ×

五、其他应收款的核算

(一)其他应收款的内容

其他应收款,是指事业单位除财政应返还额度、应收票据、应收账款、预付账款以外的其他各项应收及暂付款项,如职工预借的差旅费、拨付给内部有关部门的备用金、应向职工收取的各种垫付款项等。其他应收款虽然与事业单位专业及辅助业务活动无直接联系,但它也是事业单位流动资产的重要组成部分,内容复杂、数额较大,且发生也较为纷繁复杂,对其管理质量高低直接影响事业单位的管理水平。

(二)会计科目的设置

为了反映其他应收款增减变动情况,事业单位应设置"其他应收款"科目,核算事业单位除应收票据、应收账款、预付账款等以外的其他各项应收及暂付款项。该科目借方登记其他应收款项发生额;贷方登记收回的其他应收款项;期末借方余额,反映事业单位尚未收回的其他应收款。其明细账应当按照其他应收款的类别以及对方单位(或个人)设置并进行明细核算。

(三)账务处理程序与方法

事业单位发生其他各种应收及暂付款项时,借记"其他应收款"科目,贷记"银行存款""库存现金"等科目。收回或转销其他各种应收及暂付款项时,借记"库存现金""银行存款"等科目,贷记"其他应收款"科目。

【例 2 - 16】2 ×13 年 1 月 3 日,甲事业单位将一处闲置门面房以经营租赁方式出租给乙商户,每月租金 20 000 元,假设双方约定按月支付租金。2 ×13 年 1 月 31 日,甲事业单位尚未收到该商户当月应当缴纳的租金。2 月 26 日,甲事业单位收到乙商户缴纳的 1 月份和 2 月份两个月的租金 40 000 元。编制会计分录如下:

(1)2×13 年 1 月 31 日：

借:其他应收款——乙商户　　20 000

　贷:其他收入　　20 000

(2)2×13 年 2 月 26 日：

借:银行存款　　40 000

　贷:其他收入　　20 000

　　其他应收款——乙商户　　20 000

（四）备用金的核算

1. 备用金的概念。备用金,是指事业单位财会部门为了便于日常零星开支的需要而预付给单位某些部门或职工备用的款项。其特点是先领后用,用后报销。

2. 备用金管理方式。备用金的管理,有定额备用金制度和非定额备用金制度两种。定额备用金制度,是根据使用部门工作的实际需要,先核定其备用金定额并依此拨付备用金,使用后再拨付现金补足其定额的制度。非定额备用金制度,是为了满足临时性需要而暂付给有关部门和个人现金,使用后实报实销的制度。

领取备用金的单位和个人必须严格按照规定的用途使用,不得挪作他用。备用金使用后,应及时填写报销单据,连同有关原始凭证,经单位负责人审批后,向财会部门报账。财会部门应做好备用金的核算与管理工作。

3. 账务处理程序与方法。事业单位的备用金,一般通过“其他应收款”科目进行账务处理,也可单独设立“备用金”科目予以登记。

事业单位内部实行定额备用金制度的,有关部门使用备用金以后应当及时到财务部门报销并补足备用金。经财务部门核定并领用备用金时,增加其他应收款,减少库存现金。根据报销数用现金补足备用金定额时,增加事业支出、经营支出,同时减少库存现金,不再通过“其他应收款”科目核算。其账务处理如图 2－9 所示。

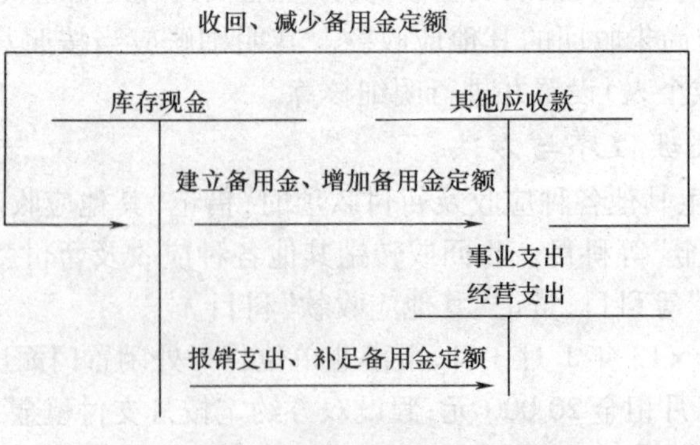

图 2－9　其他应收款账务处理程序与方法

【例 2 - 17】某事业单位 2×13 年发生与其他应收款相关事项及编制会计分录如下：

(1)5 月 10 日，职工张某参加科技会议预借差旅费 3 000 元。财会部门对其借款单据审核无误付讫现金。5 月 20 日，科技会议结束，张某报销会议开支 3 500 元，经核准予以报销，并以现金补付差额 300 元。

①预借差旅费：

借：其他应收款——张某　　3 000

　贷：库存现金　　3 000

②报销差旅费：

借：事业支出　　3 500

　贷：其他应收款——张某　　3 000

　　库存现金　　500

(2)该单位后勤服务部门备用金实行定额管理制度，当年核定定额为 10 000 元。①1 月 10 日财务部门开出现金支票拨付后勤服务部门备用金定额 10 000 元。②3 月 10 日，后勤服务部门报销购买办公用品支出 3 600 元，经财会部门审核后报销，并以现金补足定额。③6 月 1 日，因后勤服务部门业务范围扩大，需增加备用金定额 6 000 元，经审核予以足额拨付。④12 月 31 日，该单位年终决算核销并收回备用金 16 000 元。

①拨付备用金定额：

借：其他应收款——后勤服务部门　　10 000

　贷：银行存款　　10 000

②报销公用品支出：

借：事业支出　　3 600

　贷：库存现金　　3 600

③增加备用金定额：

借：其他应收款——后勤服务部门　　6 000

　贷：库存现金　　6 000

④单位年终决算核销备用金：

借：库存现金　　16 000

　贷：其他应收款——后勤服务部门　　16 000

六、预付账款的核算

(一) 预付账款的性质

预付账款是事业单位按照购货、劳务合同规定预付给供应单位的款项。事业单位预付一定款项，其目的主要是控制存货的货源，掌握劳务供应的渠道，以避免未来价格波动及市场风险。

关于预付账款有如下认识:

1. 按照权责发生制理论,预付账款虽款项已经付出,但对方的义务尚未履行完毕,要求对方履行义务仍是事业单位的权力,为此,预付账款确认为流动资产。

2. 预付账款与应收账款同为事业单位结算中的资金占用,表现为事业单位的短期债权。但两者产生的原因不同,反映的债权地位也不同。应收账款是销货或提供劳务产生的,是应向购货方收取的款项,而预付账款则是购货或接受劳务引起的,是预先付给供货方的款项;应收账款反映事业单位处于供应方时的债权地位,而预付账款则是反映事业单位处于购买方时的债权地位。

3. 就预付账款业务的经济性质而言,它与应付账款相同,都是因购货或接受外单位劳务而产生的付款事项,都表现为一个"付"字。但就该类事项所引起的资金流向和体现的债权债务关系来看,预付账款使得本单位资金流出,在没有取得对方(卖方)等价的物品或劳务之前,这笔流出的资金仍属于本单位,体现了本单位的一笔暂时的债权;而应付账款仅表明本单位的一笔"欠人"事项,资金尚未流出,体现了本单位的一笔短期债务。正因如此,在预付业务不多的事业单位,可将预付业务通过"应收账款"科目核算,而在表明债权债务关系的资产负债表中,则将预付款项作为债权计列于该表的左上方①。

应严格遵守国家有关的结算制度和订货合同,控制预付账款的范围、比例及期限,监控预付款项所定货物的入库情况,并及时结算预付款项。

(二)会计科目的设置

为了总括地反映与监督预付账款支出与结算情况,应设置"预付账款"账户。该科目借方登记单位向供应方预付的货款;贷方登记单位收到所购物品(或劳务结算时)应结转的预付账款;期末借方余额反映单位向供货方预付的货款,贷方余额反映单位应向供货方补付的货款。其明细账应按供货单位的名称设置。

需要说明的是,"预付账款"科目通常出现的余额在借方。如果出现贷方余额,则反映预付款额少于货款的数额,此时,该科目余额表现的性质又属于应付款项。

预付款项情况不多的事业单位,也可以将预付的款项直接记入"应付账款"账户的借方,不设置"预付账款"账户。但在编制会计报表时,仍然要将"预付账款"和"应收账款"的金额分开报告。

(三)账务处理程序与方法

【例 2-18】甲事业单位为增值税一般纳税人,2×13 年 8 月 10 日,与乙单位签订采购非自用存货合同。12 日以银行存款预付乙单位款项 50 000 元;15 日收到存货和专用发票,全部货款 48 000 元,增值税进项税额 8 160 元;18 日以银行存款补

① 刘积斌主编:《事业单位会计理论研究》,中国财政经济出版社,1997 年版,第 132 页。

付尾款。编制会计分录如下：

(1)预付乙单位款项：

借:预付账款——乙单位 50 000

贷:银行存款 50 000

(2)收到存货：

借:存货 56 160

贷:预付账款——乙单位 56 160

(3)补付尾款：

借:预付账款———乙单位 6 160

贷:银行存款 6 160

【例2-19】2×13年9月20日,A事业单位为购买一批计算机,与B销售商签订了购买协议,价款总额为350 000元。9月22日,该事业单位通知代理银行,授权支付给销售商350 000元的价款。9月25日,该事业单位应当依据收到的代理银行盖章的“财政授权支付凭证”入账,代理银行实际支付给销售商350 000元价款。1月26日,该事业单位收到销售商提供的计算机和销售发票。编制会计分录如下：

(1)1月25日支付款项：

借:预付账款 350 000

贷:零余额账户用款额度 350 000

(2)1月26日收到计算机：

借:事业支出 350 000

贷:预付账款 350 000

借:固定资产 350 000

贷:非流动资产基金——固定资产 350 000

(四)预付账款的列报

关于预付账款列报应注意以下问题：

1.为了满足掌握不同性质资金预付与收回情况的需要,事业单位应当通过明细核算或辅助登记方式,登记预付账款的资金性质,区分财政补助资金、非财政专项资金和其他资金,为填制财务报表提供依据。

2.预付账款业务不多的事业单位,虽可以不设“预付账款”科目,而通过“应收账款”科目核算,但在编制会计报表时,仍要将预付账款的金额与应收账款的金额分开列报。

七、坏账的核算

(一)坏账概述

1.坏账的概念。市场经济意味着风险。事业单位提供商业信用,其应收款项也就存在不能收回的风险。坏账是指事业单位无法收回或收回的可能性极小的应收款项。由于发生坏账而产生的损失,称为坏账损失。发生坏账对事业单位来说,意味着丧失部分债权,进而丧失部分资产。坏账导致事业单位部分收入不能实现和资产的减少,最终影响事业单位的财务状况和业务成果。

2. 坏账确认标准。一般来说,已入账的应收款项符合以下条件应确认为坏账:逾期三年或以上、有确凿证据表明因供货单位破产、撤销等原因已无望再收到所购物资,且确实无法收回的预付账款,按规定报经批准后予以核销。

事业单位在判断坏账时,应当具体分析各应收款项的特性、金额的大小、信用期限、债务人的信誉和当时的财务状况等因素。

3. 坏账核算方法。坏账的核算方法有直接转销法和备抵法。

直接转销法是指当应收账款确实无法收回时,将坏账损失予以确认,同时冲销应收款项。直接转销法的优点是账务处理简便,坏账损失的确认以实际发生额为依据,真实客观,避免估计的局限性。《事业单位会计准则》规定坏账核算采用直接转销法。

备抵法是指按期估计可能产生的坏账损失,并将其列入支出或者费用,形成坏账准备,实际发生坏账时再冲销坏账准备和应收账款。采用这种方法,一方面按期估计坏账损失计入支出或者费用;另一方面设置"坏账准备"科目,待实际发生坏账时冲销坏账准备和应收账款金额,使资产负债表上的应收账款反映扣减估计坏账后的净值。

(二)应收账款与坏账

逾期三年或以上、有确凿证据表明确实无法收回的应收账款,按规定报经批准后予以核销。事业单位将无法收回的应收账款转入待处置资产时,按照待核销的应收账款金额,确认为待处置资产损溢,并减少应收账款。报经批准予以核销时,确认为其他支出,减少待处置资产损溢。已核销应收账款在以后期间收回的,按照实际收回的金额确认其他收入。应收账款发生坏账的账务处理程序与方法,如图 2-10 所示。

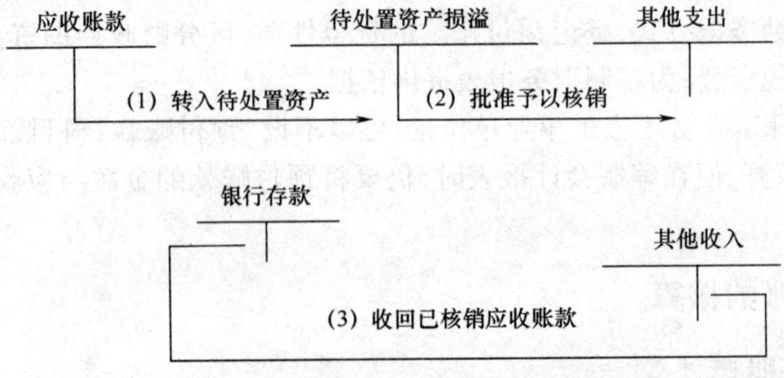

图 2-10 应收账款发生坏账的账务处理程序与方法

【例 2 - 20】2×13 年 12 月 25 日，甲事业单位对其应收款项进行清理，确认应收乙公司账款 50 000 元无法收回。该事业单位按规定报经有关部门批准并准备核销应收款项。2×14 年 3 月 20 日，收到已作为坏账核销的应收乙公司 20 000 元存入银行。编制会计分录如下：

（1）应收乙公司账款转入待处置资产：

借：待处置资产损溢　　50 000

　贷：应收账款——乙公司　　50 000

（2）经批准核销应收乙公司账款：

借：其他支出　　50 000

　贷：待处置资产损溢　　50 000

（3）已核销坏账又收回：

借：银行存款　　20 000

　贷：其他收入　　20 000

（三）其他应收账款与坏账

逾期三年或以上、有确凿证据表明确实无法收回的其他应收款，按规定报经批准后予以核销。核销的其他应收款应在备查簿中保留登记。其账务处理程序与方法同应收账款。

【例 2 - 21】2×13 年 12 月 31 日，某事业单位为职工李××垫付现金 3 000 元。次年，因职工离开单位而无望收回。编制会计分录如下：

（1）垫付现金：

借：其他应收款——李××　　3 000

　贷：库存现金　　3 000

（2）将垫付款转入待处置资产：

借：待处置资产损溢　　3 000

　贷：其他应收款——李××　　3 000

（3）报经批准核销垫付款：

借：其他支出　　3 000

　贷：待处置资产损溢　　3 000

（四）预付账款与坏账

事业单位逾期三年或以上、有确凿证据表明因供货单位破产、撤销等原因已无望再收到所购物资，且确实无法收回的预付账款，按规定报经批准后予以核销。其账务处理程序与方法同应收账款。

【例 2 - 22】2×13 年 12 月 31 日，某事业单位有确凿证据表明，2×13 年 9 月 1 日预付甲设备厂款项 500 000 元因其撤销而无法收回。编制会计分录如下：

（1）将全部款项转入待处置资产：

借:待处置资产损溢　　500 000

　贷:预付账款——非财政补助资金——甲设备厂　　500 000

(2)报经批准予以核销预付账款:

借:其他支出　　500 000

　贷:待处置资产损溢　　500 000

第四节　存　货

一、存货概述

(一)存货的概念

《事业单位会计准则》指出:存货是指事业单位在开展业务活动及其他活动中为耗用而储存的资产,包括材料、燃料、包装物和低值易耗品等。

存货是事业单位运营活动中最活跃的因素之一,这类物品经常性处于耗用和重置状态,并通过其购入、耗用、生产或开发以及销售实现事业单位运营活动目标。由于存货数量及价值计算正确与否,不仅关系到资产负债表资产价值的正确确定,而且也直接影响本期业务成果。所以,存货核算的质量对于正确反映事业单位财务状况和业务成果都具有重要影响。

(二)存货的内容

事业单位存货的主要内容包括:

1. 材料,是指其价值随着使用而消耗或者逐渐消耗,不能保持原有形态的各种原材料,包括主要材料、辅助材料、外购半成品、修理用备件。

2. 燃料,是指使用后就消失掉的各种固体、液体和气体燃料。

3. 包装物,是指为了包装本单位产品而储备的各种包装容器等。

4. 低值易耗品,是指不具备固定资产标准、价值较低、容易损耗的劳动资料,如工具、器具、低值仪器仪表等。

(三)存货的特征

与其他资产相比,存货具有以下特点:

1. 存货属于流动资产,具有较快的变现能力和明显的流动性,但其流动性不及现金和应收款项,而且其时效性强,发生潜在损失的可能性也比前者大。

2. 存货是有形资产,有别于专利权、商标权等无形资产。

3. 存货与固定资产同为有形资产,但其价值转移方式与固定资产不同。存货在正常的业务活动中,不断地处于耗用和重置之中,在一年内能够有规律地转换为货币资金或其他资产;而固定资产使用周期长,其价值分期转移。

4. 事业单位持有存货的目的主要是自用或消耗。事业单位存货,一部分是为了销售取得价值补偿,如科研机构中试验的产品等;一部分是为了耗用,即在各类事业中消耗掉。可见事业单位持有存货的目的不是为了投资增值,也不是为了长期持有,而是服务于事业单位日常运营活动。

二、会计科目的设置

事业单位应设置“存货”科目,核算事业单位在开展业务活动及其他活动中为耗用而储存的各种材料、燃料、包装物、低值易耗品及达不到固定资产标准的用具、装具、动植物等的实际成本。该科目借方登记存货的增加,贷方登记存货的减少。期末借方余额,反映事业单位存货的实际成本。其明细账应当按照存货的种类、规格、保管地点等设置进行明细核算。

事业单位使用“存货”科目时,应注意以下问题:

第一,事业单位随买随用的零星办公用品,可以在购进时直接列作支出,不通过本科目核算。

第二,事业单位应当通过明细核算或辅助登记方式,登记取得存货成本的资金来源(区分财政补助资金、非财政专项资金和其他资金)。

第三,发生自行加工存货业务的事业单位,应当在本科目下设置“生产成本”明细科目,归集核算自行加工存货所发生的实际成本(包括耗用的直接材料费用、发生的直接人工费用和分配的间接费用)。

三、存货取得账务处理程序与方法

存货在取得时,应当按照其实际成本入账。存货取得成本包括采购成本、加工成本和其他成本。

(一)存货采购成本

存货采购成本包括购买价款、相关税费、运输费、装卸费、保险费以及其他使得存货达到目前场所和状态所发生的其他支出。其中:①购买价款,是指企业购入的材料或商品的发票账单上列明的价款,但不包括按规定可以抵扣的增值税额。②相关税费,是指企业购买发生的进口关税、消费税、资源税和不能抵扣的增值税进项税额等应计入存货采购成本的税费。事业单位按照税法规定属于增值税一般纳税人的,其购进非自用(如用于生产对外销售的产品)材料所支付的增值税款不计入材料成本。③其他使得存货达到目前场所和状态所发生的其他支出,如在存货采购过程中发生的仓储费、包装费、运输途中的合理损耗、入库前的挑选整理费用等。

(二)存货取得账务处理程序与方法

1. 购入存货

(1)事业单位购入的存货验收入库,按确定的成本,借记“存货”科目,贷记“银行存款”“应付账款”“财政补助收入”“零余额账户用款额度”等科目。

【例2－23】2×13年2月5日，某事业单位以财政项目补助资金购入一批存货，当日验收入库，价款为80 000元，由财政直接支付。编制会计分录如下：

借：存货　　80 000

　贷：财政补助收入　　80 000

（2）购入非自用材料。属于增值税一般纳税人的事业单位购入非自用材料的，按确定的成本确认存货增加，按增值税专用发票上注明的增值税额，确认应缴税费，按实际支付金额减少银行存款或按应付的金额确认应付账款。购入非自用材料账务处理程序与方法如图2－11所示。

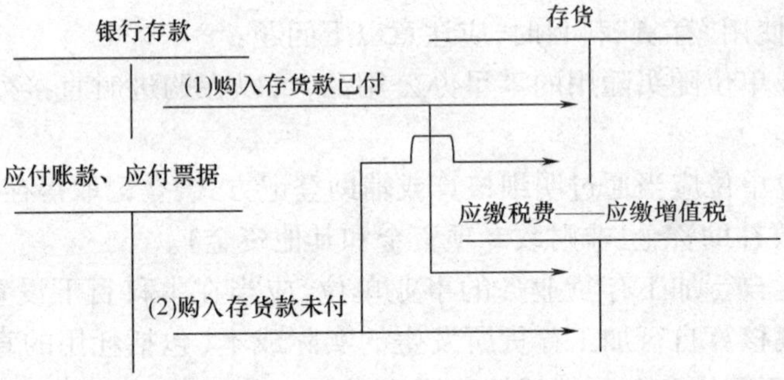

图2－11　购入非自用材料账务处理程序与方法

【例2－24】2×12年8月5日，某事业单位从N单位购入甲材料一批，其价款为51 000元。银行转来的结算凭证已到，款项尚未支付，材料已验收入库。8月15日以零余额账户支付欠款51 000元。编制会计分录如下：

（1）赊购材料：

借：存货——甲材料　　51 000

　贷：应付账款——N单位　　51 000

（2）支付欠款：

借：应付账款——N单位　　51 000

　贷：零余额账户用款额度　　51 000

2. 自行加工的存货。自行加工的存货，其成本包括耗用的直接材料费用、发生的直接人工费用和按照一定方法分配的与存货加工有关的间接费用。事业单位自行加工的存货，其成本为在加工过程中发生的各项实际支出。直接费用计入自制存货成本，间接费用按一定的标准分配计入自制存货成本。加工完成的存货验收入库，按照所发生的所有实际成本计入存货成本。

其中，间接成本一般可以按生产工人工资、生产工人工时、机器工时、耗用存货的数量或成本、直接费用（直接材料和直接人工）或存货产量等进行分配。单位可根据自己的具体情况自行选择分配方法。分配方法一经确定,不得随意变更。

【例 2 – 25】某事业单位 2 × 13 年 10 月份,为自制 A,B 存货发生职工薪酬 180 000元、福利费 20 000 元、社会保险费 50 000 元。该加工部门职工人数为 25 人,其中加工 A 存货 15 人、B 存货 10 人。分配过程如下:

(1)计算分配标准,公式如下:

人员经费分配标准 = 费用总计/加工存货人数之和:250 000/25 = 10 000(元)

(2)按照标准对人员经费进行分配。

A 存货应负担的人员经费 = 分配标准 × 加工 A 存货职工人数:15 × 10 000 = 150 000(元)

B 存货应负担的人员经费 = 分配标准 × 加工 B 存货职工人数:10 × 10 000 = 100 000(元)

事业单位自行加工的存货在加工过程中发生各种费用时,确认存货(生产成本)增加,同时确认存货(领用材料相关的明细科目)、银行存款减少或根据应付直接人工费用确认应付职工薪酬等科目;加工完成的存货验收入库,按照所发生的实际成本,确认存货(相关明细科目)增加,同时减少存货(生产成本)。

自制存货的账务处理如图 2 – 12 所示。

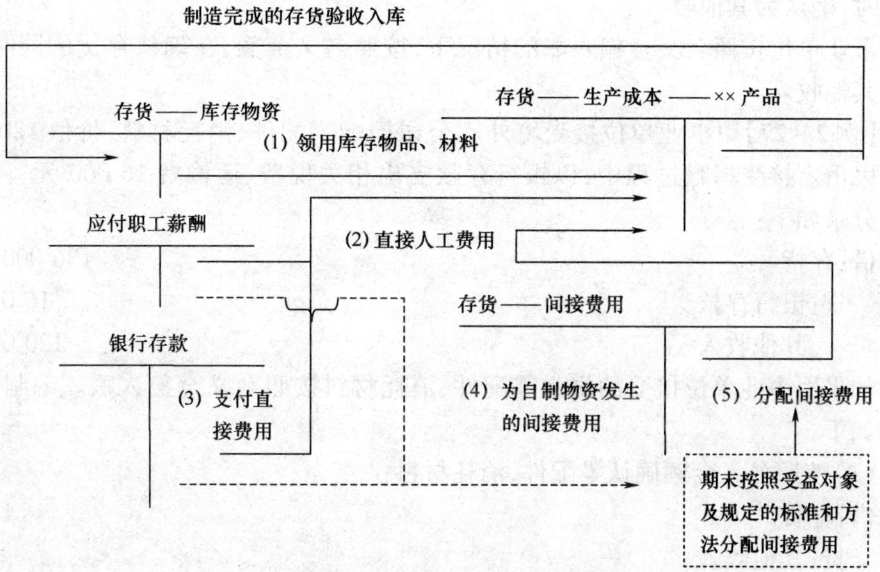

图 2 – 12　在加工存货账务处理

【例 2 – 26】2 ×13 年 1 月 10 日,某事业单位自行加工一批存货,领用甲材料 30 000元,确认应付职工薪酬 5 000 元,以货币资金支出加工费用 3 000 元。1 月 28 日该单位加工完成存货工作。编制会计分录如下:

借:存货——生产成本　　　　38 000

　贷:银行存款　　　　3 000

存货——甲材料　　30 000

应付职工薪酬　　5 000

加工完成的存货验收入库，按照所发生的实际成本，借记“存货——××存货”科目，贷记“存货——生产成本”科目。

2×13 年 1 月 28 日该单位加工完成存货工作。编制会计分录如下：

借：存货——××存货　　38 000

贷：存货——生产成本　　38 000

3. 存货的其他成本。存货的其他成本，指除采购成本、加工成本以外的，使存货达到目前场所和状态所发生的其他支出。如接受捐赠、无偿调入的存货，其成本按照有关凭据注明的金额加上相关税费、运输费等确定；没有相关凭据的，其成本比照同类或类似存货的市场价格加上相关税费、运输费等确定；没有相关凭据、同类或类似存货的市场价格也无法可靠取得的，该存货按照名义金额（即人民币 1 元，下同）入账。相关财务制度仅要求进行实物管理的除外。

事业单位接受捐赠、无偿调入的存货验收入库，按照确定的成本，在确认存货的同时，确认为其他收入。

事业单位按照名义金额入账的情况下，按照名义金额，在确认存货的同时，确认为其他收入。

【例 2－27】甲事业单位接受境外乙公司捐赠零配件、消耗材料，价值 120 000 元人民币。接受捐赠过程中，以银行存款支出相关税费、运输费 16 000 元。编制会计分录如下：

借：存货　　136 000

贷：银行存款　　16 000

其他收入　　120 000

如果甲事业单位接受的捐赠零配件、消耗材料按照名义金额入账。编制会计分录如下：

（1）按照名义金额确认零配件、消耗材料：

借：存货　　1

贷：其他收入　　1

（2）支付相关税费：

借：其他支出　　8 000

贷：银行存款　　8 000

【例 2－28】甲事业单位从系统内部乙单位无偿调入存货一批，调入存货相关凭证注明存货成本为 150 000 元，相关税费为 720 元，调入中支付相关费用等 1 280 元。编制会计分录如下：

借：存货　　152 000

贷:银行存款　　2 000

其他收入　　150 000

如果甲事业单位无偿调入存货没有相关凭据、同类或类似存货的市场价格也无法可靠取得,例 2－28 的会计处理如下:

借:存货　　1

贷:其他收入　　1

同时,

借:其他支出　　2 000

银行存款　　2 000

四、存货发出的计价方法

具有较快的变现能力和明显的流动性是存货的重要特点之一。在一个持续运营的事业单位中,其存货始终处于流动状态,原有的存货不断流出,新的存货又不断流入。由于存货的来源渠道不同,其成本水平也不相同。即使同为外购存货,由于其产地、单价、运输费用等条件的差异性,品种相同存货的实际成本也不尽相同。如何确定发出存货的成本,如何将存货成本在发出存货与库存存货之间进行分配,这就涉及存货发出的计价问题。《事业单位会计制度》规定,存货在发出时,应当根据实际情况采用先进先出法、加权平均法或者个别计价法确定发出存货的实际成本。

【例 2－29】某事业单位 2×13 年 5 月份非自用存货有关资料如表 2－5 所示。

表 2－5　存货材料收发资料

日　期	收　入			发　出			结　存		
	数量	单价	总额	数量	单价	总额	数量	单价	总额
5月1日							200	10	2 000
8日	600	9.5	5 700				800		
12日				400			400		
16日	300	10.50	3 150				700		
27日				200			500		
31日				240			260		
合计	900	—	8 850	840	—	—	260	—	—

根据表 2－5 的资料,分别采用以下方法计算确定发出材料和结存材料的成本。

（一）先进先出法

先进先出法是以先购入的存货应先发出（销售或耗用）这样一种存货实物流动假设为前提，对发出存货进行计价。采用这种方法，先购入的存货成本在后购入存货成本之前转出，据此确定发出存货和期末存货的成本。

根据表 2－5 资料，按先进先出法计算发出存货成本和结存存货结果，如表 2－6所示。

表 2－6　存货明细账（简式）

（按先进先出法计算）

日　期	收　入			发　出			结　存		
	数量	单价	总额	数量	单价	总额	数量	单价	总额
5月1日							200	10	2 000
8 日	600	9.5	5 700				200 600	10 9.5	7 700
12 日				200 200	10 9.5	3 900	400	9.5	3 800
16 日	300	10.50	3 150				400 300	9.5 10.5	6 950
27 日				200	9.5	1 900	200 300	9.5 10.5	5 050
31 日				200 40	9.5 10.5	2 320	260	10.5	2 730
合　计	900	—	8 850	840	—	8 120	260	—	2 730

根据表中发出存货成本，编制会计分录如下：

借：经营支出　　8 120

　贷：存货　　8 120

先进先出法的优点是使单位不能随意挑选存货计价以调整当期业务活动成果。缺点是工作量比较烦琐，特别对于存货进出比较频繁的事业单位更是如此。而且当物价上涨时，会高估其当期业务活动成果和库存存货价值；反之，物价下降时，会低估其存货价值和当期业务活动成果。

（二）加权平均法

加权平均法有“月末一次加权平均法”和“移动加权平均法”之分。

1. 移动加权平均法。移动加权平均法，是指以每次进货的成本加上原有库存存货的成本，除以每次进货数量与原有库存存货的数量之和，据以计算加权平均单位成本，作为在下次进货前计算各次发出存货成本的依据。

存货单位成本 =（原有库存存货的实际成本 + 本次进货的实际成本）÷

（原有库存存货的数量 + 本次进货数量）

本次发出存货的成本 = 本次发出存货的数量 × 本次发出存货前存货的单位成本

本月月末库存存货成本 = 月末库存存货的数量 × 本月月末存货单位成本

根据表 2 – 5 资料，采用移动加权平均法计算发出材料的成本和库存材料成本如表 2 – 7 所示。

表 2 – 7　存货明细账（简式）

（按移动加权平均法计算）

日期	收入			发出			结存		
	数量	单价	总额	数量	单价	总额	数量	单价	总额
5月1日							200	10	2 000
8日	600	9.5	5 700				800	9.625	7 700
12日				400	9.625	3 850	400	9.625	3 850
16日	300	10.50	3 150				700	10	7 000
27日				200	10	2 000	500	10	5 000
31日				240	10	2 400	260	10	2 600
合计	900	—	8 850	840	—	8 250	260	—	2 600

第 1 次购货后材料单位成本 =（2 000 + 5 700）÷（200 + 600）= 9.625（元）

第 1 次发出材料的成本 = 400 × 9.625 = 3 850（元）

第 2 次购货后材料单位成本 =（3 850 + 3 150）÷（400 + 300）= 10（元）

本月发出材料成本 = 3 850 + 2 000 + 2 400 = 8 250（元）

本月月末库存材料成本 = 260 × 10 = 2 600（元）

移动加权平均法，在每次发出存货前即可求出移动加权平均单价，弥补月末一次加权平均法的缺点，可以随时确定发出存货的实际成本和库存存货的价格。但如果月份内购进次数多、每次购进单价变化小，采用这种计算方法的工作量较大。

2. 月末一次加权平均法。月末一次加权平均法，是指以当月全部进货数量加上月初存货数量作为权数，去除当月全部进货成本加上月初存货成本，计算出存货的加权平均单位成本，以此为基础计算当月发出存货的成本和期末存货的成本的一种方法。

其计算公式如下：

存货单位成本 =（月初库存存货的实际成本 + 本月各批进货成本之和）÷

（月初库存存货数量 + 本月各批进货数量之和）

本月发出存货成本 = 本月发出存货的数量 × 存货单位成本

本月月末结存存货成本 = 月末库存存货的数量 × 存货单位成本

或 = (月初库存存货的实际成本 + 本月各批进货成本之和) − 本月发出存货的成本

根据表 2 − 5 资料，采用加权平均法有关指标计算结果如下：

存货单位成本 = (2 000 + 5 700 + 3 150) ÷ (200 + 600 + 300) = 9.86(元)

本月发出存货的成本 = 840 × 9.86 = 8 282.40(元)

本月月末库存存货成本 = (2 000 + 5 700 + 3 150) − 8 282.40 = 2 567.60(元)

(三) 个别计价法

个别计价法，指对存货逐一辨认，分别按各自购入或取得时的成本计价，以确定发出存货和结存存货的实际成本。其特征是注重所发出存货具体项目的实物流转与成本流转之间的联系，逐一辨认各批发出存货和期末存货所属的购进批别或生产批别，分别按其购入或生产时所确定的单位成本作为计算各批发出存货和期末存货的成本。

例如，根据表 2 − 5 资料，该事业单位 5 月发出的 840 件材料中，12 日发出的 400 件材料中，有 100 件是上期结转下来的，有 300 件为 8 日购入的，27 日发出的 200 件中为 8 日购进的；31 日发出的 240 件为 16 日购进的。

个别计价法下发出存货成本 = 100 × 10 + 300 × 9.5 + 200 × 9.5 + 240 × 10.5 = 8 270(元)

期末结存存货成本 = 100 × 10 + 100 × 9.5 + 60 × 10.5 = 2 580(元)

根据计算结果，编制存货领用的会计分录(假定全部用于经营活动)：

借：经营支出　　8 270

　贷：存货　　8 270

个别计价法是一种合理而准确的存货计价方法，但这种方法的前提是需要对发出存货和结存存货的批次进行具体认定，以辨别其所属的存货批次，所以计算工作量较大。

五、存货发出的账务处理程序与方法

(一) 开展业务活动等领用、发出存货

事业单位开展业务活动等领用、发出存货，按领用、发出存货的实际成本，借记“事业支出”“经营支出”等科目，贷记“存货”科目。

【例 2 − 30】2 × 13 年 5 月 18 日，某事业单位行政管理部门从库存中领用一批办公用低值易耗品，价值 30 800 元。编制会计分录如下：

借：事业支出　　30 800

　贷：存货　　30 800

(二) 对外捐赠、无偿调出存货

事业单位对外捐赠、无偿调出存货，转入待处置资产时，应区别是否为增值税一般纳税人而分别处理。

非增值税一般纳税人的事业单位对外捐赠、无偿调出存货，转入待处置资产时，按照存货的账面余额，确认待处置资产损溢增加，同时减少存货。

属于增值税一般纳税人的事业单位对外捐赠、无偿调出购进的非自用材料，转入待处置资产时，按照存货的账面余额与相关增值税进项税额转出金额的合计金额，确认待处置资产损溢增加，按存货的账面余额减少存货，按转出的增值税进项税额，确认应缴增值税进项税额转出。

对外捐赠、无偿调出存货账务处理程序与方法，如图 2－13 所示。

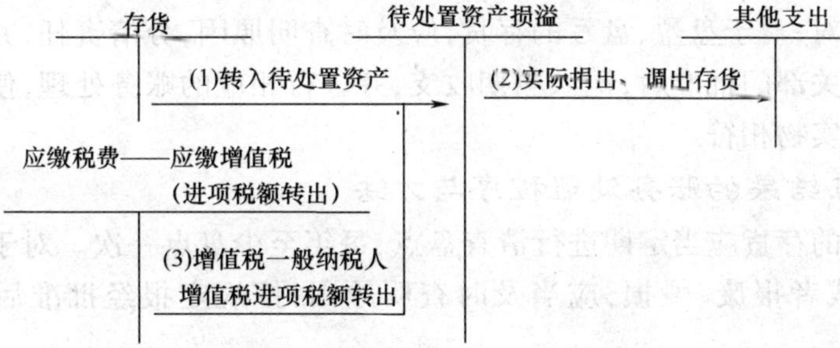

图 2－13　对外捐赠、无偿调出存货账务处理程序与方法

【例 2－31】2×13 年 5 月 1 日，甲事业单位向西部乙科研机构捐赠非自用材料 60 000 元。对外捐赠材料手续已办妥，材料也已出库。编制会计分录如下：

(1)将对外捐赠材料转入待处置资产：

借：待处置资产损溢　　60 000

　贷：存货　　60 000

(2)实际捐出材料：

借：其他支出　　60 000

　贷：待处置资产损溢　　60 000

【例 2－32】承【例 2－31】，假定甲事业单位核定为增值税一般纳税人，适用税率为 17%。对外捐赠材料，编制会计分录如下：

(1)将对外捐赠材料转入待处置资产：

借：待处置资产损溢　　70 200

　贷：存货　　60 000

　　应缴税费——应缴增值税(进项税额转出)　　10 200

(2)实际捐出材料：

借：其他支出　　70 200

　贷：待处置资产损溢　　70 200

六、存货清查盘点

(一)存货清查的意义

为了保证存货的安全与完整,做到账实相符,事业单位必须对存货进行定期或不定期的清查盘点,并与材料账面数量进行核对,进而确定存货长余或者短缺及其原因。由于存货的验收、计量、核算和管理中可能发生疏漏,以及材料的自然耗损和发生其他意外事故等原因,有时会发生材料的盘盈或盘亏,出现存货账实不符。因此,事业单位必须对存货进行清查盘点,核实库存存货的实际数量,并与存货账面记录进行核对;对于盘盈、盘亏的存货,应及时查明原因,分清责任,并按规定程序报经单位有关部门批准后,记入当期收支,并进行相应的账务处理,使存货的账面记录与库存实物相符。

(二)盘点结果的账务处理程序与方法

事业单位的存货应当定期进行清查盘点,每年至少盘点一次。对于发生的存货盘盈、盘亏或者报废、毁损,应当及时查明原因,按规定报经批准后进行账务处理。

盘盈的存货,按照同类或类似存货的实际成本或市场价格确定入账价值;同类或类似存货的实际成本、市场价格均无法可靠取得的,按照名义金额入账。盘盈的存货,按照确定的入账价值,确认其他收入。

【例 2-33】某事业单位在财产清查中盘盈存货 200 件,实际单位成本 220 元,经查属于存货收发计量方面的错误。编制会计分录如下:

借:存货	44 000	
贷:其他收入		44 000

盘亏或者毁损、报废的存货,转入待处置资产时,按照待处置存货的账面余额,确认待处置资产损溢。

属于增值税一般纳税人的事业单位购进的非自用存货发生盘亏或者毁损、报废的,转入待处置资产时,按照存货的账面余额与相关增值税进项税额转出金额的合计金额,确认待处置资产损溢,按存货的账面余额转销存货,按转出的增值税进项税额计入应缴税费。报经批准予以处置时,将待处置资产损溢确认为其他支出。盘亏或者毁损、报废存货的账务处理程序与方法,如图 2-14 所示。

【例 2-34】2×13 年 3 月末,某事业单位对库存办公用品盘点,发现库存办公用品数量小于账面记录 3 件,其价值为 3 000 元。4 月初,查明原因,3 件办公用品系报废所致,均属正常情况,报经批准后予以处理。编制会计分录如下:

(1)盘亏存货:

借:待处置资产损溢	3 000	
贷:存货		3 000

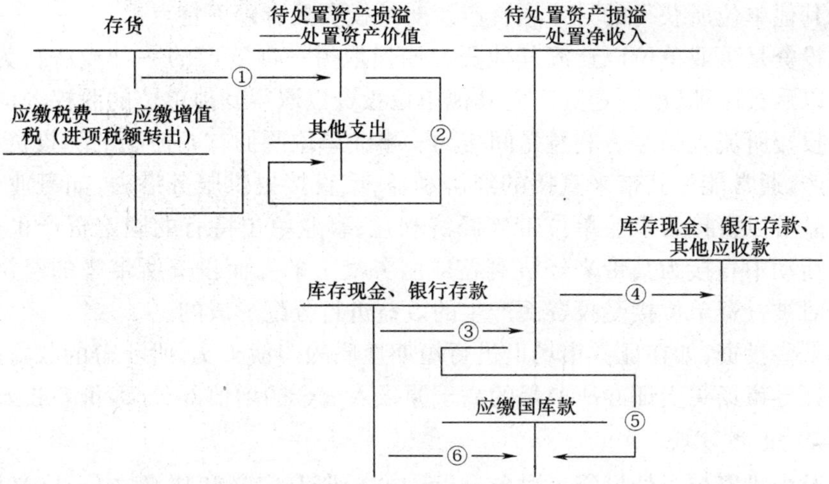

图2－14　盘亏或者毁损、报废存货的账务处理程序与方法

注释：①将处置资产的账面价值转入待处置资产；②实际处置资产；

③支付相关费用；④收到处置价款；⑤确认处置资产净收入；⑥上缴处置资产净收入。

(2)盘亏存货报经批准处理：

借：其他支出　　3 000

　贷：待处置资产损溢　　3 000

【例2－35】某事业单位核定为增值税一般纳税人。2×13年6月末对购进非自用材料盘点时，发现部分材料毁损，其账面余额为35 000元，相关增值税进项税额为5 950元。编制会计分录如下：

(1)将毁损材料转入待处置资产：

借：待处置资产损溢　　40 950

　贷：存货　　35 000

　　应缴税费——应缴增值税(进项税额转出)　　5 950

(2)报经批准予以处置毁损材料：

借：其他支出　　40 950

　贷：待处置资产损溢　　40 950

第五节　对外投资

一、对外投资概述

(一)投资概念与特点

一般认为，投资是为了通过分配来增加财富，或为了谋求其他利益，而将资产让渡给其他单位所获得的另一项资产。对外投资具有以下特点：

1. 投资是事业单位以让渡其他资产而换取另一项资产的一种经济行为，如支付现金以购买国债、以固定资产向其他单位投资以取得其他单位的股权等。

2. 投资所流入的经济利益是间接的。事业单位所拥有或控制的除投资以外的其他资产，通常能为其带来直接的经济利益，或直接提供服务潜力，如事业单位销售的药品可以直接为事业单位带来经济利益；事业单位持有的固定资产也是在参与业务活动中直接为其带来经济利益或服务潜力的。而投资所带来的经济利益，通常是对被投资单位接受投资而产生的效益进行分配形成的。

3. 某些投资，如在证券市场上进行短期性质的国债买卖，所获得的收益主要是指通过证券市场买卖证券所取得的高于原投入资金的增值部分，即价差收入。

（二）投资分类

1. 对内投资与对外投资。财务会计中的投资有广义和狭义之分，广义的投资包括权益性投资、债权性投资、期货投资、房地产投资、固定资产投资、存货投资等。广义的投资基本上可以分为两大类：一类是对内投资，如固定资产投资、存货投资等；另一类是对外投资，如权益性投资等。狭义的投资一般仅包括对外投资，如权益性投资、债权性投资，而不包括对内投资。《事业单位会计准则》所讲的投资是狭义投资。

2. 短期投资与长期投资。按照投资目的分类，可以将投资分为短期投资与长期投资两类。

短期投资是指事业单位依法购入的，持有时间不准备超过一年（含一年）的投资。这种投资在很大程度上是为了暂时存放剩余资金，并通过这种投资取得高于存款利率的利息收入或差价收入，待需要使用现金时即可兑换成现金，如事业单位购买的国债等。

长期投资，是指短期投资以外的投资。在事业单位，这种投资在很大程度上是为了积累整笔资金供特定用途之需，或出于其他长期性质的目的而进行的投资。

3. 货币投资、实物投资与无形资产投资。按投资形式分类，投资可以分为货币投资、实物投资和无形资产投资。其中，货币投资是指事业单位投出货币资金形成的投资；实物投资是指事业单位投出存货、固定资产等实物形成的投资；无形资产投资是指事业单位投出无形资产形成的投资。

4. 直接投资与间接投资。按投资方式的不同，投资分为直接投资和间接投资两类。直接投资是指将货币资金、实物和无形资产直接注入被投资的企业或单位，由被投资的企业或单位向投资者出具出资证明书，确认其股权或债权。可见，直接投资方式实际上是非证券投资方式，它主要与企业的长期投资相联系。

间接投资是指投资者通过购买被投资企业发行的股权证，或通过证券市场购买国债等来达到投资的目的。可见，间接投资实际上就是证券投资，它既与短期投资相联系,也与长期投资相联系。

5. 股权投资与债券投资。按投资的性质不同,投资可分为股权投资和债权投资两类。

股权性投资是指获得另一企业或单位的股权或净资产而进行的投资。

债权投资是指为获得债权而进行的投资。债权是指为了获得收取款项的权利。

《事业单位会计准则》根据事业单位投资目的,规定投资按短期投资和长期投资进行分类。

(三) 投资的管理

事业单位与企业在性质和运营目的上有较大的区别,事业单位主要是从事非营利性的活动,以追求社会效益为主,对外投资仅是其业务活动的辅助活动,因此事业单位应在保证正常运转和事业发展的前提下严格控制对外投资,对于对外投资,应当履行相关审批程序。事业单位不得使用财政拨款及其结余进行对外投资,不得从事股票、期货、基金、企业债券等投资,国家另有规定的除外。事业单位以非货币性资产对外投资的,应当按照国家有关规定进行资产评估,合理确定资产价值。

二、短期投资的核算

(一) 短期投资的特点

与其他单位投资相比,事业单位短期投资具有以下特点:

1. 投资对象主要是国债投资。

2. 短期投资具有高度的变现性,可根据需要随时变现,其流动性在单位的资产中仅次于货币资金。

3. 事业单位的投资目的不是控制被投资单位或对其实施重大影响,而是利用正常经营中暂时多余的资金,谋求高于银行存款利息收入的利益。

4. 短期投资持有期限较短,这里的短期持有是指投资的意向而言,非实际持有时间。

(二) 会计科目的设置

为了核算短期投资增减变动情况,事业单位应设置"短期投资"科目。该科目借方登记取得投资成本,贷方登记出售短期投资或到期收回短期国债成本。期末借方余额,反映事业单位持有的短期投资成本。其明细账应当按照国债投资的种类设置,并进行明细核算。

(三) 账务处理程序与方法

事业单位短期投资在取得时,应当按照其实际成本(包括购买价款以及税金、手续费等相关税费)作为投资成本,确认短期投资增加、银行存款减少;短期投资持有期间收到利息时，按实际收到的金额，在银行存款增加的同时，确认其他收入。

事业单位出售短期投资或到期收回短期国债本息，按照实际收到的金额在增加银行存款的同时，按照出售或收回短期国债的成本减少短期投资，将其差额计入其他收入。

短期投资的账务处理如图2－15所示。

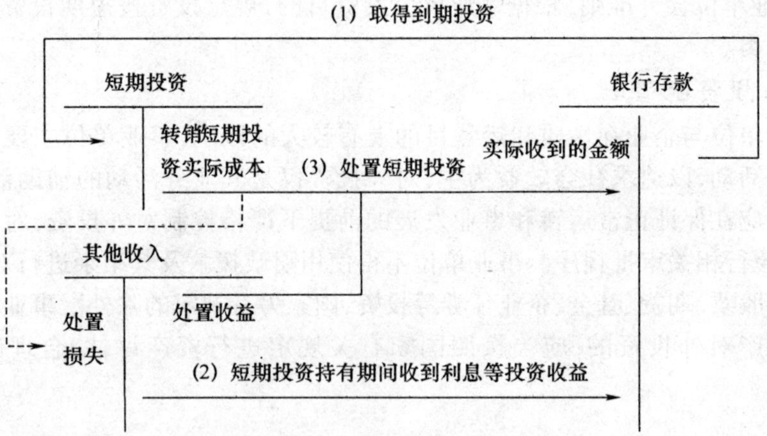

图2－15　短期投资的账务处理程序与方法

【例2－36】2×13年1月1日，某事业单位用银行存款购入2×13年1月1日发行、5年期、年利率4%、面值为250 000元的国库券，实际支付购买价款及税费295 125元。2×13年6月30日，国库券未到期前对外转让了其中一部分国库券，其面值100 000元，取得转让价款119 500元，另支付相关税费600元。编制会计分录如下：

(1)确认短期投资：

借：短期投资　　295 125

　贷：银行存款　　295 125

(2)转让部分投资：

借：银行存款　　118 900

　贷：短期投资　　118 050

　　其他收入——投资收益　　850

(3)投资到期收回其本息：

从购买日至到期日为止的利息＝150 000×4%×4＝24 000(元)

借：银行存款　　174 000

　其他收入——投资收益　　3 075

　贷：短期投资　　177 075

三、长期投资的核算

(一)长期投资概述

1. 长期投资的特点。长期投资是指事业单位依法取得的,持有时间超过一年(不含一年)的各种股权和债权性质的投资。事业单位通过长期投资活动,一是有利于运用市场经济的价值规律,促进医疗、科技、教育等资源的合理配置,提高资产的使用价值;二是通过对外投资的核算进一步明确投资关系,投资者的责任、权利及利益。同时,所获得的投资回报,也有助于缓解事业单位资金紧缺的局面,促进公益事业的发展。

长期投资与短期投资相比,有其共同之处,也有明显的区别。共同之处在于两者都是为了谋求本事业单位公共服务以外的经济利益。不同之处在于:①投资对象不同。短期投资对象主要是国债,长期投资对象除国债外还包括联营投资。②投资形式不同。短期投资的形式主要是货币资金,而长期投资形式除货币资金外,还包括固定资产投资、无形资产投资等。③投资持续的时间不同。短期投资的时间不超过一年,而且可以随时变现;长期投资的时间则在一年以上,而且不能或不准备随时变现。④投资的目的和性质不同。短期投资主要是利用暂时闲置的资金购入国债,并能随时变现;而长期投资的目的则不仅在于谋取投资收益,而且在于与被投资方建立良好的合作关系,以实现事业单位长远发展战略目的。

2. 长期投资的分类

(1)股权投资。股权投资,是指通过投资拥有被投资单位的股权,投资单位成为被投资单位的股东,按所持股份比例享有权益并承担责任。

事业单位股权投资有两种形式,一是直接投资形式,二是间接投资形式。直接投资是指现金或资产投入被投资单位,由被投资单位向投资者出具出资证明书,确认其股权。间接投资是指投资者投资于某被投资单位时,是通过在证券市场上购买该被投资单位的股票而形成的长期股权投资。债权投资也可以转让,但在债权债务方约定的期限内一般不能要求债务单位提前偿还本金,事业单位无权参与被投资单位的运营管理。

(2)债权投资。债权投资,是指事业单位购入的在一年内(不含一年)不能变现或不准备随时变现的国债等债权性质的投资。债权投资只能按约定的利率收取利息,到期收回本金。

注意:①事业单位对其兴办的附属非独立核算的生产经营单位的投资以及对外出租、出借有关资产的行为不能作为对外投资。②根据《事业单位财务制度》规定,事业单位应当严格控制对外投资。在保证单位正常运转和事业发展的前提下,按照国家有关规定可以对外投资的,应当履行相关审批程序。事业单位不得使用财政拨款及其结余进行对外投资,不得从事股票、期货、基金、企业债券等投资,国家另有规定的除外。

投资必须经过充分的可行性论证，并报主管部门（或举办单位）和财政部门批准。

（二）会计科目的设置

为了反映对外投资增减变动情况，事业单位设置“长期投资”科目，核算事业单位持有的债权投资和股权投资，主要指国债投资和长期股权投资。该科目借方登记长期投资的增加数；贷方登记长期投资的收回、冲减数；期末借方余额，反映事业单位持有的对外投资成本。

需要注意的是，“长期投资”科目应当设置“股权投资”“债权投资”两个一级明细科目，并在一级明细科目下按股权投资被投资单位和债权投资的种类设置明细账，进行明细核算。

（三）长期股权投资的核算

1. 长期股权取得。长期股权投资在取得时，应当按照其实际成本作为投资成本。以支付对价方式取得的资产，应当按照取得资产时支付的现金或者现金等价物的金额作为投资成本，包括购买价款以及税金、手续费等相关税费；按放弃非货币性资产取得长期投资的，其实际成本按照取得资产时所付出的非货币性资产的评估价值等金额作为投资成本。

（1）货币资金投资。事业单位以货币资金取得的长期股权投资，按照实际支付的全部价款（包括购买价款以及税金、手续费等相关税费）作为投资成本，确认长期股权投资增加和银行存款减少；同时，按照投资成本金额，确认非流动资产基金增加和事业基金减少。货币资金投资账务处理程序与方法如图 2－16 所示。

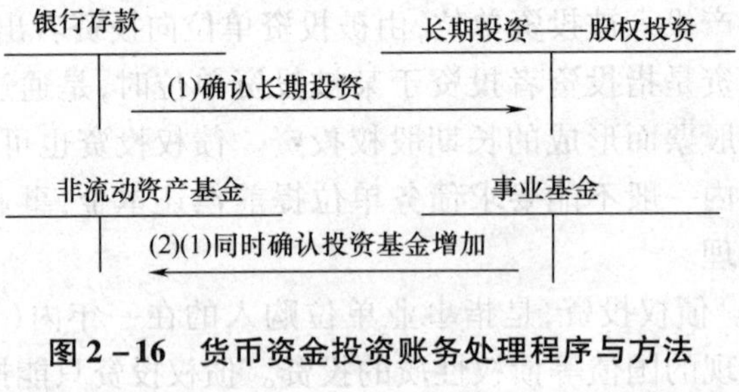

图 2－16　货币资金投资账务处理程序与方法

【例 2－37】2×13 年 6 月 10 日，甲事业单位经批准以非财政资金投资乙公司，出资货币资金 6 000 000 元取得乙公司 20% 股份。编制会计分录如下：

①确认长期股权投资：

借：长期投资——股权投资——乙公司　　6 000 000

　贷：银行存款　　6 000 000

②同时，确认长期投资基金：

借:事业基金　　6 000 000

　　贷:非流动资产基金——长期投资　　6 000 000

(2)以固定资产投资。事业单位以固定资产取得的长期股权投资,按照评估价值加上相关税费作为投资成本,确认长期股权投资、非流动资产基金增加,按发生的相关税费,确认为其他支出;同时,减少非流动资产基金、累计折旧和固定资产。以固定资产投资的账务处理程序与方法,如图 2-17 所示。

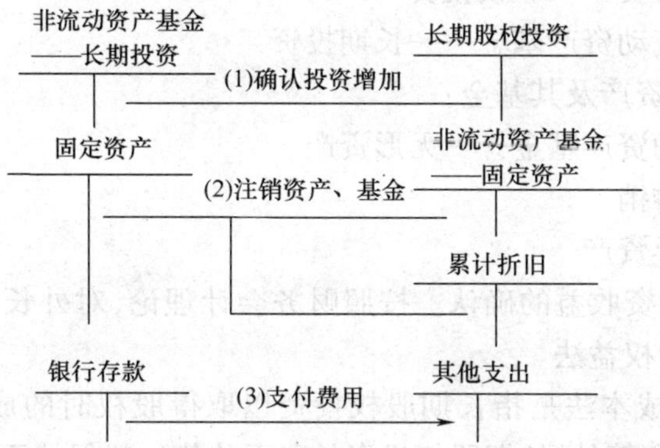

图 2-17　以固定资产投资账务处理程序与方法

【例 2-38】2×13 年 4 月,某事业单位以一项固定资产对外投资,该项资产的账面原价为 160 000 元、已提折旧 20 000 元、评估价为 150 000 元。对外投资发生相关税费 8 000 元,以银行存款支付。编制会计分录如下:

①确认长期投资及其基金:

借:长期投资——股权投资　　158 000

　　贷:非流动资产基金——长期投资　　158 000

②减少固定资产及其基金:

借:非流动资产基金——固定资产　　140 000

　　累计折旧　　20 000

　　贷:固定资产　　160 000

③确认税费:

借:其他支出　　8 000

　　贷:银行存款　　8 000

(3)以无形资产投资。事业单位以已入账无形资产取得的长期股权投资,按照评估价值加上相关税费作为投资成本,增加长期股权和非流动资产基金,发生的相关税费,确认其他支出;同时,按照投出无形资产对应的非流动资产基金,减少非流动资产基金(无形资产)、累计摊销和无形资产。

以未入账无形资产取得的长期股权投资,按照评估价值加上相关税费作为投资成本,确认长期股权、非流动资产基金(长期投资)增加,发生的相关税费确认其他支出。

【例2-39】2×13年8月,某事业单位以一项专利权对外投资,该项资产的账面原价为192 000元、累计摊销24 000元、评估价为180 000元。编制会计分录如下:

(1)确认长期投资及其基金:

借:长期投资——股权投资　　180 000

　贷:非流动资产基金——长期投资　　180 000

(2)减少无形资产及其基金:

借:非流动资产基金——无形资产　　192 000

　累计摊销　　24 000

　贷:无形资产　　168 000

2.长期股权投资收益的确认。按照财务会计理论,对外长期股权投资核算方法可分为成本法和权益法。

(1)成本法。成本法是指长期股权投资以取得股权时的成本计价,除投资方追加投资、收回投资等外,长期股权投资的账面价值一般保持不变。被投资单位宣告分派利润或现金股利,投资方按应享有的份额确认为当期投资收益。

(2)权益法。权益法是指长期股权投资按照实际成本入账后,根据被投资企业经营损益,按其持有被投资企业股份的比例以及股利的分配做出相应调整的方法。被投资企业当期发生收益,投资方按比例相应调高"长期股权投资"账户;发生亏损,投资方则按比例调低"长期股权投资"账户;收到发放的股利,也要减少"长期股权投资"账户。在权益法下,"长期股权投资"账户的账面价值已不是长期股权投资的原始成本,而是投资方在被投资企业中应享有相应的份额。

根据《事业单位会计制度》规定,事业单位长期股权采用成本法核算。也就是在长期股权投资持有期间,收到利润等投资收益时,按照实际收到的金额,借记"银行存款"等科目,贷记"其他收入——投资收益"科目。

3.长期股权投资的处置。事业单位转让长期股权投资,转入待处置资产时,按照待转让长期股权投资的账面余额,增加待处置资产损溢,减少长期股权;实际转让时,按照所转让长期股权投资对应的非流动资产基金,减少非流动资产基金和待处置资产损溢。

转让长期股权投资过程中取得价款、发生相关税费,以及转让价款扣除相关税费后的净收入的账务处理,通过"待处置资产损溢"科目核算。长期股权投资的处置程序与方法,如图2-18所示。

【例2-40】2×13年6月30日,甲事业单位将持有乙公司股份5 000 000元的60%转让,转让价款3 800 000元存入银行。编制会计分录如下:

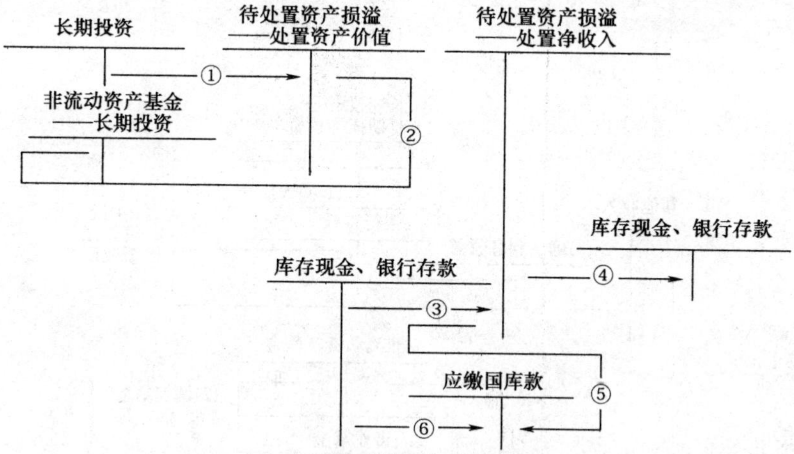

图2-18 长期股权投资的处置程序与方法

①将处置资产的账面价值转入待处置资产；②实际处置资产；③支付相关费用；④收到处置价款；⑤确认处置资产净收入；⑥上缴处置资产净收入。

(1)将投资转入待处置资产。

借:待处置资产损溢——处置资产价值 3 000 000

贷:长期股权投资——股权投资——乙公司 3 000 000

(2)实际转让投资。

借:非流动资产基金——长期投资 3 000 000

贷:待处置资产损溢——处置资产价值 3 000 000

(3)收到处置价款。

借:银行存款 3 800 000

贷:待处置资产损溢——处置收入 3 800 000

(4)结转处置净收入:

借:待处置资产损溢——处置收入 3 800 000

贷:应缴国库款 3 800 000

4.因被投资单位破产清算等原因,有确凿证据表明长期股权投资发生损失,按规定报经批准后予以核销。将待核销长期股权投资转入待处置资产时,按照待核销的长期股权投资账面余额,借记“待处置资产损溢”科目,贷记“长期股权”科目。

报经批准予以核销时,借记“非流动资产基金——长期投资”科目,贷记“待处置资产损溢”科目。

(四)长期债券投资的核算

长期债券投资在取得时,应当按照其实际成本作为投资成本,投资成本包括购买价款以及税金、手续费等相关税费。以货币资金投资的账务处理，如图 2－19 所示。

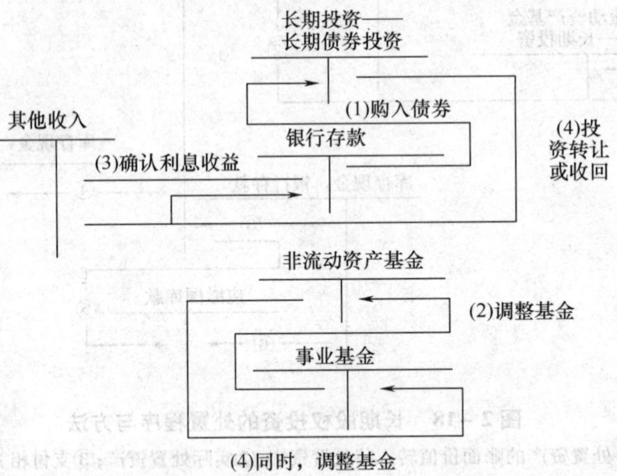

图 2－19　以货币资金投资的账务处理

【例 2－41】经上级主管部门批准，某事业单位于 2×13 年 5 月 1 日用银行存款购入 5 年期、年利率 4%、面值为 60 000 元的国库券，利息到期一次支付。另支付有关税费 5 000 元。2×16 年 2 月 1 日，该事业单位将国债面值的 80% 转让，实际收到价款 53 280 元。2×18 年 4 月 30 日，国库券到期，该单位实际收回债券本息 24 000 元。编制会计分录如下：

(1) 确认长期债权投资。

借：长期投资——债权投资——国债　　65 000

　贷：银行存款　　65 000

(2) 同时，确认长期投资基金。

借：事业基金　　65 000

　贷：非流动资产基金——长期投资　　65 000

(3) 2×16 年 2 月 1 日转让国债：

①确认对外转让长期债券投资本息。

从购买日至转让日为止的利息 = 48 000 × 4% × (2 + 9/12) = 5 280（元）

借：银行存款　　53 280

　贷：长期投资——债权投资——国债　　52 000

　　　其他收入——投资收益　　1 280

②同时，转销投资基金。

借：非流动资产基金——长期投资　　52 000

贷:事业基金 52 000

(4)2×18 年 4 月 30 日,国库券到期收回其本息:

①确认收回长期投资的本息。

从购买日至到期日为止的利息 = 12 000 × 4% × 5 = 2 400(元)

借:银行存款 14 400

贷:长期投资——债权投资——国债 13 000

其他收入——投资收益 1 400

②同时,转销投资基金。

借:非流动资产基金——长期投资 13 000

贷:事业基金 13 000

第六节 固定资产与在建工程

一、固定资产概述

(一)固定资产的概念

《事业单位会计准则》指出,固定资产是指事业单位持有的使用期限超过一年(不含一年),单位价值在规定标准以上,并在使用过程中基本保持原有物质形态的资产,包括房屋及构筑物、专用设备、通用设备等。单位价值虽未达到规定标准,但是耐用时间超过一年(不含一年)的大批同类物资,应当作为固定资产核算。

2012 年 4 月 1 日实施的《事业单位财务规则》第四十条指出,固定资产是指使用期限超过一年,单位价值在 1 000 元以上(其中:专用设备单位价值在 1 500 元以上),并在使用过程中基本保持原有物质形态的资产。单位价值虽未达到规定标准,但是耐用时间在一年以上的大批同类物资,作为固定资产管理。

从上述固定资产概念可以看出,事业单位的固定资产一是单位价值在规定的标准之上;二是具有持久、耐用性,在使用过程中基本保持原有物质形态;三是以自用为原则,不以销售为目的。

(二)固定资产分类

固定资产一般分为六类:

1. 房屋及构筑物,是指事业单位拥有占有权和使用权的房屋、建筑物及其附属设施。其中,房屋包括办公用房、业务用房、库房、职工宿舍用房、职工食堂、锅炉房等;建筑物包括围墙、烟囱、水塔等;附属设施包括房屋、建筑物内的电梯、通信线路、输电线路、水气管道等。

2. 专用设备,是指事业单位根据业务工作的实际需要购得的各种具有专门性能和专门用途的设备,如学校的教学仪器、科研单位的科研仪器、事业单位的医疗器械等。

3. 通用设备，是指事业单位用于业务工作的通用性设备、办公用的家具、交通工具等。

4. 文物和陈列品，是指博物馆、展览馆、纪念馆等文化事业单位的各种文物和陈列品，如古物、字画、纪念物品等。

5. 图书、档案，是指专业图书馆、文化馆储藏的书籍，以及事业单位储藏的统一管理使用的业务用书，如单位图书馆(室)、阅览室的图书等。

6. 家具、用具、装具及动植物。属于非流动资产的动植物，包括经济林、薪炭林、产畜和役畜等。持有资产是为产出农产品、提供劳务或出租等目的。

(三)固定资产的特点

1. 固定资产是有形资产。与专利权、商标权等无形资产相比，固定资产是具有实物形态的资产，可以多次参加事业单位的运营活动，在若干会计期间内保持其原有的实物形态，其价值也会随着使用而逐渐、分期转移。

2. 固定资产的使用期限长。与存货等资产相比，固定资产不会在一年内或超过一年的一个营业周期内变现或者耗用，能在较长的时期内发挥作用。

3. 持有固定资产的目的是用于运营而非销售。事业单位取得固定资产的目的是为了科研、教育、医疗服务、出租给他人或日常运营管理，而不是用于出售。这一特征是固定资产区别于流动资产或其他长期资产的重要标志。事业单位取得某些资产的价值可能较高，并且占有的时间也可能较长，但如果只是为未来业务活动做准备，或对外投资或准备出售，则不能列入固定资产，前者列入在建工程，而后者分别列入对外投资和存货。

(四)固定资产计价

1. 购入的固定资产，其成本包括购买价款、相关税费以及固定资产交付使用前所发生的可归属于该项资产的运输费、装卸费、安装调试费和专业人员服务费等。

2. 自行建造的固定资产，其成本包括建造该项资产至交付使用前所发生的全部必要支出。

3. 在原有固定资产基础上进行改建、扩建、修缮后的固定资产，其成本按照原固定资产账面价值(“固定资产”科目账面余额减去“累计折旧”科目账面余额后的净值)加上改建、扩建、修缮发生的支出，再扣除固定资产拆除部分的账面价值后的金额确定。

4. 以融资租赁租入的固定资产，其成本按照租赁协议或者合同确定的租赁价款、相关税费以及固定资产交付使用前所发生的可归属于该项资产的运输费、途中保险费、安装调试费等确定。

5. 接受捐赠、无偿调入的固定资产，其成本按照有关凭据注明的金额加上相关税费、运输费等确定；没有相关凭据的，其成本比照同类或类似固定资产的市场价格加上相关税费、运输费等确定;没有相关凭据、同类或类似固定资产的市场价格也无法可靠取得的,该固定资产按照名义金额入账。

二、会计科目的设置

为了核算固定资产增减变动及结存情况,事业单位应设置以下会计科目:

(一)"固定资产"科目

"固定资产"科目用以核算固定资产的原值。该科目属于资产类科目。其借方登记增加的固定资产原值,贷方登记减少的固定资产原值;借方余额为实有固定资产的原值。为了反映固定资产增减变动及结存的详细情况,事业单位应当设置"固定资产登记簿"和"固定资产卡片",按固定资产类别设置明细账,进行明细核算。

1. 固定资产登记簿。这是按固定资产类别开设账页,并按其来源、使用情况、保管部门设专栏进行登记,该登记簿主要是以价值形式序时反映固定资产的增减变动情况,并每月结出余额。

2. 固定资产卡片。这是反映各项固定资产详细情况的明细账,应按固定资产的项目设立,每项一张。在固定资产卡片中,应该记录该项固定资产的编号、名称、规格、技术特征、技术资料编号、附属物、使用单位、所在地点、购建年份、开始使用日期、中间停用日期、原值、预计使用年限、折旧率以及转移调拨、报废清理等情况。

(二)"累计折旧"科目

"累计折旧"科目是核算固定资产的累计折旧。该科目属于资产类科目,也是"固定资产"科目的调整科目。其贷方登记增加的固定资产累计折旧额;借方登记固定资产因减少而注销的折旧额;期末贷方余额,反映事业单位提取的固定资产折旧累计数。

三、固定资产取得

(一)购入固定资产

1. 购入不需安装的固定资产。事业单位购入不需安装的固定资产,按照确定的固定资产成本,确认为固定资产。购入不需安装的固定资产,按照确定的固定资产成本,借记"固定资产"科目,贷记"非流动资产基金——固定资产"科目;同时,按照实际支付金额,借记"事业支出""经营支出""专用基金——修购基金"等科目,贷记"财政补助收入""零余额账户用款额度""银行存款"等科目。

【例 2-42】2×13 年 3 月 20 日,某事业单位以财政项目补助资金、采用直接支付方式购入一台不需要安装就可投入使用的设备,设备价款为 300 000 元。假定不考虑其他相关税费。编制会计分录如下:

借:事业支出——财政项目补助支出	300 000
贷:财政补助收入	300 000

同时，

借：固定资产　　300 000

　贷：非流动资产基金——固定资产　　300 000

2. 购入需要安装的固定资产。事业单位购入固定资产，如果需要经过比较复杂的安装、调试和试运行才能交付使用，应按购入固定资产实际支付的买价、税金、包装费、运输费以及发生的安装费等先确认为在建工程，安装完工交付使用时，再确认为固定资产。购入需要安装的固定资产账务处理程序与方法，如图 2-20 所示。

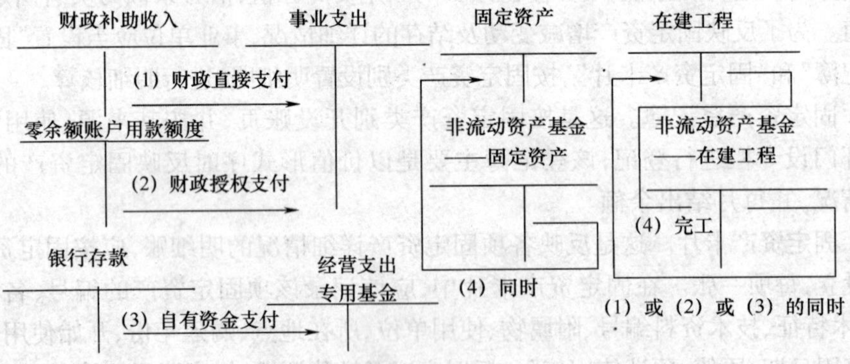

图 2-20　购入需要安装的固定资产账务处理程序与方法

【例 2-43】2×13 年 3 月 1 日，某事业单位用专用基金购入需要安装的全新设备一台，用银行存款支付买价 100 000 元、包装费及运杂费 3 500 元。3 月 5 日，安装设备支付有关材料费 25 000 元，支付外单位安装人员职工薪酬 5 500 元。3 月 10 日安装完毕，经调试合格投入使用。编制会计分录如下：

(1) 支付买价、包装费及运杂费：

借：专用基金　　103 500

　贷：银行存款　　103 500

借：在建工程　　103 500

　贷：非流动资产基金——在建工程　　103 500

(2) 支付材料费、安装人员职工薪酬：

借：专用基金　　30 500

　贷：银行存款　　30 500

借：在建工程　　30 500

　贷：非流动资产基金——在建工程　　30 500

(3) 安装完毕交付使用：

借：固定资产　　134 000

　贷：非流动资产基金——固定资产　　134 000

同时，

借:非流动资产基金——在建工程 134 000

贷:在建工程 134 000

3. 购入固定资产扣留质量保证金

(1)取得的发票金额包括质量保证金。事业单位购入固定资产取得的发票金额包括质量保证金,应当在取得固定资产时,按照确定的成本,确认为固定资产(不需安装)或确认为在建工程(需要安装)。扣留质量保证金,确认为其他应付款项。购入固定资产扣留质量保证金账务处理程序与方法,如图 2－21 所示。

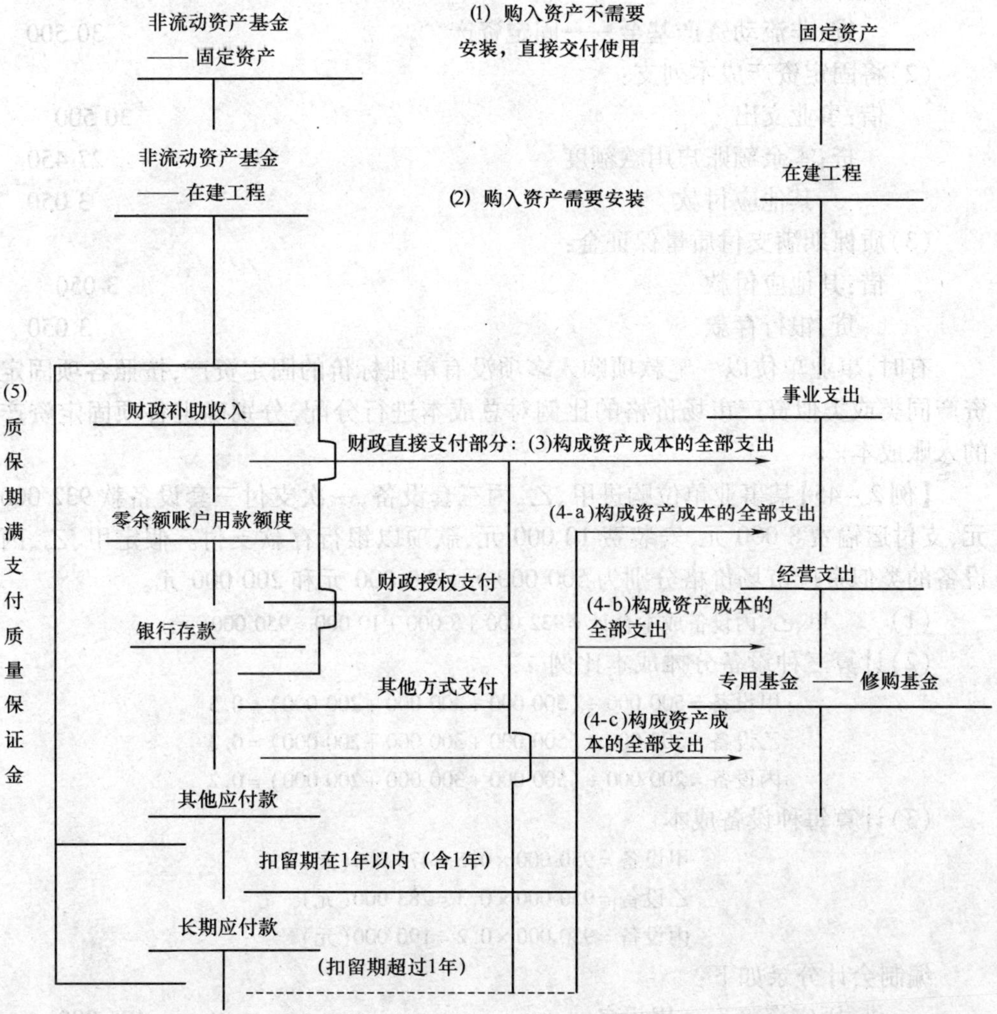

图 2－21 购入固定资产扣留质量保证金账务处理程序与方法

（2）取得的发票金额不包括质量保证金。确认固定资产或在建工程账务处理同上，取得的发票金额不包括质量保证金的，应当同时按照不包括质量保证金的支出金额，借记“事业支出”“经营支出”“专用基金——修购基金”等科目，贷记“财政补助收入”“零余额账户用款额度”“银行存款”等科目。

【例2-44】2×13年3月10日，某事业单位购入一台不需要安装的设备，发票价格29 250元，发生的运费1 000元，包装费250元，已取得固定资产全款发票。按合同约定，购入该项固定资产扣留10%的质量保证金，其余款项以银行存款支付（不考虑税费）。编制如下会计分录：

（1）确认固定资产：

借：固定资产　　30 500

　贷：非流动资产基金——固定资产　　30 500

（2）将固定资产成本列支：

借：事业支出　　30 500

　贷：零余额账户用款额度　　27 450

　　　其他应付款　　3 050

（3）质保期满支付质量保证金：

借：其他应付款　　3 050

　贷：银行存款　　3 050

有时，事业单位以一笔款项购入多项没有单独标价的固定资产，按照各项固定资产同类或类似资产市场价格的比例对总成本进行分配，分别确定各项固定资产的入账成本。.

【例2-45】某事业单位购进甲、乙、丙三套设备，一次支付三套设备款932 000元，支付运输费8 000元，安装费10 000元，款项以银行存款支付。假定甲、乙、丙设备的类似资产市场价格分别为500 000元、300 000元和200 000元。

（1）　甲、乙、丙设备成本合计 = 932 000 + 8 000 + 10 000 = 950 000（元）

（2）计算三种设备分摊成本比例

甲设备 = 500 000 ÷（500 000 + 300 000 + 200 000）= 0.5

乙设备 = 300 000 ÷（500 000 + 300 000 + 200 000）= 0.3

丙设备 = 200 000 ÷（500 000 + 300 000 + 200 000）= 0.2

（3）计算每种设备成本：

甲设备 = 950 000 × 0.5 = 475 000（元）

乙设备 = 950 000 × 0.3 = 285 000（元）

丙设备 = 950 000 × 0.2 = 190 000（元）

编制会计分录如下：

借：固定资产——甲设备　　475 000

　　　　　——乙设备　　285 000

——丙设备 190 000

贷:非流动资产基金——固定资产 950 000

借:事业支出 950 000

贷:零余额账户用款额度 950 000

(二)自行建造的固定资产的核算

自行建造的固定资产,其成本包括建造该项资产至交付使用前所发生的全部必要支出。工程完工交付使用时,按自行建造过程中发生的实际支出,确认固定资产。

工程完工交付使用时,按自行建造过程中发生的实际支出,借记"固定资产"科目,贷记"非流动资产基金——固定资产"科目;同时,借记"非流动资产基金——在建工程"科目,贷记"在建工程"科目。已交付使用但尚未办理竣工决算手续的固定资产,按照估计价值入账,待确定实际成本后再进行调整。

【例2-46】2×13年,某事业单位以自有资金加盖楼房一层。采用出包方式委托某建筑公司承建,支付工程款1 200 000元。

(1)支付工程款:

借:事业支出 1 200 000

贷:银行存款 1 200 000

同时,

借:在建工程 1 200 000

贷:非流动资产基金——在建工程 1 200 000

(2)工程交付使用:

借:固定资产 1 200 000

贷:非流动资产基金——固定资产 1 200 000

同时,

借:非流动资产基金——在建工程 1 200 000

贷:在建工程 1 200 000

(三)改建、扩建、修缮形成固定资产的核算

事业单位在原有固定资产基础上进行改建、扩建、修缮后的固定资产,其成本按照原固定资产账面价值("固定资产"科目账面余额减去"累计折旧"科目账面余额后的净值)加上改建、扩建、修缮发生的支出,再扣除固定资产拆除部分的账面价值后的金额确定。其账务处理程序与方法,见本章"在建工程"。

(四)融资租入固定资产的核算

事业单位以融资租赁方式租入的固定资产,按照租赁协议或者合同确定的租赁价款、相关税费以及固定资产交付使用前所发生的可归属于该项资产的运输费、途中保险费、安装调试费等确定其成本。事业单位计提融资租入固定资产折旧时,应当采用与自有应折旧固定资产相一致的折旧政策。能够合理确定租赁期届满时

将会取得租入固定资产所有权的，应当在租入固定资产尚可使用年限内计提折旧；无法合理确定租赁期届满时能够取得租入固定资产所有权的，应当在租赁期与租入固定资产尚可使用年限两者中较短的期间内计提折旧。融资租入固定资产账务处理程序与方法，如图 2 - 22 所示。

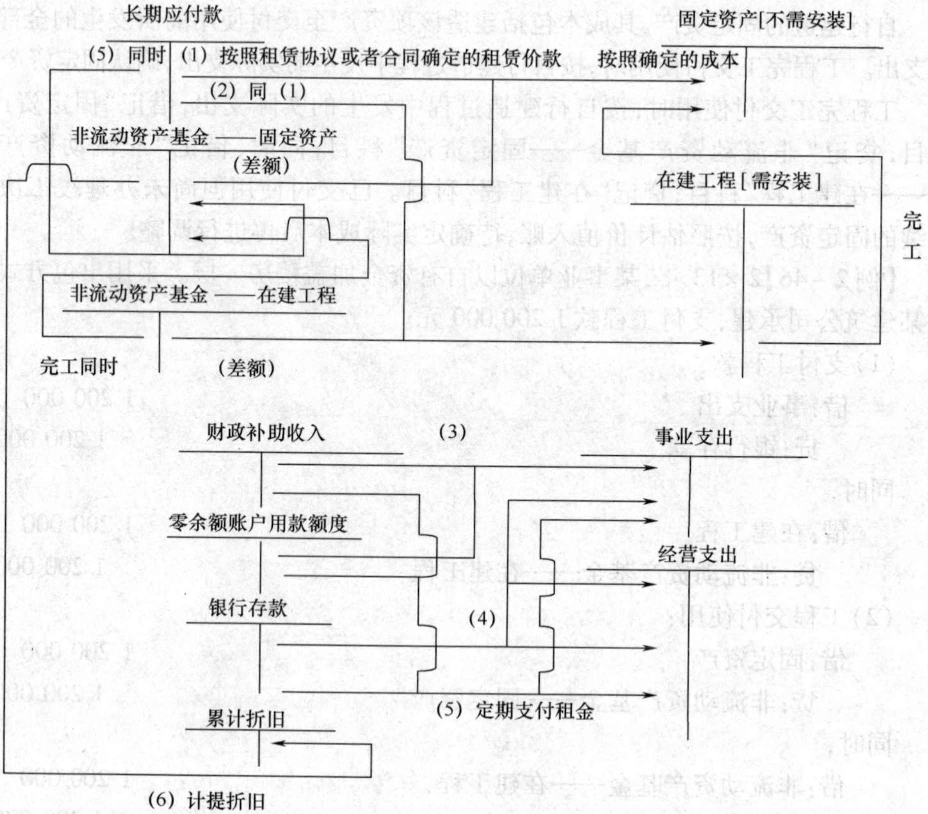

注：(3)(4) 均为在 (1) 的同时，按实际支付的相关税费、运输费、途中保险费、安装调试费等入账。

图 2 - 22　融资租入固定资产账务处理程序与方法

【例 2 - 47】某事业单位以融资方式租入需要安装的设备 1 台，租赁合同议定：租赁价款为 108 000 元，租期 4 年。以银行存款支付运输费 6 000 元，安装调试费 4 000元，途中保险费 2 000 元。按租赁协议规定，租赁价款分 4 年于每年年初支付。租赁期届满设备转归事业单位拥有，该设备尚可使用年限为 5 年。不考虑其他因素。编制会计分录如下：

(1) 确认融资租入固定资产：

借：固定资产——融资租入固定资产　　　　120 000

贷:长期应付款　　108 000

贷:非流动资产基金——固定资产　　12 000

(2)支付的相关税费:

借:事业支出　　12 000

贷:零余额账户用款额度　　12 000

(3)每期支付租金:

借:事业支出　　27 000

贷:财政补助收入　　27 000

同时,

借:长期应付款　　27 000

贷:非流动资产基金——固定资产　　27 000

(4)计提融资租入固定资产折旧时:

借:非流动资产基金——固定资产　　24 000

贷:累计折旧　　24 000

(5)租赁期满,转移资产所有权:

借:固定资产——专用设备　　120 000

贷:固定资产——融资租入固定资产　　120 000

(五)接受捐赠固定资产的核算

接受捐赠的固定资产,其成本按照有关凭据注明的金额加上相关税费、运输费等确定;没有相关凭据的,其成本比照同类或类似固定资产的市场价格加上相关税费、运输费等确定;没有相关凭据、同类或类似固定资产的市场价格也无法可靠取得的,该固定资产按照名义金额入账。接受捐赠的固定资产,按照确定的固定资产成本确认固定资产增加。

接受捐赠的固定资产,按照确定的固定资产成本,借记"固定资产"科目[不需安装]或"在建工程"科目[需安装],贷记"非流动资产基金——固定资产、在建工程"科目;按照发生的相关税费、运输费等,借记"其他支出"科目,贷记"银行存款"等科目。

【例2-48】甲事业单位接受乙公司捐赠一台不需要安装的科研设备,未取得相关凭据,也无法可靠取得同类或类似固定资产。接受捐赠资产发生相关税费、运输费等12 000元,以银行存款付讫。编制会计分录如下:

①确认固定资产:

借:固定资产　　1

贷:非流动资产基金——固定资产　　1

②支付相关税费:

借:其他支出　　12 000

贷:银行存款　　12 000

（六）无偿调入固定资产的核算

无偿调入固定资产是事业单位之间转移国有资产的一种行为。调入的主体主要是主管部门和财政部门。通过事业单位之间资产的调剂,一是优化事业资产配置,提高国有资产利用率和财政资金使用效益,二是对预算配置资产的补充。

无偿调入固定资产的账务处理程序与方法可参见"接受捐赠固定资产"。

【例2-49】2×13年5月10日,某事业单位经批准从其他事业单位无偿调入汽车一辆,同类车辆的市场价格为150 000元。因调入车辆而发生的相关费用为3 000元。应编制会计分录如下:

(1)确认固定资产:

借:固定资产——通用设备　　150 000

　贷:非流动资产基金——固定资产　　150 000

(2)支付相关费用:

借:其他支出——税费支出　　3 000

　贷:银行存款　　3 000

四、固定资产折旧

（一）固定资产折旧的概念

折旧,是指在固定资产使用寿命内,按照确定的方法对应计折旧额进行系统分摊。其中,应计折旧额是指应当计提折旧的固定资产的原价扣除其预计净残值后的金额。

众所周知,固定资产的特点是可以连续多次参加各类事业活动,并始终基本上保持其原来的实物形态,而其价值则会随着固定资产的损耗而逐渐减少。为了真实反映其固定资产价值,需要对固定资产计提折旧,使固定资产价值更为符合实际情况,否则,固定资产不计提折旧,其账面始终反映的是初始成本,这将导致事业单位资产负债表资产数额不真实,依据这些数据计算的资产负债率也不准确。

《事业单位会计制度》规定事业单位固定资产应该计提折旧,固定资产折旧后,能够客观地反映资产的价值,便于事业单位管理者、上级主管部门以及其他利益相关者了解事业单位的资产状况,通过固定资产原值了解其规模,通过累计折旧与原值的比例了解其使用程度,提高事业单位会计信息质量。

（二）折旧范围

计算折旧要明确哪些固定资产应计提折旧,即折旧范围。按照有关规定,事业单位应当对除下列各项资产以外的其他固定资产计提折旧:

1. 文物和陈列品;

2. 动植物;

3. 图书、档案；

4. 以名义金额计量的固定资产。

（三）固定资产折旧核算要求

1. 事业单位应当根据固定资产的性质和实际使用情况，合理确定其折旧年限。省级以上财政部门、主管部门对事业单位固定资产折旧年限做出规定的，从其规定。

2. 事业单位一般应当采用年限平均法或工作量法计提固定资产折旧。

3. 事业单位固定资产的应折旧金额为其成本，计提固定资产折旧不考虑预计净残值。

4. 事业单位一般应当按月计提固定资产折旧。当月增加的固定资产，当月不提折旧，从下月起计提折旧；当月减少的固定资产，当月照提折旧，从下月起不提折旧。

5. 固定资产提足折旧后，无论能否继续使用，均不再计提折旧；提前报废的固定资产，也不再补提折旧。已提足折旧的固定资产，可以继续使用的，应当继续使用，规范管理。

6. 计提融资租入固定资产折旧时，应当采用与自有固定资产相一致的折旧政策。能够合理确定租赁期届满时将会取得租入固定资产所有权的，应当在租入固定资产尚可使用年限内计提折旧；无法合理确定租赁期届满时能够取得租入固定资产所有权的，应当在租赁期与租入固定资产尚可使用年限两者中较短的期间内计提折旧。

7. 固定资产因改建、扩建或修缮等原因而延长其使用年限的，应当按照重新确定的固定资产的成本以及重新确定的折旧年限，重新计算折旧额。

（四）影响折旧的主要因素

一般而言，计算各期折旧额的依据或者说影响折旧的主要因素包括：

1. 折旧基数。事业单位固定资产的应折旧金额为其成本。

2. 净残值。固定资产净残值是指预计的固定资产报废时可以收回的残余价值扣除预计清理费用后的数额。《事业单位会计制度》规定，计提固定资产折旧不考虑预计净残值。

3. 使用寿命。事业单位应当根据固定资产的性质和使用情况，合理确定固定资产的使用寿命。事业单位固定资产的使用寿命一般为其预计使用年限。

（五）固定资产折旧方法

会计上计算折旧的方法很多，有年限平均法、工作量法、加速折旧法等。《事业单位会计制度》规定，事业单位一般应当采用年限平均法或工作量法计提固定资产折旧。

1. 年限平均法。年限平均法也称直线法，是指将固定资产的应折旧金额按均等的数额在其预计使用期内分配于每一会计期间的一种方法。平均年限法建立在固定资产服务潜力随时间的延续而减退,与其使用程度无关的假设上。因此,固定资产的折旧费可以均衡地摊配于其使用年限内的各个期间。平均年限法是目前会计实务中应用最为广泛的折旧计算方法。采用平均年限法固定资产年折旧额计算公式为:

固定资产年折旧额 = 应折旧金额(成本) ÷ 预计使用年限

固定资产月折旧额 = 固定资产年折旧额 ÷ 12。

在实际工作中,为了反映固定资产在一定时期内的损耗程度并简化核算,各期折旧额一般根据固定资产原值乘以该期折旧率计算确定。固定资产折旧率是指一定时期内固定资产折旧额与固定资产原始成本的比率。

事业单位按月计提固定资产折旧时,按照实际计提金额,借记“非流动资产基金——固定资产”科目,贷记“累计折旧”科目。

【例2-50】某事业单位行政管理用设备一台,其原值300 000元,预计使用年限为8年。则:

固定资产年折旧额 = 300 000 ÷ 8 = 37 500(元)

固定资产月折旧率 = [(37 500 ÷ 300 000) ÷ 12] × 100% ≈ 1.04%

固定资产月折旧额 = 300 000 × 1.04% = 3 120(元)

根据计算结果,应编制会计分录如下:

借:非流动资产基金——固定资产	3 120	
贷:累计折旧		3 120

年限平均法的优点是直观、计算简单,并且是以固定资产的使用时间为计算折旧的基础,所以能够较好地反映无形损耗对固定资产的影响。但这种折旧方法也存在着一些缺点:①由于该方法侧重于时间因素,因而忽视了固定资产利用程度的影响,没有考虑各期磨损程度不同的事实。因此,不能充分反映有形损耗因素的影响。②随着固定资产的连续使用,固定资产的磨损程度不同,其相应的修理、维护等费用逐年增加,但由于各期所提折旧额相同,因而导致各期负担的固定资产使用成本不均衡。

2. 工作量法。工作量法是按照固定资产实际完成的工作总量计算折旧的一种方法。采用这种方法,每期计提的折旧随当期固定资产提供工作量的多少而变动,提供的工作量多,就多提折旧,反之,则少提折旧,而每一工作量所负担的折旧费是相同不变的。这里所讲的工作量可以是车辆行驶的里程数,也可以是机器完成的工作时数或生产产品的产量数。

采用工作量法计提折旧,应先以固定资产在使用年限内预计总工作量(如总工作时数或总产量)去除应计折旧总额,算出每一工作量应分摊的折旧,然后乘以当期的实际工作量,求出该期应计提的折旧额。其计算公式为:

$$\text{单位折旧额}=\frac{\text{固定资产原值}\times(1-\text{预计净残值率})}{\text{预计总工作量(总里程、总工时、总产量)}}$$

$$\text{当期折旧额}=\text{当期工作量}\times\text{单位折旧额}$$

【例2－51】某事业单位一台仪器原价为80 000元，预计可使用40 000小时，不考虑净残值。2×13年10月份，该仪器工作3 600小时。10月份仪器的月折旧额计算如下：

单位小时折旧额＝80 000÷40 000＝2(元/小时)

本月折旧额＝3 600×2＝7 200(元)

根据计算结果，编制会计分录如下：

借：非流动资产基金——固定资产　　7 200

　贷：累计折旧　　7 200

工作量法的优点是：简单明了、容易计算，且计提的折旧额与固定资产的使用程度相联系，既充分考虑了固定资产有形损耗因素的影响，也符合配比原则。其缺点是：只重视有形损耗对固定资产的影响，而忽视了无形损耗对固定资产的作用。另外，要准确预计固定资产在其使用期间的预计总工作量也比较困难。

工作量法主要适用于车辆、船舶等运输工具，以及大型精密设备的折旧计算。

五、固定资产后续支出

固定资产投入使用后，事业单位为了适应新技术发展的需要，或者为维护或提高固定资产的使用效能，往往需要对现有固定资产进行维护、改建、扩建或者改良。通常将固定资产投入使用后再发生的支出，称为固定资产的后续支出。

(一)后续支出的分类

1.按后续支出的经济内容分类。按后续支出的经济内容分类，可分为：①增置，是指在原有固定资产的基础上进行延伸、扩充或扩大等。如房屋加层扩充、安装自动报警系统等。增置一般可以扩充固定资产的服务潜力，增强固定资产获取未来经济利益的能力。②改良，是指用新质量、高效能的新资产替代旧资产之行为。如用功率更大的马达代替设备原有马达，用自动装置代替非自动装置等。改良不同于增置，增置是固定资产数量的增加，而改良则是固定资产质量的提高。③换新，是指固定资产某项目或某个零件的替换。如以新齿轮替换旧齿轮。固定资产换新与上述固定资产的增置及改良不同，换新一般是相同资产的替换，只是恢复其资产某项目或某个零部件的原有性能或质量。在固定资产的质量和功能上并无任何大的改善，一般也不会提高固定资产预计的使用年限和生产能力。④修理，是指恢复固定资产原有性能的行为。固定资产在其使用过程中，往往会发生局部损坏，为了保持固定资产正常运转和使用，充分发挥其使用效能，就必须对固定资产进行必要的修理。固定资产修理一般不能延长其预先估计的使用年限，也不能提高其预计的服务能力。

2. 按支出是否记入固定资产账面价值分类，固定资产后续支出可分为：①资本化后续支出。固定资产投入使用后发生的、需要计入固定资产账面价值的支出，称为固定资产的“资本化后续支出”。固定资产增置或改良支出一般为资本化后续支出，其支出可以延长固定资产的使用寿命，使产品质量有实质性的提高或使产品成本发生实质性降低，也就是说，资本化后续支出提高了固定资产的性能，增强了固定资产获取未来经济利益的能力，使未来可能流入的经济利益超过了预先的估计。②费用化的后续支出。固定资产投入使用后发生的、需要记入当期的支出，称为固定资产的“费用化后续支出”。固定资产的修理及维护支出，一般为费用化后续支出，其支出可以使固定资产保持良好的工作状态，发挥其正常生产能力。

（二）账务处理程序与方法

1. 资本化后续支出。事业单位为增加固定资产使用效能或延长其使用年限而发生的改建、扩建或修缮等后续支出，应当计入固定资产成本，通过“在建工程”科目核算，完工交付使用时，从“在建工程”科目转入“固定资产”科目。其账务处理程序与方法如图 2－23 所示。

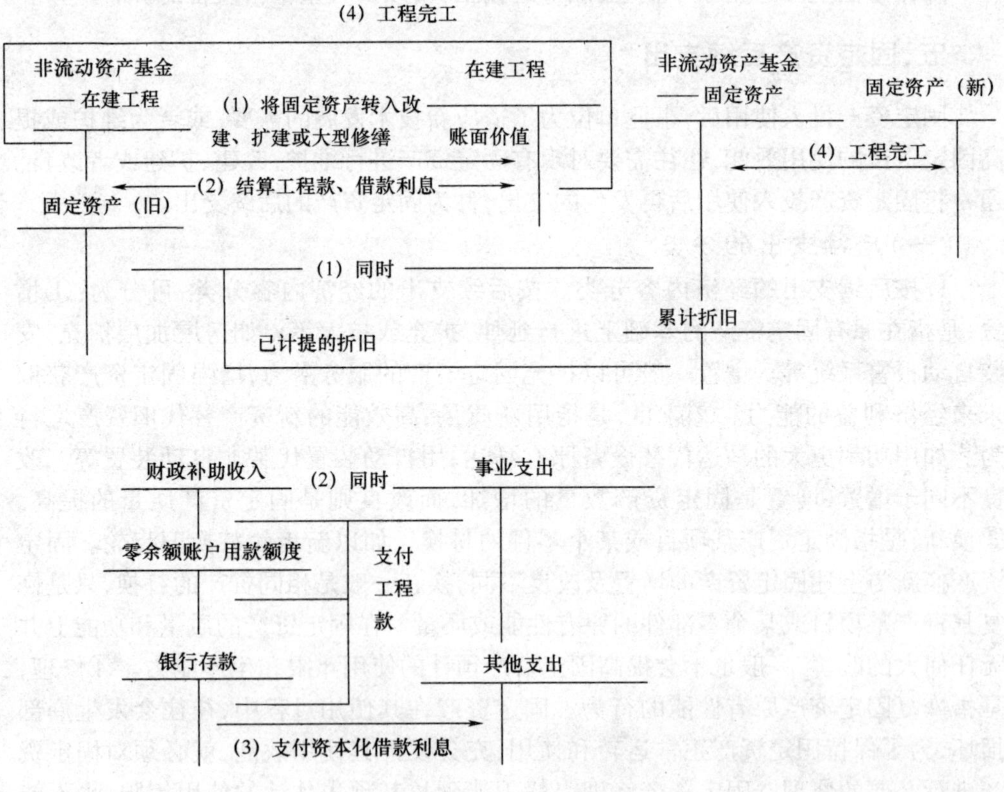

图 2－23　资本化后续支出会计处理程序与方法

【例2-52】2×10年12月,某事业单位建造完工一项固定资产,其建造成本为1 600 000元,采用年限平均法计提折旧,预计使用年限为20年。2×13年1月1日,为了适应业务发展的需要,该单位决定对固定资产进行改扩建,工期从2×13年1月1日至3月31日,共发生支出100 000元,全部以银行存款支付。该工程达到预定可使用状态后,预计将其使用年限延长5年,即为25年。编制会计分录如下:

(1)2×11年1月1日至2×12年12月31日两年间,该固定资产年折旧额为:1 600 000/20=80 000(元)。各年计提固定资产折旧:

借:流动资产基金——固定资产 80 000
　贷:累计折旧 80 000

(2)2×13年1月1日,固定资产的账面价值为:1 600 000-80 000×2=1 440 000(元),固定资产转入改扩建:

借:在建工程 1 440 000
　贷:非流动资产基金——在建工程 1 440 000

同时,

借:流动资产基金——固定资产 1 440 000
　　累计折旧 360 000
　贷:固定资产 1 800 000

(3)2×13年1月1日至3月31日,固定资产发生后续支出:

借:事业支出 100 000
　贷:银行存款 100 000

同时,

借:在建工程 100 000
　贷:非流动资产基金——在建工程 100 000

(4)2×13年3月31日,固定资产改扩建工程完工,固定资产交付使用:

借:固定资产 1 540 000
　贷:非流动资产基金——固定资产 1 540 000

同时,

借:非流动资产基金——在建工程 1 540 000
　贷:在建工程 1 540 000

(5)计提2×13年固定资产折旧:

2×13年固定资产折旧额: 1 540 000/(17×12+9)×9=65 070(元)。

借:流动资产基金——固定资产 65 070
　贷:累计折旧 65 070

2.费用化后续支出。为维护固定资产的正常使用而发生的日常修理等后续支出，应当计入当期支出但不计入固定资产成本，借记“事业支出”“经营支出”等科目，贷记“财政补助收入”“零余额账户用款额度”“银行存款”等科目。

六、固定资产处置的核算

(一)固定资产处置的范围

从一般意义上讲，资产处置是指通过综合运用法律允许范围内的一切手段和方法，对资产进行的价值变现和价值提升的活动。根据《事业单位国有资产管理暂行办法》第二十四条规定：“事业单位国有资产处置，是指事业单位对其占有、使用的国有资产进行产权转让或者注销产权的行为。处置方式包括出售、出让、转让、对外捐赠、报废、报损以及货币性资产损失核销等。”可见，资产处置是一种依法改变资产的占有、使用权甚至是所有权的行为，或者是依法使资产灭失的行为。

以此推论，事业单位固定资产出售、报废、毁损、对外投资、无偿调出、对外捐赠等均属于固定资产处置范畴。

事业单位资产处置应当由事业单位资产管理部门会同财务部门、技术部门审核鉴定，提出意见，按审批权限报送主管部门或财政部门审批。经主管部门或财政部门审批后，各单位按照批准方式对相应的资产进行处置，并及时办理相关手续进行账务处理。

(二)会计科目的设置

为了核算资产减少情况，事业单位应设置“待处置资产损溢”科目。事业单位资产的出售、出让、转让、对外捐赠、无偿调出、盘亏、报废、毁损以及货币性资产损失核销等均通过该科目核算。该科目借方登记转入处置资产的净值及清理过程中所发生的处置费用，贷方登记处置过程中所发生的收入。期末如为借方余额，反映尚未处置完毕的资产净损失；如为贷方余额，反映尚未处置完毕的资产净收益。

“待处置资产损溢”科目应当按照待处置资产项目进行明细核算；对于在处置过程中取得相关收入、发生相关费用的处置项目，还应设置“处置资产价值”“处置净收入”明细科目，进行明细核算。

需要说明的是，事业单位处置资产一般应当先记入“待处置资产损溢”科目，按规定报经批准后及时进行账务处理。年度终了结账前一般应处理完毕。

(三)账务处理程序与方法

1. 固定资产出售。固定资产出售的账务处理程序与方法如图 2－24 所示。

【例 2－53】2×13 年 8 月 31 日，经批准，甲事业单位将一幢建筑物出售给乙公司，合同价款 620 000 元，乙公司已用银行存款付清。出售时，该建筑物原值为 2 000 000元，已计提折旧 1 300 000 元，用银行存款支付清理费 20 000 元，建筑物处置收入适用的营业税税率为 5%。按照有关规定，建筑物出售净收入应缴国库。编制会计分录如下：

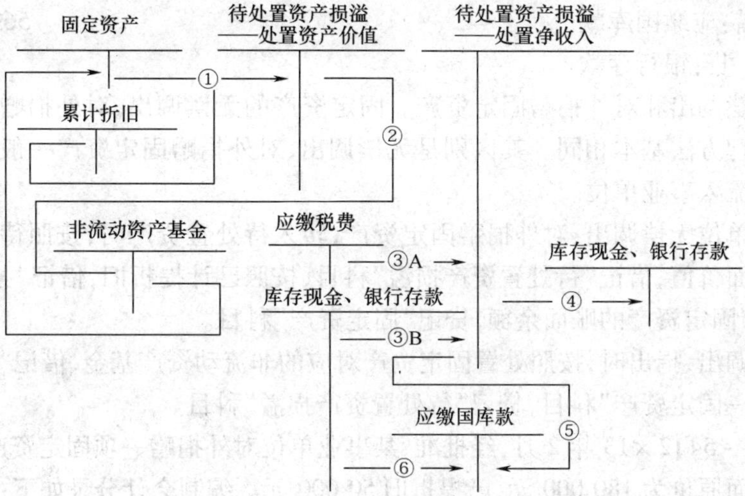

图 2－24　固定资产出售的账务处理程序与方法

注释：①将处置资产的账面价值转入待处置资产；②实际处置资产；③A 支付相关费用；③B 确认应缴税费；④收到处置价款；⑤确认处置资产净收入；⑥上缴处置资产净收入。

（1）将建筑物转入待处置资产：

借：待处置资产损溢——处置资产价值	700 000	
累计折旧	1 300 000	
贷：固定资产		2 000 000

（2）实际处置建筑物资产：

借：非流动资产基金——固定资产	700 000	
贷：待处置资产损溢——处置资产价值		700 000

（3）收到处置建筑物价款：

借：银行存款	620 000	
贷：待处置资产损溢——处置净收入		620 000

（4）支付相关费用：

借：待处置资产损溢——处置净收入	51 000	
贷：银行存款		20 000
应缴税费——应交营业税		31 000

（5）确认处置建筑物净收入：

处置净收入＝620 000－51 000＝569 000（元）

借：待处置资产损溢——处置净收入	569 000	
贷：应缴国库款		569 000

(6)将处置建筑物净收入上缴国库：

借:应缴国库款　　569 000

　贷:银行存款　　569 000

2. 无偿调出和对外捐赠固定资产。固定资产的无偿调出、对外捐赠与其出售的会计处理方法基本相同。其区别是无偿调出、对外捐赠固定资产一般不会产生货币资金流入事业单位。

事业单位无偿调出、对外捐赠固定资产,转入待处置资产时,按照待处置固定资产的账面价值,借记“待处置资产损溢”科目,按照已计提折旧,借记“累计折旧”科目,按照固定资产的账面余额,贷记“固定资产”科目。

实际调出、捐出时,按照处置固定资产对应的非流动资产基金,借记“非流动资产基金——固定资产”科目,贷记“待处置资产损溢”科目。

【例 2-54】2×13 年 2 月,经批准,某事业单位对外捐赠一项固定资产,该项固定资产账面原价为 180 000 元,已提折旧 50 000 元。编制会计分录如下：

(1)将对外捐赠资产转入待处置资产：

借:待处置资产损溢　　130 000

　累计折旧　　50 000

　贷:固定资产　　180 000

(2)实际捐出固定资产：

借:非流动资产基金——固定资产　　130 000

　贷:待处置资产损溢　　130 000

3. 对外投资固定资产。事业单位以固定资产对外投资,按照评估价值加上相关税费作为投资成本,确认长期投资,同时确认非流动资产基金(长期投资)增加,投资中发生的相关税费,确认为其他支出;同时,将投出固定资产对应的非流动资产基金(固定资产)、投出固定资产已计提折旧和投出固定资产的账面余额一同予以转销。固定资产对外投资账务处理程序与方法,如图 2-25 所示。

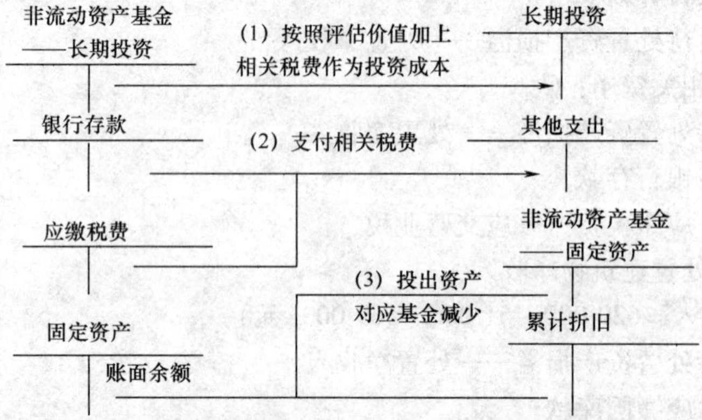

图 2-25　固定资产对外投资账务处理程序与方法

【例2-55】甲事业单位与乙企业签订投资协议,甲事业单位向乙企业投资一幢建筑物。该建筑物原始价值1 600 000元,评估价为1 500 000元,已计提折旧350 000元,应交营业税75 000元,以银行存款支付相关费用13 600元。编制会计分录如下:

(1)确认长期股权投资:

借:长期投资　　1 588 600

　贷:非流动资产基金——长期投资　　1 588 600

(2)支付并确认相关税费:

借:其他支出　　88 600

　贷:银行存款　　13 600

　　应缴税费——应交营业税　　75 000

(3)转销固定资产及其基金:

借:非流动资产基金——固定资产　　1 250 000

　累计折旧　　350 000

　贷:固定资产　　1 600 000

4.固定资产毁损、报废。固定资产毁损,是指固定资产因管理不善或意外事故、自然灾害所进行的产权注销的资产处置形式。

固定资产报废是指由于事业单位固定资产已达到使用年限和未达到使用年限而出现老化、损坏、市场型号淘汰等问题,经科学鉴定或按有关规定,已不能继续使用,必须进行产权注销的一种资产处置形式。

事业单位毁损、报废的固定资产,转入待处置资产时,按照待处置固定资产的账面价值,确认待处置资产损溢,将已计提折旧、固定资产的账面余额予以转销。报经批准予以处置时,将处置固定资产对应的非流动资产基金和待处置资产损溢同时转销。

处置毁损、报废固定资产过程中所取得的收入、发生的相关费用,通过"待处置资产损溢"科目核算。固定资产毁损、报废账务处理程序与方法,如图2-26所示。

【例2-56】某事业单位因遭受水灾而毁损研究设备一台,该设备原价200 000元,已计提折旧160 000元。其残料变价收入15 000元存入银行。报废资产发生相关税费6 000元,以现金支付。经保险公司核定应赔偿损失14 400元,尚未收到赔款。假定不考虑相关税费。编制会计分录如下:

(1)将毁损的设备转入待处置资产:

借:待处置资产损溢——处置资产价值　　40 000

　累计折旧　　160 000

　贷:固定资产　　200 000

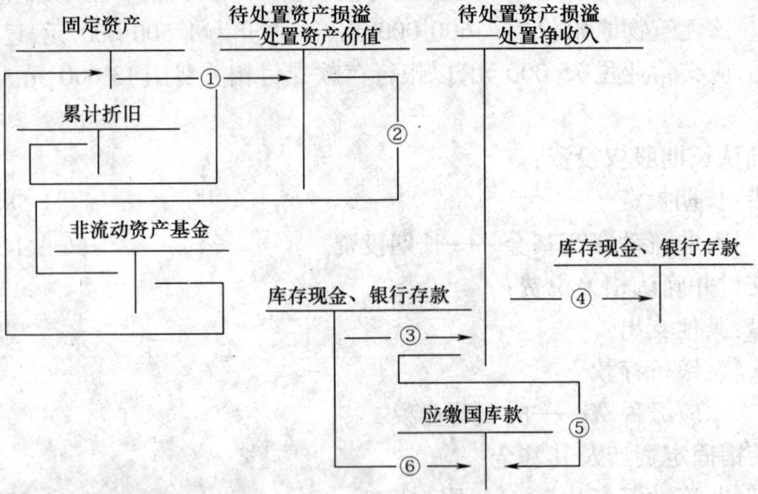

图2－26　固定资产毁损、报废账务处理程序与方法

注:①毁损、报废的固定资产,转入待处置资产;②报经批准予以处置;③发生的相关费用;④处置毁损、报废固定资产过程中所取得的收入;⑤确认处置资产净收入;⑥净收入的账务处理。

同时,

借:非流动资产基金——固定资产　　40 000

　贷:待处置资产损溢——处置资产价值　　40 000

(2)残料变现:

借:银行存款　　15 000

　贷:待处置资产损溢——处置净收入　　15 000

(3)支付相关税费:

借:待处置资产损溢——处置净收入　　6 000

　贷:库存现金　　6 000

(4)确定应由保险公司理赔的损失:

借:其他应收款　　14 400

　贷:待处置资产损溢——处置净收入　　14 400

七、固定资产清查盘点的核算

在固定资产的使用过程中,由于客观或人为的原因,会出现固定资产账实不符的情况。为了保护事业单位固定资产的安全完整,每年编制年度财务报表前,事业单位应当对固定资产进行全面的清查。平时,可根据需要进行局部清查或抽查。对于清查中盘盈、盘亏的固定资产,按规定应经过一定的程序后方能处理。

事业单位的固定资产应当定期进行清查盘点，每年至少盘点一次。对于发生的固定资产盘盈、盘亏或者报废、毁损，应当及时查明原因，按规定报经批准后进行账务处理。

（一）固定资产盘盈

事业单位盘盈的固定资产，按照同类或类似固定资产的市场价格确定入账价值；同类或类似固定资产的市场价格无法可靠取得的，按照名义金额入账。

盘盈的固定资产，按照确定的入账价值，借记"固定资产"科目，贷记"非流动资产基金——固定资产"科目。

【例2－57】2×12年10月31日，某事业单位进行资产清查盘点，发现有一台使用中的设备未入账。该型号设备存在活跃市场，市场价格为60 000元。编制会计分录如下：

借：固定资产	60 000	
贷：非流动资产基金——固定资产		60 000

（二）固定资产盘亏

事业单位盘亏的固定资产，转入待处置资产时，按照待处置固定资产的账面价值，借记"待处置资产损溢"科目，按照已计提折旧，借记"累计折旧"科目，按照固定资产的账面余额，贷记"固定资产"科目。

报经批准予以处置时，按照处置固定资产对应的非流动资产基金，借记"非流动资产基金——固定资产"科目，贷记"待处置资产损溢"科目。

处置毁损、报废固定资产过程中所取得的收入、发生的相关费用，以及处置收入扣除相关费用后的净收入的账务处理，参见"固定资产处置"。

【例2－58】某事业单位盘亏专用设备一台，该设备账面原值96 000元，已计提折旧58 000元。经批准，应向责任者索赔2 000元，该设备已向保险公司投保，保险公司同意理赔15 000元，资产处置净收入应缴国库。编制会计分录如下：

(1)将盘亏设备转入待处置资产：

借：待处置资产损溢——处置资产价值	38 000	
累计折旧	58 000	
贷：固定资产——专用设备		96 000

(2)报经批准予以处置设备：

借：非流动资产基金——固定资产	38 000	
贷：待处置资产损溢——处置资产价值		38 000

(3)收到索赔款和保险款时：

借：库存现金	2 000	
银行存款	15 000	

贷:待处置资产损溢——处置净收入　17 000

(4)将处置资产净收入转账:

借:待处置资产损溢——处置净收入　17 000

贷:应缴国库款　17 000

八、在建工程

(一)在建工程的概念

在建工程,是指已经发生必要支出,但尚未达到交付使用状态的建设工程。事业单位无论是新建、改建、扩建还是进行技术改造、设备更新等,在建工程所发生的各种建筑和安装支出均属于资本性支出,所形成的资产为固定资产。

在建工程包括事业单位为建造、改建、扩建及修缮固定资产以及安装设备而进行的各项建筑工程和安装工程。

(二)会计科目的设置

为了核算在建工程增减变动情况,事业单位应设置"在建工程"科目,核算事业单位已经发生必要支出、但尚未完工交付使用的各种建筑(包括新建、改建、扩建、修缮等)和设备安装工程的实际成本。该科目借方登记各项在建工程实际支出;贷方登记工程完工转出成本;期末借方余额,反映事业单位尚未完工的在建工程发生的实际成本。其明细账应当按照工程性质和具体工程项目等设置并进行明细核算。

(三)建筑工程的核算

建筑工程,是指通过对各类房屋建筑及其附属设施的建造和与其配套的线路、管道、设备的安装活动所形成的工程实体。其中"房屋建筑物"如办公楼、剧院、学校、住宅等,其新建、改建或扩建必须兴工动料,通过施工活动才能实现;"附属构筑物设施"指与房屋建筑配套的水塔、自行车棚、水池等。"线路、管道、设备的安装"指与房屋建筑及其附属设施相配套的电气、给排水、通信、电梯等线路、管道、设备的安装活动。建筑工程账务处理程序与方法,如图 2-27 所示。

【例 2-59】某事业单位改扩建多媒体工作室,发生经济事项及编制会计分录如下:

(1)2×10 年 12 月 31 日,该单位自行建成的多媒体会议室投入使用,其建造成本为 6 000 000 元。采用年限平均法计提折旧,预计使用寿命为 15 年。

借:固定资产　6 000 000

贷:非流动资产基金——固定资产　6 000 000

同时,

借:非流动资产基金——在建工程　6 000 000

贷:在建工程　6 000 000

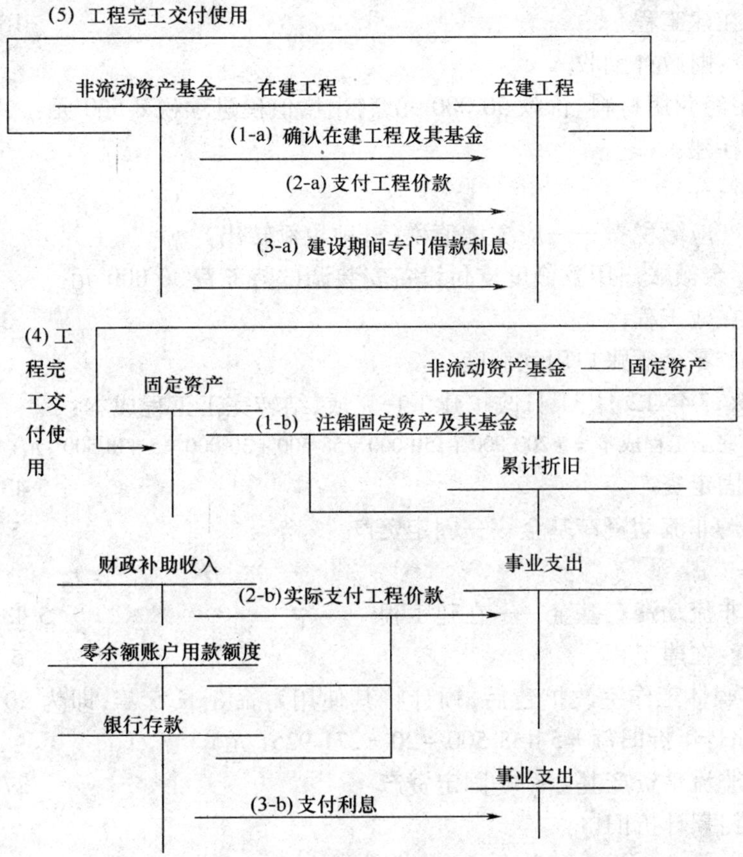

图 2-27 建筑工程账务处理程序与方法

(2)2×13 年 1 月 1 日,因科研任务骤增,现有多媒体工作室相关设备已难以满足需要,经批准对其改扩建。

①将多媒体工作室转入改建、扩建:

累计折旧 =(6 000 000 ÷ 15)×2 = 800 000(元)

固定资产账面价值 = 6 000 000 - 800 000 = 5 200 000(元)

借:在建工程	5 200 000	
贷:非流动资产基金——在建工程		5 200 000

同时,

借:非流动资产基金——固定资产	5 200 000	
累计折旧	800 000	
贷:固定资产		6 000 000

②2×13 年 7 月 5 日，财政直接支付工程款 150 000 元：

借：在建工程　　150 000

　贷：财政补助收入　　150 000

③领用经营用材料，价款 50 000 元，转出增值税进项税 8 500 元：

借：在建工程　　58 500

　贷：存货　　50 000

　　应缴税费——应缴增值税（进项税额转出）　　8 500

④用零余额账户用款额度支付设备安装调试劳务费 30 000 元：

借：在建工程　　30 000

　贷：零余额账户用款额度　　30 000

（3）2×13 年 12 月 31 日改扩建工程完成，结转完工工程成本：

完工工程成本 = 5 200 000 + 150 000 + 58 500 + 30 000 = 5 438 500（元）

借：固定资产　　5 438 500

　贷：非流动资产基金——固定资产　　5 438 500

同时，

借：非流动资产基金——在建工程　　5 438 500

　贷：在建工程　　5 438 500

（4）多媒体工作室改扩建后，预计将其使用寿命延长 5 年，即为 20 年。计提 2×14年折旧：年折旧额 = 5 438 500 ÷ 20 = 271 925（元）

借：非流动资产基金——固定资产　　271 925

　贷：累计折旧　　271 925

（四）设备安装的核算

事业单位购入需要安装的设备，在安装过程中发生的实际安装费，应计入固定资产原值。设备安装工程可以采用自营安装方式，也可以采用出包安装方式。采用自营安装方式，安装费包括安装工程耗用的材料、人工以及其他支出；采用出包安装方式，安装费为向承租单位支付的安装价款。不论采用何种安装方式，设备的全部安装工程成本（包括买价以及包装运杂费和安装费）均应通过“在建工程”科目进行核算。设备安装的账务处理程序与方法，如图 2－28 所示。

融资租入需要安装的设备，按照确定的成本，借记“在建工程”科目，按照租赁协议或者合同确定的租赁价款，贷记“长期应付款”科目，按照其差额，贷记“非流动资产基金——在建工程”科目。同时，按照实际支付的相关税费、运输费、途中保险费等，借记“事业支出”“经营支出”等科目，贷记“财政补助收入”“零余额账户用款额度”“银行存款”等科目。

【例 2－60】2×13 年 3 月 10 日，某事业单位以自有资金购入一台需要安装的科研设备，价款为 304 000 元，支付的运输费为 6 000 元，款项通过银行付讫，设备

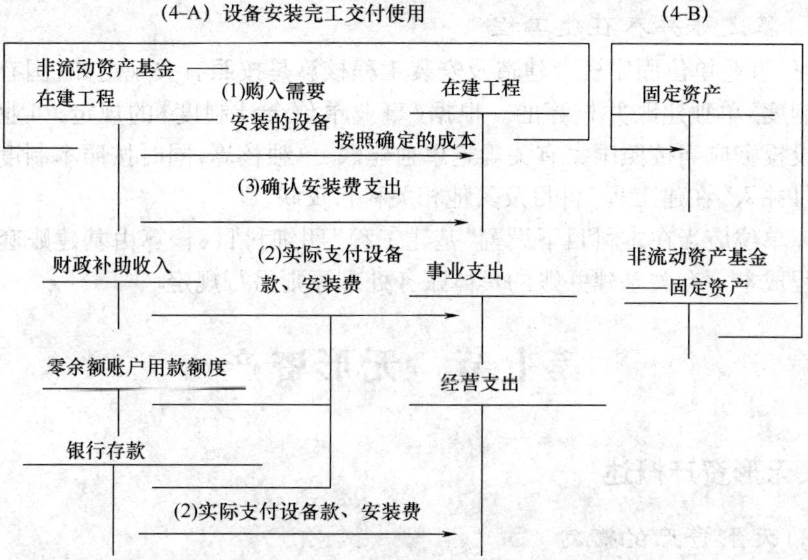

图 2－28　设备安装的账务处理程序与方法

交付安装。3 月份安装设备时，支付安装单位材料费 12 000 元、安装人员报酬 8 000元。3 月末设备安装完毕并交付使用。假定不考虑其他相关税费。编制会计分录如下：

(1) 支付设备款：

借：事业支出　　310 000

　贷：银行存款　　310 000

(2) 设备交付安装：

借：在建工程　　310 000

　贷：非流动资产基金——在建工程　　310 000

(3) 支付安装设备材料费、安装人员报酬：

借：事业支出　　20 000

　贷：银行存款　　20 000

借：在建工程　　20 000

　贷：非流动资产基金——在建工程　　20 000

(4) 设备安装完毕交付使用：

借：固定资产　　330 000

　贷：非流动资产基金——固定资产　　330 000

同时，

借：非流动资产基金——在建工程　　330 000

贷:在建工程　　330 000

(五)基建账并入在建工程

有时,事业单位固定资产建造及安装工程核算是按照有关规定如《国有建设单位会计制度》单独建账并核算的。根据《事业单位会计制度》的规定,事业单位的基本建设投资应当按照国家有关规定单独建账、单独核算,同时按照本制度的规定至少按月并入“在建工程”科目及其他相关科目反映。

事业单位应当在本科目下设置“基建工程”明细科目,核算由基建账套并入的在建工程成本。有关基建并账的具体账务处理原则另行规定。

第七节　无形资产

一、无形资产概述

(一)无形资产的概念

《事业单位会计准则》指出,无形资产是指事业单位持有的没有实物形态的可辨认非货币性资产,包括专利权、商标权、著作权、土地使用权、非专利技术等。

无形资产定义中的可辨认性标准,其内涵为:①能够从单位中分离或者划分出来,并能单独或者与相关合同、资产或负债一起,用于出售、转移、授予许可、租赁或者交换;②源自合同性权利或其他法定权利,无论这些权利是否可以从单位或其他权利和义务中转移或者分离。

尽管无形资产不存在物质实体,但它们表明企业拥有一种特殊的权利。这种权利有助于一个单位取得高于一般水平的获利能力或提供服务优势,在较长时期内为其提供经济利益或服务能力。

(二)无形资产的内容

1. 专利权。专利权,指国家专利注册机构授予专利申请人在法定期限内对其发明创造成果所享有的专有权利,包括独家制造、出售其专利产品或转让其专利等权利。一般来说,专利权使持有者获得别人不享有的权利,这种权利也为单位带来未来的经济利益,所以将专利权作为无形资产确认。

专利权受国家法律保护,任何单位和个人,未经专利人许可,擅自利用专利人拥有的专利,即构成侵权行为,须承担法律责任,赔偿经济损失。而专利权受法律保护的时间是有限的,例如,我国《专利法》规定,发明专利的法定有效时间为 20 年,实用新型和外观设计专利的法定有效时间为 15 年。但是,随着科学技术的迅猛发展,专利的实际经济寿命往往短于其法定期限。

需要指出的是,专利权虽然允许专利人独家使用或控制,但专利权并不能保证一定能够给专利人带来经济效益,有的专利可能没有经济价值或者只有很小的经济价值,有的专利可能会被其他更有经济价值的专利所淘汰等。

事业单位购入的不构成相关硬件不可缺少组成部分的应用软件,应当作为无形资产核算。

2. 商标权。商标是用来辨认特定的商品或劳务的标记。商标权指专门在某类指定的商品或产品上使用特定的名称或图案的权利。

在市场经济环境下,商标已成为重要的购物向导,名牌商标产品也使享有人获得了较高的经济利益和较好信誉。当一个单位拥有信誉卓著的商标权产品或商品时,通常会赢得大量的顾客或服务对象,其社会影响远远超出没有商标的产品或商标不著名的产品。

根据我国商标法的规定,经商标局核准注册的商标为注册商标,商标注册人享有商标专用权,受法律保护。商标权的有效期限为10年,期满前可继续申请延长注册期。商标权包括独占使用权和禁止权。独占使用权是指商标权享有人在商标注册的范围内独家使用其商标的权利,这种权利是商标权具有独占性的法律表现。禁止权是指商标权享有人排除和禁止他人对商标独占使用权进行侵犯的权利,这种权利是商标权具有排他性的法律表现。

3. 著作权。著作权,即版权,是指文学、艺术和科学作品等的著作人依法对其作品所拥有的专门权利。根据《中华人们共和国著作权法》的规定,中国公民、法人和非法人单位的作品,不论是否发表,均享有著作权,受国家法律保护。

著作权包括作品署名权、发表权、修改权和保护作品完整权,还包括复制权、发行权、出租权、展览权、表演权、放映权、广播权、信息网络传播权、摄制权、改编权、翻译权、汇编权以及应当由著作权人享有的其他权利。著作权受法律保护,侵害他人著作权的,应当根据情况,承担相应的民事责任,同时著作权行政管理部门有权给予没收非法所得、罚款等行政处罚。

4. 土地使用权。土地使用权,是指土地使用者对依法取得的土地在一定期限内拥有进行建筑、开发和经营等活动的权利。根据《中华人民共和国土地管理法》的规定,中华人民共和国实行土地的社会主义公有制,任何单位和个人不得侵占、买卖或者以其他形式非法转让土地。国有土地可以依法确定给全民所有制单位或者集体所有制单位使用,国有土地和集体所有土地可以依法确定给个人使用,国有土地和集体所有的土地的使用权可以依法转让。土地使用权具有以下几个特点:一是相对独立性。在土地使用权存续期间,其他任何单位和个人,包括土地的所有者,均不得任意收回土地或者非法干预土地使用权人的合法活动。二是使用内容的充分性。土地使用权人在法定范围内拥有对土地实际占有、使用、收益和处分的权利。三是土地使用权是一种物权,即有对物的请求权。如可能丧失占有时,有返还请求权;正常使用受到侵害时,有除去妨害请求权;在发生被妨害的危险时,有防止请求权。

5. 非专利技术。非专利技术是指不为外界所知、在生产经营活动中已采用了的、不享有法律保护的、可以带来经济效益的各种技术和诀窍。非专利技术一般包括工业专有技术、商业贸易专有技术、管理专有技术等。

由于非专利技术未经公开亦未申请专利,所以不受法律保护,但事实上具有专利权的效用。非专利技术一般以蓝图、配方、技术记录、操作方法的说明等具体资料予以表现,也可以通过卖方派出技术人员进行指导,或接收买方人员进行技术实习等手段实现。

非专利技术并不是专利法的保护对象,专有技术所有人依靠自我保密的方式来维持其独占权,可以用于转让和投资。

(三)无形资产的特点

与其他资产相比,无形资产具有以下特征:

1. 不具有物质实体。不具有独立的物质实体,是无形资产区别于其他资产的显著标志。虽然无形资产没有实物形态,但却具有价值。其价值往往是法律或合同所赋予的某种法定或特许的权利(如专利权、商标权)以及获得超额获利能力,这种价值是难于通过人们的感觉器官所直接触摸或感受到的,而是隐形存在于事业单位组织之中的。

2. 属于非货币性长期资产。无形资产虽然不具有物质实体,但能在若干生产经营期内使用或发挥作用,具有未来的经济效益。因而,无形资产属于一项长期资产,并且是非货币性资产。非货币性资产,是指货币性资产以外的资产,如存货、固定资产、无形资产、股权投资以及不准备持有至到期的债券投资等。

3. 带来未来的经济效益不确定。受事业单位外部因素、有形资产使用状况的影响,无形资产提供的未来经济效益具有较大的不确定性,有些无形资产确认的账面价值与以后实际价值往往出现较大差距;一项取得成本较高的无形资产可能为事业单位带来较少的经济效益,而取得成本较低的无形资产则可能给事业单位带来较大的利益;有些无形资产的受益期难以断定,其价值随着市场竞争、新技术的发明、替代品的出现而波动,其预期获利能力不能准确加以确定。多数情况下,无形资产的潜在价值可能是分布在零至很大金额的范围内,具有高度不确定性。

4. 持有无形资产的目的是用于公益事业或相关服务活动或为了行政管理,离开了专业业务及辅助活动,无形资产也就失去了其经济价值。

(四)无形资产的分类

1. 按经济内容分类,无形资产可分为:专利权、著作权、商标权、土地使用权、非专利技术等。

2. 按期限分类,无形资产可分为:使用寿命有期的无形资产和使用寿命不确定的无形资产。前者是有效期为法律所规定,例如专利权、专营权、商标等;后者是有效期在法律上并无规定,如商誉。

3. 按能否辨认分类,无形资产可分为:可辨认无形资产和不可辨认的无形资产。前者具有专门的名称,可以个别地取得,或作为组成资产的一部分取得,或作为整个单位的一部分买受,如专利权、专营权和商标等;后者则不可具体辨认,不能单独取得,如商誉。

4. 按来源分类,无形资产可分为:购入无形资产和自创无形资产(如企业自身研制开发的新产品并申请获得的专利权)。

5. 按能否独立地被转让分类,无形资产可分为:可单独转让无形资产和不可单独转让无形资产。前者如专利权、著作权、商标权等;后者无法单独买卖,与单位不可分割。

二、会计科目的设置

为了核算无形资产增减变动情况,事业单位应设置"无形资产"科目,核算事业单位无形资产的原价。该科目借方登记取得无形资产的成本;贷方登记处置无形资产的成本;期末借方余额,反映事业单位已入账无形资产的原值。其明细账应当按照无形资产的类别等设置并进行明细分类核算。

三、账务处理程序与方法

(一)外购的无形资产

事业单位外购的无形资产,其成本包括购买价款、相关税费以及可归属于该项资产达到预定用途所发生的其他支出。购入的无形资产的账务处理程序与方法,如图 2-29 所示。

【例 2-61】某事业单位购入一项专利权,价值 300 000 元,另付手续费 6 400 元。价款及手续费以银行存款支付。应编制会计分录如下:

借:无形资产——专利权　　306 400
　贷:非流动资产基金——无形资产　　306 400

同时,

借:事业支出　　306 400
　贷:银行存款　　306 400

有时,事业单位委托软件公司开发软件,对此事业单位视同外购无形资产进行处理。软件开发完成交付使用时,按照软件开发费总额,确认为无形资产。账务处理程序与方法与外购无形资产相同。

【例 2-62】甲事业单位实行国库集中支付制度。2×13 年 3 月 5 日,甲事业单位委托乙软件公司开发软件,支付软件开发费 300 000 元。甲单位收到代理银行转来的支付乙公司软件开发费的"财政直接支付入账通知书",通知书中注明的金

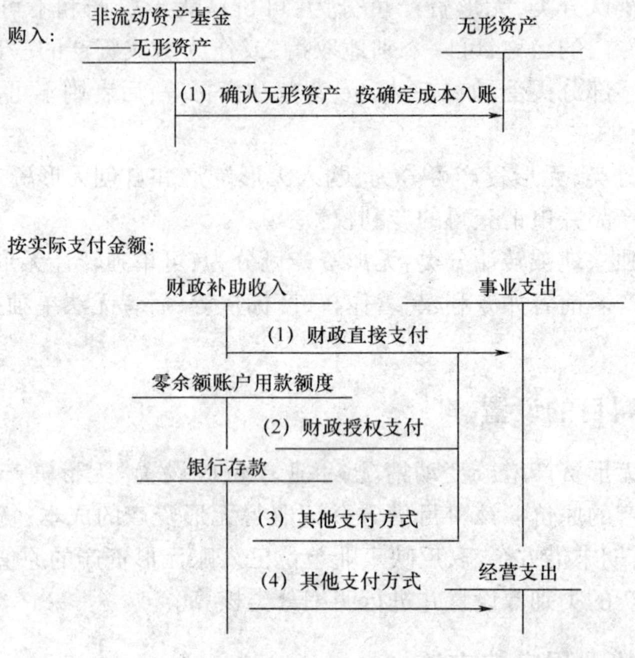

图 2－29　购入无形资产的账务处理程序与方法

额为 300 000 元。2×13 年 10 月 5 日软件开发完成交付使用。编制会计分录如下：

(1) 支付软件开发费：

借：事业支出　　300 000

　贷：财政补助收入　　300 000

(2) 软件开发完成交付使用：

借：无形资产　　300 000

　贷：非流动资产基金——无形资产　　300 000

(二) 自行开发无形资产

事业单位自行开发并按法律程序申请取得的无形资产，按照依法取得时发生的注册费、聘请律师费等费用，确认为无形资产，对于依法取得前所发生的研究开发支出，应于发生时直接计入当期支出。自行开发无形资产账务处理程序与方法，如图 2－30 所示。

【例 2－63】某事业单位自行开发研制某项专门技术，并取得国家专利，申请专利时发生注册费、聘请律师费等费用 15 000 元。研制期间发生的相关支出有：实验检验费 8 000 元，研究人员工资 12 000 元，消耗材料 5 000 元，共计 25 000 元。编制会计分录如下：

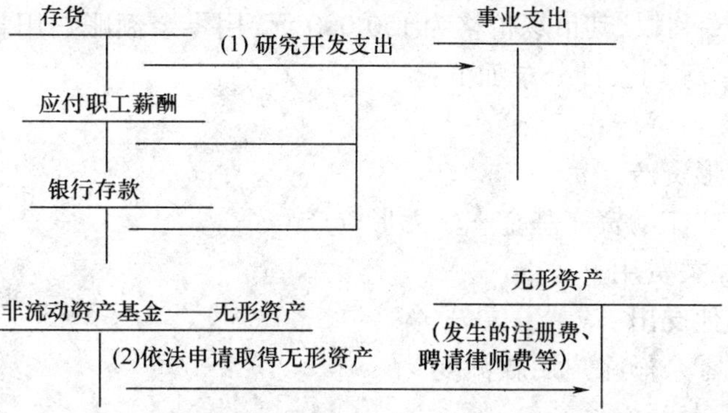

图 2－30 自行开发无形资产账务处理程序与方法

(1)支付研制期间的相关支出：

借:事业支出	25 000	
贷:银行存款		8 000
应付职工薪酬		12 000
存货		5 000

(2)确认无形资产：

借:无形资产——专利权	15 000	
贷:非流动资产基金——无形资产		15 000

同时,

借:事业支出	15 000	
贷:银行存款		15 000

(三)接受捐赠无形资产

接受捐赠、无偿调入的无形资产,按照确定的无形资产成本,借记“无形资产”科目,贷记“非流动资产基金——无形资产”科目;按照发生的相关税费等,借记“其他支出”科目,贷记“银行存款”等科目。

【例 2－64】2×13 年 5 月 10 日,甲事业单位与乙公司签订捐赠协议,协议规定,乙公司向甲事业单位捐赠一项著作权。该著作权没有相关凭据,同类或类似无形资产的市场价格也无法取得,该资产按照名义金额入账。编制会计分录如下：

借:无形资产	1	
贷:非流动资产基金——无形资产		1

(四)无偿调入无形资产

事业单位无偿调入的无形资产,其成本确定原则与接受捐赠无形资产相同。

无偿调入的无形资产,按照确定的无形资产成本确认为无形资产。无偿调入无形资产发生的相关税费等,确认为其他支出。

【例2－65】2×13年2月15日，甲事业单位根据财政部门批准，从乙事业单位无偿调入一项专利权，其市场价格为150 000元，用零余额账户用款额度支付有关费用6 000元。编制会计分录如下：

(1)确认无形资产：

借：无形资产　　150 000

　贷：非流动资产基金——无形资产　　150 000

(2)支付相关费用：

借：其他支出　　6 000

　贷：零余额账户用款额度　　6 000

四、无形资产摊销的核算

(一)无形资产摊销概述

1. 无形资产摊销的概念。无形资产属于非流动资产，能在较长的时间里为事业单位提供服务潜力或经济利益。由于无形资产具有一定的有效期限，其价值也会随着提供服务而递减，无形资产成本也应在各个会计期间进行合理摊配，以便正确反映无形资产价值，提供相关信息。摊销，是指在无形资产使用寿命内，按照确定的方法对应摊销金额进行系统分摊。

2. 无形资产摊销的基本要求。事业单位进行无形资产摊销应符合以下基本要求：①应当根据无形资产的性质和使用情况，合理确定无形资产的使用寿命。无形资产的使用寿命为其预计使用年限。②应当采用年限平均法进行无形资产摊销。③无形资产的应计摊销额为其成本，进行无形资产摊销不考虑预计净残值。④应当自无形资产取得当月起，按月进行无形资产摊销。

3. 无形资产摊销额的计算方法。理论上讲，无形资产摊销可能存在多种方法。事业单位选用不同的摊销方法，将影响无形资产使用寿命期间内不同时期的摊销费用。根据《事业单位会计制度》规定，事业单位应当采用年限平均法进行无形资产摊销。

年限平均法又称直线法，是指将无形资产的应计摊销额均衡地分摊到无形资产预计使用寿命内的一种方法。采用这种方法计算的每期摊销额均相等。计算公式如下：

$$每年摊销额 = 无形资产应计摊销额 \div 预计使用年限$$

$$每月摊销额 = 无形资产年摊销额 \div 12$$

(二)会计科目的设置

为了核算无形资产摊销额增减变动及结存情况，应设置“累计摊销”科目。该科目属于资产类科目。贷方登记计提的无形资产摊销额；借方登记因无形资产减少而转销的摊销额。期末贷方余额，反映事业单位提取的无形资产摊销累计数。

（三）账务处理程序与方法

事业单位按月计提无形资产摊销时，按照应计提摊销金额，借记“非流动资产基金——无形资产”科目，贷记“累计摊销”科目。

【例2－66】2×13年1月1日，某事业单位无形资产情况如下：专利权入账价值200 000元，摊销期8年；土地使用权入账价值3 000 000元，摊销期20年。本年无形资产摊销额计算过程如下（假设按年摊销）：

专利权年摊销额＝200 000÷8＝25 000（元）

土地使用权年摊销额＝3 000 000÷20＝150 000（元）

根据计算结果，编制无形资产摊销会计分录如下：

借：非流动资产基金——无形资产　　175 000

　贷：累计摊销　　175 000

五、无形资产后续支出的核算

无形资产后续支出是指无形资产购入或自创完成后发生的相关支出。按照支出是否确认为无形资产为标准，无形资产后续支出可分为资本化支出和费用化支出。

为增加无形资产的使用效能而发生的后续支出，如对软件进行升级改造或扩展其功能等所发生的支出，应当计入无形资产的成本，确认无形资产增加。借记“无形资产”科目，贷记“非流动资产基金——无形资产”科目；同时，借记“事业支出”等科目，贷记“财政补助收入”“零余额账户用款额度”“银行存款”等科目。

为维护无形资产的正常使用而发生的后续支出，如对软件进行漏洞修补、技术维护等所发生的支出，应当计入当期支出但不计入无形资产成本，借记“事业支出”等科目，贷记“财政补助收入”“零余额账户用款额度”“银行存款”等科目。

【例2－67】某事业单位2×13年3月10日对其研究工作采用的软件系统进行升级改造，用零余额账户用款额度支付软件公司劳务费150 000元。编制会计分录如下：

借：无形资产　　150 000

　贷：非流动资产基金——无形资产　　150 000

同时，

借：事业支出　　150 000

　贷：零余额账户用款额度　　150 000

【例2－68】2×13年5月20日，某事业单位对其研究工作采用的软件系统进行技术维护，用零余额账户用款额度支付软件公司劳务费30 000元。编制会计分录如下：

借：事业支出　　30 000

贷:零余额账户用款额度　30 000

六、无形资产处置的核算

无形资产的处置包括转让、对外投资、核销等,应当分别以下情况处理:

(一)无形资产转让

按照无形资产管理理论,无形资产的转让方式有两种:一是转让所有权,即转让方将无形资产的所有权完全让渡给受让方,不再对该项无形资产拥有占有、使用、收益、处分等权利;二是转让使用权,即转让方仅将无形资产的使用权让渡给受让方,受让方根据合同的规定使用无形资产,转让方仍保留对无形资产的所有权,对其仍拥有占有、使用、收益、处分的权利。这里所讲的转让是指转让无形资产所有权。

事业单位必须根据法律、法规的规定转让无形资产。转让时应当合理计价,必要时还应当经过法定资产评估机构的评估,确保事业单位的权益不受侵害。无形资产转让的账务处理程序与方法,如图2-31所示。

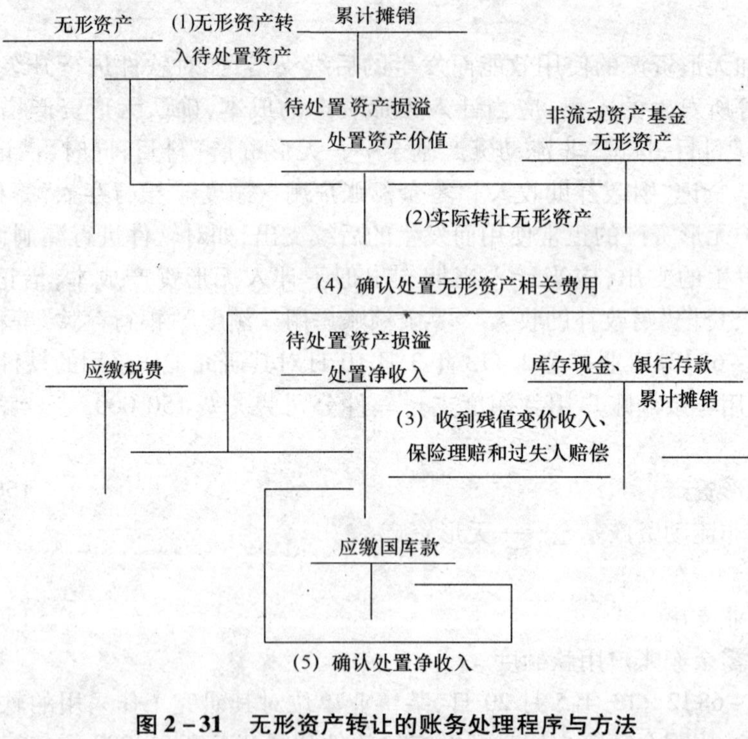

图2-31　无形资产转让的账务处理程序与方法

【例2-69】2×13年3月1日,某事业单位将商标所有权转让,取得价款1 800 000元存入银行。该商标权成本为3 000 000元,已摊销金额为2 600 000元。

转让过程中发生应交营业税 90 000 元,用银行存款支付其他费用 12 000 元。编制会计分录如下:

(1)将无形资产转入待处置资产:

借:待处置资产损溢——处置资产价值	400 000
累计摊销	2 600 000
贷:无形资产	3 000 000

(2)实际处置无形资产:

借:非流动资产基金——无形资产	400 000
贷:待处置资产损溢——处置资产价值	400 000

(3)收到变卖价款:

借:银行存款	1 800 000
贷:待处置资产损溢——处置净收入	1 800 000

(4)确认和支付相关费用:

借:待处置资产损溢——处置净收入	102 000
贷:银行存款	90 000
应缴税费	12 000

(5)确认处置净收入:

处置净收入 = 1 800 000 - 102 000 = 1 698 000(元)

借:待处置资产损溢——处置净收入	1 698 000
贷:应缴国库款	1 698 000

(6)将处置净收入上缴国库:

借:应缴国库款	1 698 000
贷:银行存款	1 698 000

需要说明的是,转让无形资产的使用权,出让方仅让渡给其他单位部分使用权,出让方不丧失原占有、使用、收益和处分权,受让方只有根据合同的规定进行使用的权利。因此,出让方无须转销无形资产的账面价值。转让收入计入其他收入,与转让有关的费用计入其他支出。

(二)无形资产无偿调出、对外捐赠

无论是无形资产无偿调出,还是以无形资产对外捐赠,它们的共同之处都是以不取得货币收入为目的而达到减少单位资产的行为。但无偿调出是一种被动行为,其行为主体是财政部门或主管部门,而对外捐赠则是一种主动行为,其行为主体是事业单位。无偿调出及对外捐赠时,. 将无形资产转入待处置资产时,按照待处置无形资产的账面价值,借记"待处置资产损溢"科目,按照已计提摊销,借记"累计摊销"科目,按照无形资产的账面余额,贷记"无形资产"科目;实际转让、调出、捐出时,按照处置无形资产对应的非流动资产基金,借记"非流动资产基

金——无形资产”科目，贷记“待处置资产损溢”科目。

【例2－70】某事业单位对外捐赠一项非专利技术，该项资产账面原价180 000元，已提摊销120 000元。编制会计分录如下：

(1)将无形资产转入待处置资产：

借：待处置资产损溢——处置资产价值　　60 000

　　累计摊销　　120 000

　　贷：无形资产　　180 000

(2)实际捐赠无形资产：

借：非流动资产基金——无形资产　　60 000

　　贷：待处置资产损溢——处置资产价值　　60 000

(三)无形资产对外投资

事业单位以已入账无形资产对外投资，按照评估价值加上相关税费作为投资成本，确认长期投资增加，按照投出无形资产的账面余额，确认无形资产减少。无形资产对外投资账务处理程序与方法，如图2－32所示。

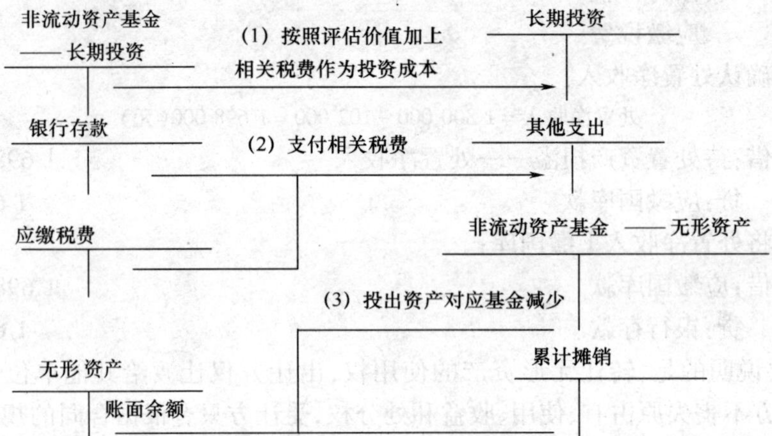

图2－32　无形资产对外投资账务处理程序与方法

【例2－71】2×13年7月1日，甲事业单位用自筹资金购入的一项专利权向乙公司投资，占乙公司15%的股份。该专利权评估价150 000元，账面余额180 000元，已累计摊销60 000元。假设不考虑相关税费。编制会计分录如下：

(1)确认长期股权投资：

借：长期投资——股权投资——乙公司　　150 000

　　贷：非流动资产基金——长期投资　　150 000

(2)转销投资基金：

借:非流动资产基金——无形资产 120 000

　　累计摊销 60 000

　贷:无形资产——专利权 180 000

（四）无形资产转销的核算

无形资产预期不能为事业单位带来服务潜力或经济利益的,应当按规定报经批准后将该无形资产的账面价值予以核销。

事业单位将无形资产转入待处置资产时,按照待核销无形资产的账面价值,借记“待处置资产损溢”科目,按照已计提摊销,借记“累计摊销”科目,按照无形资产的账面余额,贷记“无形资产”科目;报经批准予以核销时,按照核销无形资产对应的非流动资产基金,借记“非流动资产基金——无形资产”科目,贷记“待处置资产损溢”科目。

【例2-72】2×13年12月31日,甲事业单位专利权的账面余额为600 000元,采用直线法摊销,摊销期限为10年,该专利权无残值。该专利权摊销8年不能再提供未来服务,予以报废处理。编制会计分录如下:

(1)将无形资产转入待处置资产:

报废时累计摊销额 = (600 000 ÷ 10) × 8 = 480 000(元)

借:待处置资产损溢——处置资产价值 120 000

　　累计摊销 480 000

　贷:无形资产——专利权 600 000

(2)经批准核销无形资产:

借:非流动资产基金——无形资产 120 000

　贷:待处置资产损溢——处置资产价值 120 000

第三章　负债的核算

第一节　负债概述

一、负债的概念

《事业单位会计准则》指出:负债是指事业单位所承担的能以货币计量,需要以资产或者劳务偿还的债务。负债反映的是事业单位资产总额中属于债权人的那部分权益或利益,代表了事业单位对其债权人所承担的全部经济责任,包括用货币偿还以及以资产或提供劳务形式予以清偿的债务责任。

二、负债的特征

作为负债,一般具有以下特征:

第一,负债产生的基础是过去的经济交易或事项。如过去因向银行筹借资金而形成长短期借款、因赊购存货而形成应付账款、因依法取得应缴财政专户资金形成应缴国库款等。而事业单位未来业务活动可能产生的经济义务不能确认为负债。

第二,负债的本质是事业单位需要在未来如期履行的经济责任,而有关法律或法规、与债权人的合同或协议则是形成这种经济责任的依据。总括而言,这些责任可分为两类:一类是法定责任或称法定义务,如应缴税费、应缴国库款等;另一类是合约责任或称合约义务,如应付款项、短期借款等,债权、债务双方通过合约明确其经济责任。无论形成的依据如何,作为负债在未来某个特定时间通过交付资产或提供劳务来清偿。

第三,负债是可以用货币计量的债务。只有通过货币计量,才能够明确债权人的权益和债务人的责任,对负债进行会计核算。负债必须能够用货币量度进行准确的计算和估计。一般而言,债务责任产生于合同,其金额和支付时间均已由合同所规定。但在某些特殊情况下,债务责任可能要取决于未来的经营活动,但其金额必须能够合理地判断和估计。

三、负债的分类

（一）流动负债和非流动负债

事业单位的负债按照流动性，分为流动负债和非流动负债。流动负债是指预计在一年内偿还的负债。非流动负债是指流动负债以外的负债。

将负债划分为流动负债和非流动负债的目的是了解单位流动资产和流动负债的相对比例，反映单位的短期偿债能力；同时，通过对可用于支付的流动资产与相应近期需清偿的流动负债的比例分析，了解单位的清算能力，为短期债权人提供有价值的信息。

需要说明的是，流动负债与非流动负债的划分是否正确，直接影响对事业单位短期和长期偿债能力的判断。如果混淆了负债的类别，将歪曲事业单位的实际偿债能力，误导报表使用者的决策。

（二）货币偿还负债和非货币资金偿还负债

事业单位负债除按其流动性分类外，还可以按负债抵偿的手段分类，分为以货币偿还的负债（如用现金、银行存款等货币资金来偿付）和以非货币资金偿还的负债。单位以非货币资金偿还的负债，是指负债到期，事业单位必须按合同或协议的要求，以商品或者服务等来偿还。如预收账款的债务责任，必须在将来以商品予以清偿。单位将负债按抵偿的手段分为以货币偿还的负债和以非货币资金偿还的负债，其目的是有助于分析履行债务责任对单位资源结构的影响程度。

（三）其他分类

按照负债产生的原因不同分类，负债可以分为：①在融资过程中形成的负债，如事业单位从银行或其他金融机构借入的短期借款、长期借款等；②在结算过程中形成的负债，如事业单位赊购商品形成的待结算应付款项、因取得应税收入而形成的应缴税费；③在运营过程中形成的负债，如应付职工薪酬等；④对财政部门的应交款项等。

四、负债的控制

事业单位应当对不同性质的负债分类管理，及时清理并按照规定办理结算，保证各项负债在规定期限内归还；事业单位应当建立健全财务风险控制机制，规范和加强借入款项管理，严格执行审批程序，不得违反规定举借债务和提供担保。

第二节 流动负债

一、流动负债概述

（一）流动负债特征

《事业单位会计准则》指出，流动负债是指预计在一年内偿还的负债，包括短期借款、应付及预收款项、应付职工薪酬、应缴款项等。

流动负债除具备负债的一般特征外，还具有以下特点：

1. 偿还期限短。流动负债是在债权人提出要求时，债务人即期偿付，或在一年内或在一个营业周期内履行偿债的义务。

2. 履行偿债义务时，需要用事业单位的流动资产或流动负债进行偿付，也可以通过向债权人提供劳务的方式清偿负债。

（二）流动负债的内容

根据《事业单位会计准则》的规定，事业单位的流动负债包括短期借款、应付及预收款项、应付职工薪酬、应缴款项等。其中：

1. 短期借款。短期借款是事业单位向银行或其他金融机构借入的还款期限在一年或超过一年的一个营业周期以内的各种借款。

2. 应付及预收款项。应付及预收款项，是指事业单位在开展业务活动中发生的各项债务，包括应付票据、应付账款、其他应付款等应付款项和预收账款。

应付及预收款项包括：①应付票据，是指事业单位因购买物资或服务等开出、承兑的商业汇票，包括银行承兑汇票和商业承兑汇票，前者是由在承兑银行开立存款账户的存款人签发的，而由银行承兑的票据；后者则是由银行以外的付款人承兑的票据。②应付账款，是指事业单位因购买物资或服务等应付的款项。③其他应付款，是指事业单位除应缴财政款、应缴税费、应付职工薪酬、应付票据、应付账款、预收账款之外的其他各项应付及暂收款项，如应付以经营租赁租入固定资产的租金、存入保证金等。④预收账款，是指事业单位按合同规定预收的款项。

3. 应付职工薪酬。应付职工薪酬，是指事业单位按有关规定应付给职工及为职工支付的各种薪酬，包括基本工资、绩效工资、国家统一规定的津贴补贴、社会保险费、住房公积金等。

4. 应缴款项。应缴款项包括：①应缴国库款，是指事业单位按规定应缴入国库的款项（应缴税费除外）。②应缴财政专户款，是指事业单位按规定应缴入财政专户的款项。③应缴税费，是指事业单位按照国家税法有关规定应当交纳的各种税费，包括营业税、城市维护建设税、教育费附加、车船税、房产税、土地使用税、企业所得税以及事业单位代扣代缴的个人所得税等。

需要说明的是，有些流动负债，如应付账款、应付职工薪酬等，属于事业单位正常营业周期中使用的营运资金的一部分。尽管这些经营性项目有时在资产负债表日后超过一年才到期清偿，但是它们仍应划分为流动负债。

（三）流动负债分类

根据负债金额确定程度大小分类，流动负债可以分为：

1. 应付金额确定的流动负债。这类流动负债一般在确认一项义务的同时，根据合同、契约或法律的规定具有确切的金额乃至有确切的债权人和付款日，并且到期必须偿还。如由于购入一台机器，而按照合同确定的交易额开出承兑商业汇票，这一负债具有确定的金额、偿还日期和确定的债权人（卖方）。这类流动负债可以较为精确地计量。

2. 应付金额视运营情况而定的流动负债。这类流动负债需待事业单位在一定的运营期末才能确定负债金额，在该运营期末结束前，负债金额不能确定，如应缴所得税等。

二、短期借款的核算

（一）短期借款的概念

短期借款是事业单位向银行或其他金融机构借入的还款期限在一年或超过一年的一个营业周期以内的各种借款。借款主要是用于弥补事业单位临时性经营周转或季节性等原因出现的资金不足。其特点，一是短期借款的债权人不仅包括银行，还包括其他非银行金融机构；二是借款期限较短，一般为 1 年以下（含 1 年）；三是归还短期借款时，不仅要归还借款本金，还应支付相应的利息。

事业单位借入的短期借款，无论用于哪个方面，只要借入了这项资金，就构成了一项负债。期末尚未归还的短期借款的本金，应反映在“资产负债表”的流动负债有关项目内。归还短期借款时，除了归还借入的本金外，按照货币的时间价值，还应支付利息，短期借款的利息计入其他支出。

（二）会计科目的设置

事业单位应设置“短期借款”科目核算短期借款的增减变动及结存情况。该科目的贷方登记短期借款增加额；借方登记短期借款减少额，期末余额在贷方，表示尚未归还的借款本金。其明细账按债权人设置。

（三）账务处理程序与方法

事业单位借入各种短期借款时，按照实际借入的金额，确认短期借款增加；归还短期借款，按照实际归还的金额，确认短期借款减少。

短期借款账务处理程序与方法，如图 3 - 1 所示。

【例 3 - 1】2 × 13 年 10 月 1 日，某事业单位向工商银行借入金额为 480 000 元，期限 8 个月，年利率 6% 的短期借款，每季度支付一次利息。编制会计分录如下：

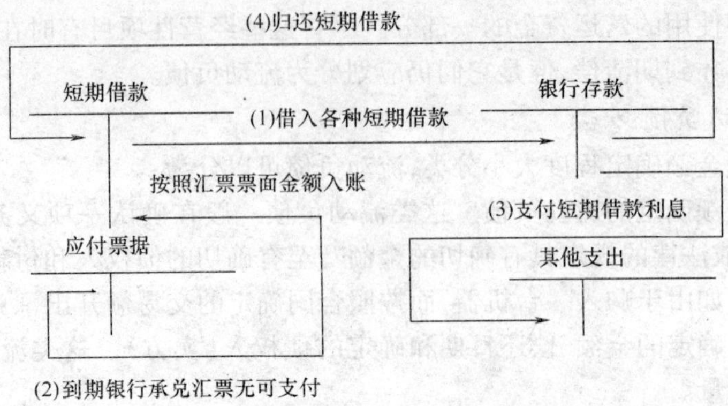

图3-1 短期借款账务处理程序与方法

(1)借入资金:

借:银行存款	480 000	
贷:短期借款		480 000

(2)利息核算:

①2×13年12月31日支付利息:

应付利息 =(480 000×6% ÷12)×3 = 7 200(元)

借:其他支出	7 200	
贷:银行存款		7 200

②2×14年3月31日付息会计分录同①。

(3)2×14年5月31日借款到期归还本息:

借:短期借款	480 000	
其他支出——利息支出	4 800	
贷:银行存款		484 800

三、应付及预收款项的核算

应付及预收款项是指事业单位在开展业务活动中发生的各项债务,包括应付票据、应付账款、其他应付款等应付款项和预收账款。

(一)应付票据

当事业单位采用商业承兑汇票结算货款时,购货方签发承兑商业汇票后即构成一种债务,所签发承兑的汇票称为应付票据。应付票据与应付账款不同,虽然都是由于交易而引起的流动负债,但应付账款是尚未结清的债务,而应付票据是一种期票,是延期付款的证明。

1.应付票据种类。商业汇票按其承兑人的不同,分为商业承兑汇票和银行承兑汇票。前者是由银行以外的付款人承兑的票据;后者则是由在承兑银行开立存款科目的存款人签发的,而由银行承兑的票据。在采用银行承兑汇票的情况下,由银行承兑票据的目的是为收款方按期收回债权提供可靠的信用保证,对付款人或承兑申请人来说,不会由于银行承兑而使这项负债消失。因此,即使是由银行承兑的汇票,付款人(或承兑申请人)的现存义务依然存在,也应将银行承兑的汇票作为应付票据。

商业承兑汇票结算程序如图 3 - 2 所示。

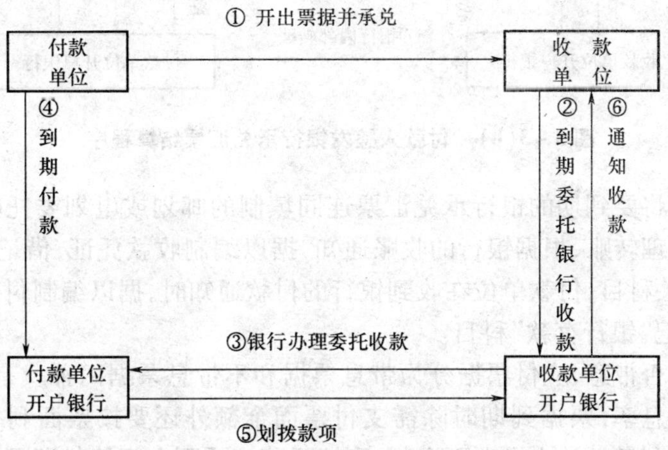

图 3 - 2　商业承兑汇票结算程序

银行承兑汇票可以由收款人签发银行承兑,也可以由付款人签发银行承兑。两者结算程序如图 3 - 3(a)、图 3 - 3(b)所示。

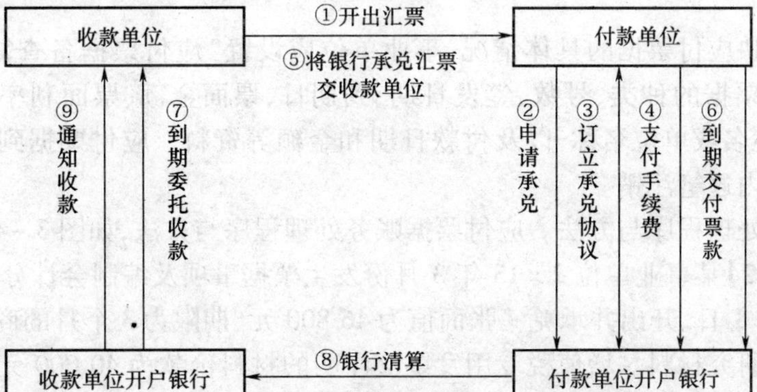

图 3 - 3(a)　收款人签发银行承兑汇票结算程序

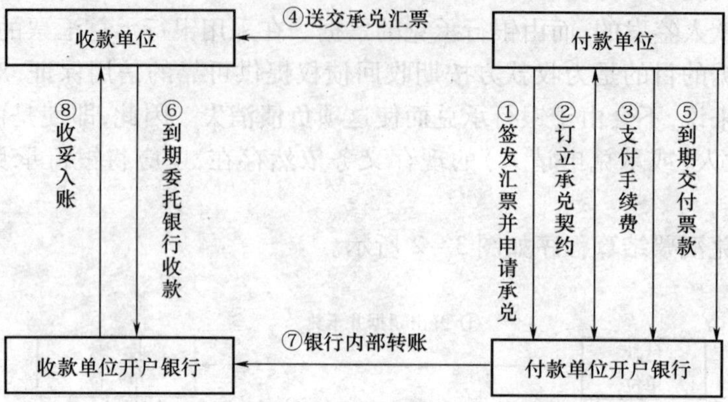

图 3－3(b)　付款人签发银行承兑汇票结算程序

收款单位将要到期的银行承兑汇票连同填制的邮划或电划委托收款凭证，一并送交银行办理转账，根据银行的收账通知，据以编制收款凭证，借记“银行存款”科目，贷记有关科目；付款单位在收到银行的付款通知时，据以编制付款凭证，借记有关科目，贷记“银行存款”科目。

按票据是否带息，应付票据分为带息票据和不带息票据两种。有息票据须在票据上注明利息率，票据到期时除需支付票面金额外还要按票面利率支付利息。无息票据因将利息已计入了票面金额，到期只需按票面金额偿付即可，不再加付利息。由于应付票据的期限较短，无论是否带息，一般按其面值记账。

2. 会计科目的设置。事业单位应设置“应付票据”科目核算应付票据增减变动情况。该科目的贷方登记开出并承兑汇票的面值及带息票据的预提利息，借方登记支付票据的款项，期末贷方余额，反映事业单位持有尚未到期的应付票据本息。

为了反映应付票据的具体情况，事业单位应设置“应付票据备查簿”，详细登记每一应付票据的种类、号数、签发日期、到期日、票面金额、票面利率、合同交易号、收款人姓名或单位名称，以及付款日期和金额等资料。应付票据到期结清时，应在备查簿内逐笔注销。

3. 账务处理程序与方法。应付票据账务处理程序与方法，如图 3－4 所示。

【例 3－2】某事业单位 2×13 年 3 月份发生票据事项及编制会计分录如下：

(1)3 月 1 日，开出并承兑一张面值为 46 800 元、期限为 3 个月的商业汇票，用于购买专项研究材料。增值税专用发票上注明的材料价款为 40 000 元，增值税额为 6 800 元。材料验收入库。

借：存货——专项材料　　46 800

　贷：应付票据　　46 800

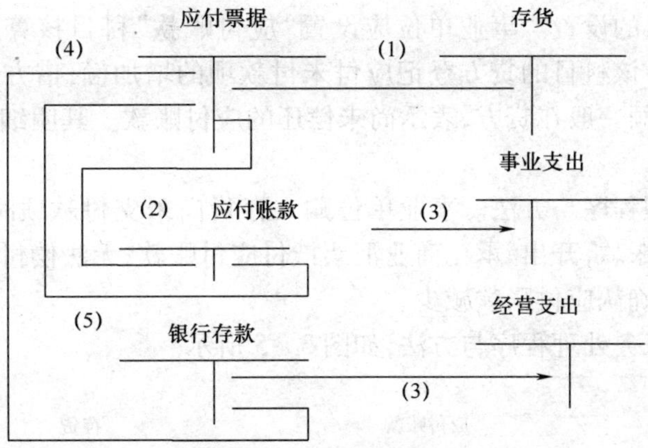

图3－4　应付票据账务处理程序与方法

注：(1)票据签发与承兑；(2)以承兑商业汇票抵付应付账款；(3)支付银行承兑汇票的手续费；(4)票据到期支付票款；(5)银行承兑汇票到期，无力支付票款，承兑银行作逾期借款处理。

如果该例中的商业汇票为银行承兑汇票，该事业单位已支付银行承兑汇票手续费23.4元。编制会计分录如下：

借：事业支出　　23.4
　贷：银行存款　　23.4

(2)6月1日应付票据到期，通知开户银行支付票款。

借：应付票据　　46 800
　贷：银行存款　　46 800

如果票据到期且该单位无力支付票款，应根据票据的不同性质分别进行如下会计处理：

到期票据为商业承兑汇票		到期票据为银行承兑汇票	
借：应付票据	46 800	借：应付票据	46 800
贷：应付账款	46 800	贷：短期借款	46 800

(二)应付账款

1.应付账款的确认。通常，应付账款是事业单位因购买材料、商品和接受劳务供应等而应付给供应单位的款项。非上述业务发生的如应付赔款、应付租金、存入保证金等其他应付款项，不属于应付账款的范畴。

应付账款的入账时间，原则上应以所购入物资的所有权转移或接受劳务已发生为标志。但在会计实务中，当货物和发票账单同时到达时，通常，待货物验收入库后，才按发票账单登记应付账款。按发票账单登记入账主要是为了确认所购入的物资是否在质量、数量和品种上都与合同上订明的条件相符，以免因先入账而在验收入库时发现购入物资错、漏、破损等问题再行调账。

2. 会计科目的设置。事业单位应设置“应付账款”科目核算应付账款的形成及其偿还情况。该科目的贷方登记应付未付款项的增加额;借方登记应付未付款项的减少额;余额一般在贷方,表示尚未偿还的应付账款。其明细账应按供应单位设置。

3. 账务处理程序与方法。事业单位购入存货尚未支付款项时,确认应付账款增加;偿付应付账款,开出、承兑商业汇票抵付应付账款,无法偿付或债权人豁免偿还的应付账款,确认应付账款减少。

应付账款账务处理程序与方法,如图 3 - 5 所示。

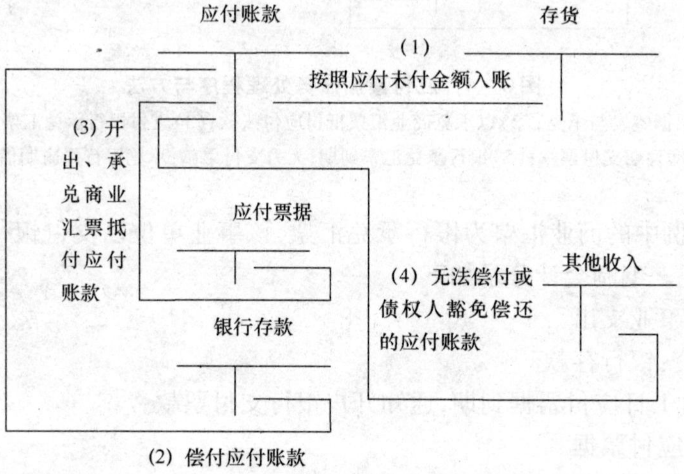

图 3 - 5　应付账款账务处理程序与方法

【例 3 - 3】2 × 13 年 5 月份,某事业单位发生应付账款业务及编制会计分录如下:

(1)3 日,从 M 公司购入一批科研材料,货款 200 000 元,增值税 34 000 元,对方代垫运杂费 2 000 元。材料已运到并验收入库,款项尚未支付。

借:存货	236 000	
贷:应付账款——M 公司		236 000

(2)15 日,根据供电部门通知,该单位本月应付电费 36 000 元。其中事业部门 30 000 元,经营部门 6 000 元,款项尚未支付。

借:事业支出	30 000	
经营支出	6 000	
贷:应付账款——× × 电力公司		36 000

(3)20 日,用银行存款支付电费 36 000 元。

借:应付账款——××电力公司　　36 000

　　贷:银行存款　　36 000

(4)25 日,甲事业单位开出不带息商业汇票一张,面值 50 000 元,用于抵付其当年 5 月 25 日所欠乙公司货款。

借:应付账款——乙公司　　50 000

　　贷:应付票据——乙公司　　50 000

(5)31 日,单位已确认的应付乙公司一笔应付账款 6 000 元,因其撤销而无法支付。

借:应付账款——乙公司　　6 000

　　贷:其他收入　　6 000

(三)其他应付款

1. 其他应付款概念。其他应付款是指事业单位除应缴税费、应缴国库款、应缴财政专户款、应付职工薪酬、应付票据、应付账款、预收账款之外的其他各项偿还期限在一年内(含一年)的应付及暂收款项,如存入保证金等。

存入保证金是其他单位或个人由于使用本事业单位的某项资产而交付的押金(如出租、出借包装物押金),待以后资产归还后还需退还的暂收款项。

2. 其他应付款特点

(1)其他应付款是事业单位经常性购销业务之外所发生的应付款项。事业单位购销产品或供应劳务所发生的应付款项,分别作为应付账款、应付票据核算,而不作为其他应付款核算。

(2)其他应付款只反映事业单位应付给其他单位或个人的零星款项,而事业单位经常发生的应上交国家的税费应作为应交税费处理。

3. 会计科目的设置。事业单位应设置"其他应付款"科目核算其增减变动情况。该科目的贷方登记发生的其他应付款;借方登记偿付其他应付款。期末贷方余额,反映企业尚未支付的其他应付款项。其明细账按款项的类别和单位或个人设置。

4. 账务处理程序与方法。事业单位发生其他各项应付及暂收款项时,借记"银行存款"等科目,贷记"其他应付款"科目;支付其他应付款项时,借记"其他应付款"科目,贷记"银行存款"等科目;无法偿付或债权人豁免偿还的其他应付款项,借记"其他应付款"科目,贷记"其他收入"科目。

【例 3-4】2×13 年 11 月 15 日,某事业单位开展为职工订阅杂志报纸活动,代收职工报刊费共计 15 000 元;12 月 25 日,该单位以银行存款向邮政局订阅杂志报纸。编制会计分录如下:

(1)收到职工交来的报刊费:

借:库存现金　　15 000

贷:其他应付款　　15 000

(2)向邮政局订阅报刊:

借:其他应付款　　15 000

贷:银行存款　　15 000

【例3－5】2×13 年 12 月末,甲事业单位进行账务清理时发现收到乙公司租赁设备押金 5 000 元尚未退还,经查款项无法退还。编制会计分录如下:

借:其他应付款　　5 000

贷:其他收入　　5 000

(四)预收账款

1. 预收账款的概念。预收账款是指事业单位按照合同规定向购货单位预收的款项。有时,事业单位根据合同预收客户部分货款,并承诺在收款后一定日期向客户交付商品或提供劳务。预收款项时,构成了事业单位的流动负债。预收货款之所以构成事业单位的一项负债,是因为事业单位要根据合同、承诺在收款后一定日期发送商品或提供劳务。如若无法履行合同上的承诺,不能如期交货或提供劳务时,就必须如数退还预收的货款。与应付账款不同,预收账款负债不是以货币清偿,而是以货物偿付。

2. 会计科目的设置。事业单位应通过"预收账款"科目,核算预收账款的取得、偿付等情况。该科目贷方登记发生的预收账款数额和购货单位补付账款的数额,借方登记事业单位向购货方发货后冲销的预收账款数额和退回购货方多付账款的数额;期末贷方余额,反映事业单位预收的款项,如为借方余额,反映事业单位尚未转销的款项。本科目一般应当按照购货单位设置明细科目进行明细核算。

3. 账务处理程序与方法。对于预收账款,在核算上有以下两种方法可供选择:

(1)单独设置"预收账款"科目。采用这种方法,将发生的预收账款记入单独设置的"预收账款"科目,待事业单位提供产品或劳务而清偿此项负债时,再予以结算。这种方法能完整地反映这项负债的发生及偿付情况。单独设置"预收账款"科目账务处理程序与方法,如图 3－6 所示。

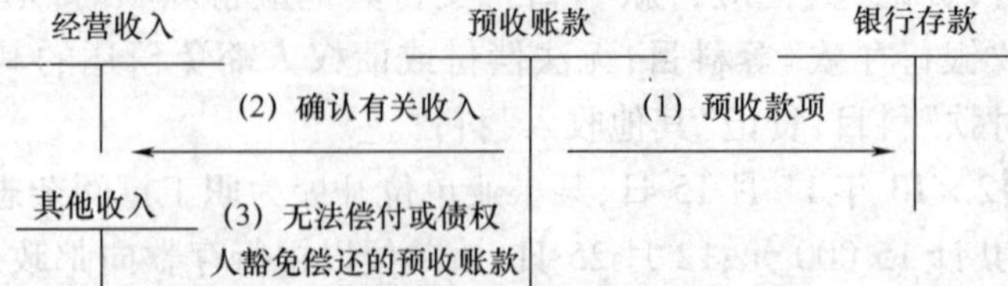

图 3－6　单独设置"预收账款"科目账务处理程序与方法

(2)若事业单位不单独设置“预收账款”科目,所预收的货款直接记入“应收账款”科目的贷方,冲减应收账款;待确认应收账款时,记入“应收账款”科目的借方。这种方法通过“应收账款”科目完整地反映与购货方结算的情况,但在填列财务报表时需要根据“应收账款”科目的明细科目进行分析填列。通常应用于发生预收账款不多的事业单位。

【例3-6】甲事业单位为增值税一般纳税人。2×13年6月3日,甲事业单位与乙公司签订供货合同,向乙公司出售一批产品,货款金额共计200 000元,应交增值税34 000元。根据购货合同的规定,乙公司在购货合同签订后一周内,应当向甲公司预付货款120 000元,剩余货款在交货后付清。2×13年6月9日,甲公司收到乙公司交来的预付货款120 000元并存入银行,6月19日甲公司将货物发到乙公司并开出增值税专用发票,乙公司验收后付清了剩余货款。甲事业单位编制会计分录如下:

(1)6月9日收到乙公司交来预付货款:

借:银行存款　　120 000

　贷:预收账款——乙公司　　120 000

(2)6月19日按合同规定,向乙公司发出货物:

借:预收账款——乙公司　　234 000

　贷:经营收入　　200 000

　　应缴税费——应缴增值税(销项税额)　　34 000

(3)收到乙公司补付的货款:

借:银行存款　　114 000

　贷:预收账款——乙公司　　114 000

【例3-7】承【例3-6】,假设甲事业单位不设置“预收账款”科目,其预收的款项通过“应收账款”科目核算。甲事业单位的有关会计分录如下:

(1)6月9日收到乙公司预付的货款:

借:银行存款　　120 000

　贷:应收账款——乙公司　　120 000

(2)6月19日向乙公司发出货物:

借:应收账款——乙公司　　234 000

　贷:经营收入　　200 000

　　应缴税费——应缴增值税(销项税额)　　34 000

(3)收到乙公司补付的货款:

借:银行存款　　114 000

　贷:应收账款——乙公司　　114 000

四、应付职工薪酬的核算

(一)职工薪酬的概念及内容

职工薪酬,是指企业为获得职工提供的服务而给予各种形式的报酬以及其他相关支出。这主要包括:

1. 基本工资。基本工资,是指单位为了保证职工的基本生活需要,职工在组织中可以定期拿到、数额固定的劳动报酬。它由用人单位按照规定的工资标准支付,较之工资额的其他组成部分具有相对稳定性。

2. 绩效工资。绩效工资,是指以对员工绩效的有效考核为基础,实现将工资与考核结果相挂钩的工资制度,它的理论基础就是“以绩取酬”。它的基本特征是将员工的薪酬收入与个人业绩挂钩。业绩是一个综合的概念,比产品的数量和质量内涵更为宽泛,它不仅包括产品数量和质量,还包括员工对单位的其他贡献。绩效工资一般包括:年终一次性奖金、节假日补贴、现行的生活补贴、津贴补贴、在职人员新增绩效工资、离退休人员新增生活补贴。

3. 国家统一规定的津贴补贴。津贴和补贴,是指为了补偿职工特殊或额外的劳动消耗和因其他特殊原因支付给职工的津贴,以及为了保证职工工资水平不受物价影响支付的物价补贴,包括补偿职工特殊或额外劳动消耗的津贴(如高空津贴、井下津贴等),保健津贴,技术性津贴,工龄津贴及其他津贴(如直接支付的伙食津贴、合同制职工工资性补贴及书报费等)。

需要注意的是,根据国家法律、法规和政策规定,因病、工伤、产假、计划生育、婚丧假、探亲假、事假、定期休假、停工学习、执行国家和社会义务等原因应支付的工资也包括在内。

4. 社会保险费。社会保险费,是指企业按照国家规定的基准和比例计算,向社会保险经办机构缴纳的医疗保险费、养老保险费、失业保险费、工伤保险费和生育保险费,即通常所讲的“五险”。

5. 住房公积金。住房公积金,是指企业按照国家规定的基准和比例计算,向住房公积金管理机构缴存的住房公积金,即通常所说的“一金”。

(二)会计科目的设置

为了总括反映职工薪酬结算与分配情况,事业单位应设置“应付职工薪酬”科目。该科目用于核算事业单位根据有关规定应付给职工的各种薪酬。其性质属于负债类科目。该科目的贷方登记本月应发的各种职工薪酬,借方登记本月发放的各种职工薪酬,贷方余额,反映事业单位应付未付的职工薪酬。年度终了,“应付职工薪酬”科目一般应无余额。

“应付职工薪酬”科目应当根据国家有关规定按照“工资(离退休费)”、“地方(部门)津贴补贴”、“其他个人收入”以及“社会保险费”、“住房公积金”等进行明细核算。

（三）账务处理程序与方法

事业单位计算当期应付职工薪酬，确认应付职工薪酬增加；向职工支付工资、津贴补贴等薪酬，按税法规定代扣代缴个人所得税，按照国家有关规定缴纳职工社会保险费和住房公积金，从应付职工薪酬中支付其他款项，确认应付职工薪酬减少。

应付职工薪酬账务处理程序与方法，如图 3－7 所示。

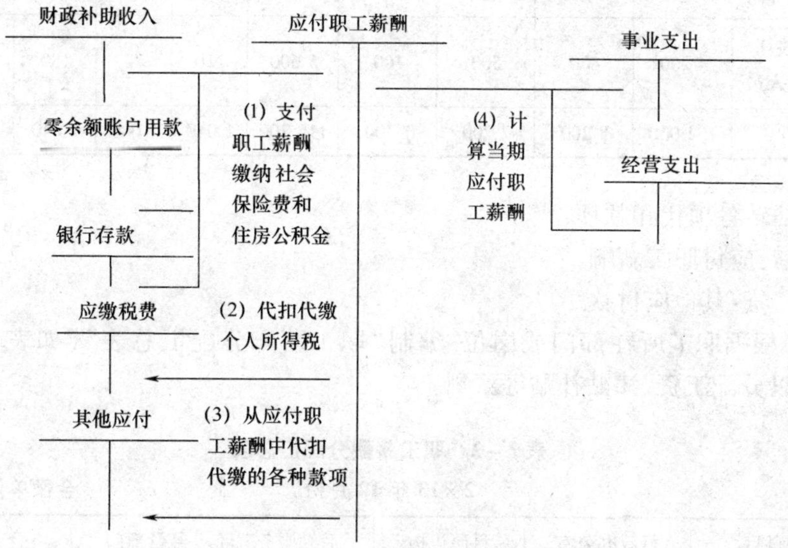

图 3－7　应付职工薪酬账务处理程序与方法

图 3－7 解释如下：采用国库直接支付方式支付职工薪酬的，根据财政国库支付执行机构委托代理银行转来的《财政直接支付入账通知书》和代发工资银行盖章转回的工资发放明细表，借记"应付职工薪酬"科目，贷记"财政补助收入"科目。采用国库授权支付方式支付职工薪酬的，借记"应付职工薪酬"科目，贷记"零余额账户用款额度"科目。采用银行存款等其他方式支付职工薪酬的，借记"应付职工薪酬"科目，贷记"库存现金""银行存款"等科目。

【例 3－8】2×13 年 12 月份，某事业单位发生下列职工薪酬结算业务及编制会计分录如下：

(1) 12 月份职工薪酬结算汇总表如表 3－1 所示。

根据《财政直接支付入账通知书》和工资发放明细表，编制会计分录如下：

①发放工资等薪酬：

借：应付职工薪酬——工资　　113 660

　　贷：财政补助收入　　113 660

表3-1 职工薪酬结算汇总表

2×13 年 12 月份　　单位：

部门及人员	应付职工薪酬					扣款			实发工资
	基本工资	绩效工资	津贴补贴	病假工资	合计	房租费	水电费	合计	
行政办公室	80 000	5 000	1 000	800	86 800	500	700	1 200	85 600
科研机构	10 000	900	300	100	11 300	120	80	200	11 100
后勤服务部门	9 800	1 500	400	300	12 000	310	150	460	11 540
非独立核算经营部门人员	4 200	800	500	100	5 600	110	70	180	5 420
合　计	104 000	8 200	2 200	1 300	115 700	1 040	1 000	2 040	113 660

②结转各项代扣款项：

借:应付职工薪酬　　2 040

　贷:其他应付款　　2 040

(2)根据职工所在部门或岗位,编制“职工薪酬分配汇总表”(如表 3-2 所示),据以分配工资、津贴补贴等薪酬。

表3-2 职工薪酬分配汇总表

2×13 年 12 月份　　金额单位:元

借记科目	行政办公室	科研机构	后勤服务	经营部门	合　计
事业支出	86 800	11 300	12 000		110 100
经营支出				5 600	5 600
合　计	86 800	11 300	12 000	5 600	115 700

借:事业支出　　110 100

　经营支出　　5 600

　贷:应付职工薪酬　　115 700

(3)该单位为职工代扣代缴 12 月份个人所得税 8 000 元;代扣代缴职工自身负担的“三险”30 000 元。

借:应付职工薪酬——工资、津贴补贴　　38 000

　贷:应缴税费——应交个人所得税　　8 000

　　应付职工薪酬——社会保险费　　30 000

(4)经计算,12 月份单位负担的职工“三险”共计 29 000 元,其中计入事业支出 27 500 元,计入经营支出 1 500 元。

借:事业支出	27 500
经营支出	1 500
贷:应付职工薪酬——社会保险费	29 000

五、应缴款项的核算

应缴款项是指事业单位按规定应缴入国库或应上缴行政主管部门的款项。应缴款项的含义主要有两点:一是依法取得的款项,二是其资金所有权不属于本单位,必须按规定上缴的款项。

事业单位在进行正常的经济活动过程中,会取得一些收入,如代收的纳入预算管理的基金、行政性收费收入、罚没收入、无主财物变价收入和其他按预算管理规定应上缴预算的款项。取得这些收入,在未上交前,构成了单位与国家的债务关系。

(一)应缴国库款

1. 应缴国库款的内容。应缴国库款,是指事业单位除应缴税费外,按规定应缴入国库的款项。应缴国库款主要包括:事业单位代收的纳入预算管理的基金、行政性收费收入、罚没收入、无主财物变价收入和其他按预算管理规定应上缴预算的款项。我国预算资金是实行收缴分离的管理办法,即预算资金实行国库统一收付。预算资金直接缴入国库,财政专户管理的资金直接缴纳财政专户。但有时,事业单位(如实行集中缴库的单位)预算资金收纳和上缴之间存在时间差,因此产生应缴国库款负债义务或责任。

2. 应缴国库款管理原则

(1)积极组织,存入银行。各种应缴预算收入款项应及时上缴单位财会部门的“其他存款”户中,不得自行支用或转为部门的“小金库”。

(2)不得分成、提留、坐支。应上缴的规费收入、罚没收入等均应全额上缴,其所需办案费用,应单独编报预算报财政部门领款支用。

(3)及时足额上缴。

3. 会计科目的设置。为了反映应缴国库款增减变动情况,事业单位应设置“应缴国库款”科目,核算事业单位按规定应缴入国库的款项(应缴税费除外)。该科目贷方登记取得的应缴国库款项;借方登记上缴的国库款项。平时,贷方余额,反映事业单位的应缴未缴款项;年度终了,“应缴国库款”科目一般应无余额。其明细账应当按照应缴国库的各款项类别设置并进行明细核算。

4. 账务处理程序与方法。事业单位取得应缴国库的款项时,借记有关科目,贷记“应缴国库款”科目;上缴款项时,借记“应缴国库款”科目,贷记“银行存款”科目。应缴国库款账务处理程序与方法,如图 3 – 8 所示。

【例 3 – 9】2 ×13 年 6 月份,某事业单位取得罚没收入 5 500 元、无主财物变价

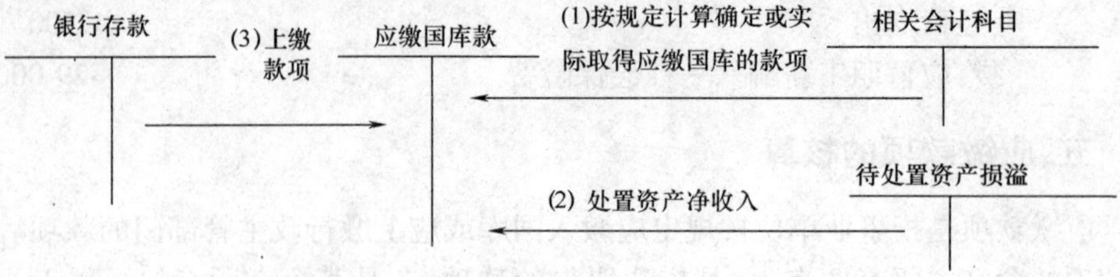

图3-8 应缴国库款账务处理程序与方法

收入6 000元,全部款项存入银行。编制会计分录如下:

(1)取得应缴国库款:

借:银行存款 11 500

贷:应缴国库款 11 500

(2)上缴应缴国库款:

借:应缴国库款 11 500

贷:银行存款 11 500

(二)应缴财政专户款

1.应缴财政专户款的概念及内容。应缴财政专户款,是指事业单位按规定应缴入财政专户的款项。如:①高中以上学费、住宿费;②高校委托培养费;③党校收费;④教育考试考务费;⑤函大、电大、夜大及短训班培训费等。事业单位代行政府职能,依国家法律、法规取得的纳入财政专户管理的资金,由财政部门建立的财政专户统一管理,实行"收支两条线"管理方式。收到各项收费时,必须上缴财政专户统一管理;使用这笔资金时,要向财政部门申请,经过审批后通过财政专户返还。应缴财政专户款是行政单位已经收取了纳入财政专户管理,但尚未上缴财政专户而形成的负债。

2.会计科目的设置。为了反映应缴国库款增减变动情况,事业单位应设置"应缴财政专户款"科目,核算事业单位按规定应缴入财政专户的款项。该科目贷方登记取得的应缴财政专户款;借方登记上缴的应缴财政专户款。平时,贷方余额反映事业单位应缴未缴的款项;年度终了,"应缴财政专户款"科目一般应无余额。其明细账应当按照应缴财政专户款的各款项类别设置并进行明细核算。

3.账务处理程序与方法。事业单位取得应缴财政专户的款项时,借记有关科目,贷记"应缴财政专户款"科目;上缴财政专户款时,借记"应缴财政专户款"科目,贷记"银行存款"等科目。收到返还款项时,借记"银行存款""零余额账户用款额度"等科目,贷记"事业收入"科目。

【例3-10】某教育事业单位2×13年收取委托培养费220 000元、教育考试考务费380 000元,全部款项存入银行。编制会计分录如下:

(1)取得应缴财政专户的款项:

借:银行存款　　600 000

　贷:应缴财政专户款　　600 000

(2)上缴财政专户款:

借:应缴财政专户款　　600 000

　贷:银行存款　　600 000

需要说明的是,事业单位应缴国库款和应缴财政专户款,两者关系十分密切,均属于财政性资金,均需要上缴财政部门。但两者存在以下区别:

第一,资金的性质不同。应缴国库款是纳入预算管理的财政性资金,应缴财政专户款是纳入财政专户管理的财政性资金(原称为预算外资金)。

第二,缴纳账户不同。应缴国库款需要上缴财政国库账户,而应缴财政专户款需要上缴财政专户。

第三,从返还角度来看,应缴国库款上缴国库后不予返还,应缴财政专户款上缴财政专户后通过核拨返还给事业单位。

六、应交税费的核算

应交税费是指事业单位按照国家有关税法规定应当交纳或代扣代缴的各种税费,包括增值税、营业税、城市维护建设税、教育费附加、个人所得税、车船使用税、房产税等。

事业单位实际发生税负时间与其缴纳税款时间不完全一致,因此,上述税金在未交纳前,构成了事业单位的一项流动负债。

(一)增值税的核算

增值税,指对在我国境内销售货物、进口货物,或提供加工、修理修配劳务的增值额征收的一种流转税。

为了严格增值税的征收管理,税法将增值税的纳税人按其经营规模及会计核算水平划分为一般纳税人和小规模纳税人。其中,小规模纳税人,指年销售额在规定标准以下,并且会计核算不健全,不能按规定报送有关税务资料的增值税纳税人。一般纳税人,指年应征增值税销售额,超过《增值税暂行条例实施细则》规定的小规模纳税人标准的企业和企业性单位。

1. 增值税一般纳税人的核算。一般纳税人的应纳增值税额为当期销项税额减去进项税额后的余额,其计算公式为:

应纳增值税额 = 当期销项税额 - 当期进项税额

其中:销项税额,指纳税人销售商品或应税劳务,按照销售额乘以规定的税率并向购买方收取的增值税额;进项税额,指增值税一般纳税人购进货物或接受应税劳务所支付或负担的、准予从销项税额中抵扣的增值税额。

从税收征管考虑,增值税实行凭购物发票进行抵扣的办法。根据我国《增值税暂行条例》的规定,准予以从销项税额中抵扣的进项税额通常包括:从销售方取得的“增值税专用发票”上注明的增值税税额;从海关取得的完税凭证上注明的增值税。

(1)销售环节——销项税额的核算。属于增值税一般纳税人的事业单位销售应税产品或提供应税服务,如果采用不含税定价的方法,销项税额可以直接根据不含税的销售额乘以增值税率计算;如果采用合并定价的方法,销项税额应根据下列公式计算:

$$销售额 = 含税销售额 \div (1 + 增值税税率)$$

$$销项税额 = 销售额 \times 税率$$

事业单位按包含增值税的价款总额,借记“银行存款”“应收账款”“应收票据”等科目,按扣除增值税销项税额后的价款金额,贷记“经营收入”等科目,按增值税专用发票上注明的增值税金额,贷记“应缴税费——应缴增值税(销项税额)”科目。

【例3-11】某事业单位非独立核算部门核定为增值税一般纳税人,其适用的税率为17%。2×13年10月10日销售应税产品一批,价款350 000元,按规定应收取增值税额59 500元,提货单和增值税专用发票已交给买方,收到对方出具的期限3个月的商业汇票一张。编制会计分录如下:

借:应收票据	409 500
贷:经营收入	350 000
应缴税费——应缴增值税(销项税额)	59 500

(2)购进环节——进项税额的核算。属于增值税一般纳税人的事业单位购入非自用材料的,按确定的成本(不含增值税进项税额),借记“存货”科目,按增值税专用发票上注明的增值税额,借记“应缴税费——应缴增值税”(进项税额)科目,按实际支付或应付的金额,贷记“银行存款”“应付账款”等科目。

【例3-12】承【例3-11】,2×13年10月20日,该单位购入非自用材料一批,增值税专用发票上注明货款80 000元,增值税额13 600元,材料验收入库,款项已用银行存款支付。编制会计分录如下:

借:存货	80 000
应缴税费——应缴增值税(进项税额)	13 600
贷:银行存款	93 600

属于增值税一般纳税人的事业单位所购进的非自用材料发生盘亏、毁损、报废、对外捐赠、无偿调出等税法规定不得从增值税销项税额中抵扣进项税额的,将所购进的非自用材料转入待处置资产时,按照材料的账面余额与相关增值税进项税额转出金额的合计金额,借记“待处置资产损溢”科目,按材料的账面余额,贷记“存货”科目,按转出的增值税进项税额,贷记“应缴税费——应缴增值税(进项税

额转出)”科目。

【例3－13】承【例3－11】,2×13年10月31日,该单位非自用材料仓库保管员工作失误,毁损库存材料一批。有关增值税专用发票确认的材料成本为15 000元,增值税税额2 550元。编制会计分录如下:

借:待处置资产损溢——处置资产价值　　17 550
　贷:存货　　15 000
　　应缴税费——应缴增值税(进项税额转出)　　2 550

(3)缴纳增值税的核算。属于增值税一般纳税人的事业单位实际缴纳增值税时,借记“应缴税费——应缴增值税(已交税金)”科目,贷记“银行存款”科目。

【例3－14】承【例3－11】,该单位2×13年10月份应缴纳增值税计算方法如下:

应缴纳增值税＝59 500－(13 600－2 550)＝48 450(元)

根据计算结果,该单位实际缴纳增值税时,编制会计分录如下:

借:应缴税费——应缴增值税(已交税金)　　48 450
　贷:银行存款　　48 450

2.增值税小规模纳税人的核算。小规模纳税企业实行简便办法计算应纳税额。

计算方法如下:

应纳税额＝销售额×征收率

按照现行税法规定,小规模纳税企业的征收率为3%。小规模纳税企业增值税核算具有以下特点:

(1)小规模纳税人销售货物或者提供应税劳务,一般情况下只能开具普通发票,不能开具增值税专用发票,按照销售额的一定比例计算应纳税额。

采用销售额和应纳税额合并定价方法的小规模纳税企业,应按照公式“销售额＝含税销售额÷(1＋征收率)”还原为不含税销售额。

(2)小规模纳税企业购入的货物无论是否具有增值税专用发票,其支付的增值税额应计入购入货物的成本,不得由销项税额抵扣。

属于增值税小规模纳税人的事业单位销售应税产品或提供应税服务,按实际收到或应收的价款,借记“银行存款”“应收账款”“应收票据”等科目,按实际收到或应收价款扣除增值税税额后的金额,贷记“经营收入”等科目,按应缴增值税金额,贷记“应缴税费——应缴增值税”科目。实际缴纳增值税时,借记“应缴税费——应缴增值税”科目,贷记“银行存款”科目。

【例3－15】某事业单位非独立核算部门被核定为小规模纳税人。2×13年3月份,购入非自用材料取得的专用发票中注明货款20 000元,增值税3 400元,款项以银行存款支付,材料已验收入库。该单位本月销售应税产品,含税价格为24 720元,款项存入银行。编制会计分录如下:

（1）购进材料：

借：存货 23 400

贷：银行存款 23 400

（2）销售产品：

不含税价格＝24 720÷（1＋3%）＝24 000（元）

应缴增值税＝24 000×3%＝720（元）

借：银行存款 24 720

贷：经营收入 24 000

应缴税费——应缴增值税 720

（二）营业税、城市维护建设税和教育费附加的核算

1. 营业税的核算。营业税，是对在我国境内提供应税劳务、转让无形资产或销售不动产的单位和个人，就其所取得的营业额征收的一种税。其中：应税劳务是指属于交通运输业、建筑业、金融保险业、邮电通信业、文化体育业、娱乐业、服务业税目征收范围的劳务，不包括加工、修理修配等劳务；转让无形资产，是指转让无形资产的所有权或使用权的行为；销售不动产，是指有偿转让不动产的所有权，转让不动产的有限产权或永久使用权，以及单位将不动产无偿赠与他人等视同销售不动产的行为。

营业税按照营业额和规定的税率计算应纳税额，应纳税额计算公式如下：

应纳税额＝营业额×适用税率

营业额是指纳税人提供应税劳务、转让无形资产和销售不动产而向对方收取的全部价款和价外费用，税率从3%～20%不等。

2. 城市维护建设税的核算。城市维护建设税（简称"城建税"）是一种附加税。按照现行税法规定，城市维护建设税应根据应交增值税、消费税和营业税之和的一定比例计算交纳。应纳税额计算公式如下：

应纳税额＝（应交增值税＋应交消费税＋应交营业税）×适用税率

城市维护建设税适用税率按纳税人所在地区不同，分为以下三档差别比例税率，即：纳税人所在地为市区的，税率为7%；纳税人所在地为县城、镇的，税率为5%；纳税人所在地不在市区、县城或者镇的，税率为1%。

3. 教育费附加的核算。教育费附加，是指对缴纳增值税、消费税、营业税的单位和个人，就其实际缴纳的税额为计算依据征收的一种附加费。它是为发展教育事业而征收的附加费用。

教育费附加以其实际缴纳的增值税、消费税和营业税为计征依据。教育费附加征收比率为3%。

教育费附加的计算公式如下：

应纳教育费附加＝实际缴纳的增值税、消费税、营业税×征收比率

事业单位发生营业税、城市维护建设税、教育费附加纳税义务的，按税法规定

计算的应缴税费金额,借记"待处置资产损溢——处置净收入"科目或有关支出科目,贷记"应缴税费——应缴营业税""应缴税费——应缴城市维护建设税""应缴税费——教育费附加"科目。

实际缴纳税费时,借记"应缴税费——应缴营业税""应缴税费——应缴城市维护建设税""应缴税费——教育费附加"科目,贷记"银行存款"科目。

【例 3-16】2×13 年 10 月份,某事业单位房屋出租收入 20 000 元;将一项专利权出售,该专利权账面价值 250 000 元,已计提摊销 180 000 元,双方协商出售价格为 100 000 元。适用营业税税率为 5%。编制会计分录如下:

(1)10 月末确认应缴营业税:

出租房屋应缴营业税 = 20 000 × 5% = 1 000(元)

出售专利权应缴营业税 = 100 000 × 5% = 5 000(元)

借:其他支出——税费支出	1 000
待处置资产损溢——处置净收入	5 000
贷:应缴税费——应交营业税	6 000

(2)11 月初交纳营业税:

借:应缴税费——应交营业税	6 000
贷:银行存款	6 000

【例 3-17】承【例 3-16】,该事业单位位于市区,2×13 年 10 月实际缴纳营业税 6 000 元。

(1)该单位当月应缴纳城市维护建设税、教育费附加计算方法如下:

出租房屋应缴城市维护建设税、教育费附加 = 1 000 × (3% + 7%) = 100(元)

出售专利权应缴城市维护建设税、教育费附加 = 5 000 × (3% + 7%) = 500(元)

借:其他支出——税费支出	100
待处置资产损溢——处置净收入	500
贷:应缴税费——应交营业税	600

(2)11 月初交纳营业税:

借:应缴税费——应交营业税	600
贷:银行存款	600

(三)房产税、城镇土地使用税、车船税的核算

1. 房产税。房产税,是指对转让国有土地使用权、地上的建筑物及其附着物(以下简称转让房地产)并取得收入的单位和个人征收的一种税。

房产税由产权所有人缴纳。产权属于全民所有的,由经营管理的单位缴纳。产权出典的,由承典人缴纳。产权所有人、承典人不在房产所在地的,或者产权未确定及租典纠纷未解决的,由房产代管人或者使用人缴纳。

房产税征税范围为城市、县城、建制镇和工矿区。房产税的计税依据分为按计税余值计税的从价计征和按租金收入计税的从租计征两种。其中,从价计征,是指

对纳税人经营自用的房屋，以房产的计税余值作为计税依据。所谓计税余值，是指依照房产原值一次减除10%～30%的损耗价值以后的余额。其中：房产原值是指纳税人按照会计制度规定，在账簿"固定资产"科目中记载的房屋原价，房产原值应包括与房屋不可分割的各种附属设备或一般不单独计算价值的配套设施。从价计征的税率为1.2%。

年应纳税额＝房产原值×(1－扣除比例)×1.2%

从租计征，是指对于出租的房屋，以租金收入为计税依据。房产的租金收入，是房屋产权所有人出租房产使用权所得的报酬，包括货币收入和实物收入。对以劳务或其他形式作为报酬抵付房租收入的，应根据当地同类房产的租金水平，确定一个标准租金额，依率计征。从租计征税率为12%。其计算公式如下：

年应纳税额＝年租金收入额×12%

2. 城镇土地使用税。城镇土地使用税简称"土地使用税"，是以城镇土地为征税对象，对拥有土地使用权的单位和个人征收的一种税。

城镇土地使用税的纳税人，是指承担缴纳城镇土地使用税义务的所有单位和个人，包括：拥有土地使用权的单位和个人；拥有土地使用权的单位和个人不在土地所在地的，其土地的实际使用人和代管人为纳税人；土地使用权未确定或权属纠纷未解决的，其实际使用人为纳税人；土地使用权共有的，共有各方都是纳税人，由共有各方分别纳税。

城镇土地使用税以纳税人实际占用的土地面积为计税依据，土地面积计量标准是"平方米"。

城镇土地使用税采用地区幅度定额税率，即采用有幅度的差别税额，按大、中、小城市和县城、建制镇、工矿区分别规定每平方米土地使用税年应纳税额。具体标准如下：大城市1.5～30元；中等城市1.2～24元；小城市0.9～18元；县城、建制镇、工矿区0.6～12元。

3. 车船税。车船税是以车船为征税对象，向拥有车船的单位和个人征收的一种税。在中华人民共和国境内，车辆、船舶(以下简称车船)的所有人或者管理人为车船税的纳税人，应当依照《中华人民共和国车船税法》的规定缴纳车船税。其中，管理人，是指对车船具有管理使用权，不具有所有权的单位。

车船税对拥有但不使用的车船不征税。车船税根据不同类型的车船及其适用的计税标准分别计算应纳税额。其中机动车(载货汽车除外)和非机动车应纳税额的计算公式如下：

应纳税额＝应税车辆数量×单位税额

事业单位发生房产税、城镇土地使用税、车船税纳税义务的，按税法规定计算的应缴税金数额，借记有关科目，贷记"应缴税费——应缴房产税"科目、"应缴税费——应缴城镇土地使用税"科目、"应缴税费——应缴车船税"科目。

实际缴纳税金时，借记"应缴税费——应缴房产税"科目、"应缴税费——应缴城镇土地使用税”科目、“应缴税费——应缴车船税”科目，贷记“银行存款”科目。

【例 3－18】2×13 年 12 月末，某事业单位全年应缴相关税金为：房产税 53 000 元，城镇土地使用税 12 000 元，车船税 13 800 元。编制会计分录如下：

（1）确认应缴税金义务：

借：经营支出	78 800	
贷：应缴税费——应缴房产税		53 000
——应缴城镇土地使用税		12 000
——应缴车船税		13 800

（2）实际缴纳税金：

借：应缴税费——应缴房产税	53 000	
——应缴城镇土地使用税	12 000	
——应缴车船税	13 800	
贷：银行存款		78 800

（四）企业所得税

企业所得税是对我国境内的企业和其他取得收入的组织的生产经营所得和其他所得征收的税种。《企业所得税法》中所称的“企业”，包括依照中国法律、行政法规在中国境内成立的企业、事业单位，社会团体以及其他取得收入的组织。应纳所得税额计算方法如下：

应纳所得税额＝应纳税所得额×税率

公式中的“应纳税所得额”为企业每一纳税年度的收入总额，减除不征税收入、免税收入、各项扣除以及允许弥补的以前年度亏损后的余额。其中：①收入总额包括：销售货物收入，提供劳务收入，转让财产收入，股息、红利等权益性投资收益，利息收入，租金收入，特许权使用费收入，接受捐赠收入，其他收入。②不征税收入包括：财政拨款，依法收取并纳入财政管理的行政事业性收费，政府性基金，国务院规定的其他不征税收入。③免税收入包括：国债利息收入，符合条件的居民企业之间的股息、红利等权益性投资收益，在中国境内设立机构、场所的非居民企业从居民企业取得与该机构、场所有实际联系的股息、红利等权益性投资收益，符合条件的非营利组织的收入。④各项扣除，是指企业实际发生的与取得收入有关的、合理的支出，包括成本、费用、税金、损失和其他支出。

企业所得税税率一般为 25%。

事业单位发生企业所得税纳税义务的，按税法规定计算的应缴税金数额，借记“非财政补助结余分配”科目，贷记“应缴税费——应缴所得税”科目。实际缴纳时，借记“应缴税费——应缴所得税”科目，贷记“银行存款”科目。

【例 3－19】2×13 年，某事业单位经营收入 5 800 000 元，经营支出 3 500 000 元。无其他纳税调整项目。企业所得税账务处理过程如下：

应缴纳企业所得税 =(5 800 000 - 3 500 000) ×25% =575 000(元)

(1)确认应缴税金数额:

借:非财政补助结余分配 575 000

　　贷:应缴税费——应缴所得税 575 000

(2)实际缴纳税金:

借:应缴税费——应缴所得税 575 000

　　贷:银行存款 575 000

(五)代扣代缴个人所得税

个人所得税是以自然人取得的各类应税所得为征税对象而征收的一种所得税,是政府利用税收对个人收入进行调节的一种手段。

根据《个人所得税法》的规定,个人所得税是以所得人为纳税义务人、以支付所得的单位或者个人为扣缴义务人。为此,事业单位承担对个人所得税代扣代缴的义务。所属代扣代缴是指按照税法规定负有扣缴税款义务的单位或者个人,在向个人支付应纳税所得时,应计算应纳税额,从其所得中扣除并缴入国库,同时向税务机关报送扣缴个人所得税报告表。这种方法,有利于控制税源、防止漏税和逃税。

事业单位代扣代缴个人所得税的,按税法规定计算应代扣代缴的个人所得税金额,借记"应付职工薪酬"科目,贷记"应缴税费——应交个人所得税"科目。实际缴纳时,借记"应缴税费——应交个人所得税"科目,贷记"银行存款"科目。

【例3 -20】2 ×13 年 6 月末,某事业单位为职工代扣代缴 6 月份个人所得税 286 400 元,并且于次月初通过银行转账实际缴纳代扣税款。编制会计分录如下:

(1)代扣个人所得税:

借:应付职工薪酬 286 400

　　贷:应缴税费——应交个人所得税 286 400

(2)缴纳代扣的个人所得税:

借:应缴税费——应交个人所得税 286 400

　　贷:银行存款 286 400

第三节　非流动负债

一、非流动负债概述

(一)非流动负债概念及特点

非流动负债曾经有"长期负债"或"固定负债"的提法。它是与流动负债相对立的概念。截止到 2012 年《事业单位会计准则》出台前,我国预算会计制度、事业单位会计准则或制度中,未曾使用过“非流动负债”一词,这是事业单位会计中引入的一个全新概念。

《事业单位会计准则》指出,非流动负债是指流动负债以外的负债。事业单位的非流动负债包括长期借款、长期应付款等。

与流动负债相比,非流动负债具有以下特点:

1. 举借的目的主要是购置长期资产。举借长期债务的目的是为了购置大型设备、增建和扩建营业用房等,而流动负债的举借目的是为了满足日常生产经营周转的需要。

2. 举债的数额大、利息支出多。由于举借长期债务的目的是为了购置长期资产,因此,非流动负债的金额一般都比较大,其利息费用成为企业长期的固定性支出,加大了企业的财务风险。

3. 偿还期限长。偿还期限一般超过一年或者超过一个营业周期。

4. 偿还方式多样。非流动负债可以分期偿还,或者分期偿还利息,定期偿还本金,或者确定债务期满时一次偿还本息。

(二)非流动负债内容

1. 长期借款。长期借款,是指事业单位向银行或其他金融机构等借入的期限在一年以上(不含一年,下同)的各种借款。长期借款的用途一般是用于固定资产构建、固定资产改扩建工程、固定资产大修理工程以及流动资产的正常需要。

2. 长期应付款。长期应付款,是指事业单位发生的偿还期限在一年以上(不含一年)的应付款项,如以融资租赁租入固定资产的租赁费、跨年度分期付款购入固定资产的价款等。

(三)非流动负债计价

非流动负债的计价受多种因素的影响。影响非流动负债计价的因素主要有负债到期日应支付的本金、各计息期应支付的利息等。有时,还涉及非流动负债的计价范围和利息支付方式等。根据《事业单位会计准则》的规定,非流动负债应当按照其实际发生额入账。非流动负债形成的方式不同,其计价内容也不相同:

1. 长期借款是以实际取得的货币资金作为实际发生额来计价。

2. 融资租入固定资产,按照租赁合同约定的付款总额和在签订租赁合同过程中发生的相关税费之和计价。

3. 以分期付款方式购入固定资产,应当按照实际支付的购买价款和相关税费(不包括按照税法规定可抵扣的增值税进项税额)之和计价。

二、长期借款的核算

(一)长期借款的目的

事业单位生产经营活动的正常运转以及扩充生产能力的要求,都需要大量资金给予支持。这些资金的来源除来自财政拨款外,相当多的部分要依靠向银行举借资金筹集。长期借款是事业单位筹集长期资金的重要方式之一。其目的是以事业单位公益服务活动为依托,用于满足其长期资产投资和永久性流动资产的需要。除净资产外,长期负债成为事业单位长期资金的重要来源。

(二)会计科目的设置

企业应通过“长期借款”科目,核算长期借款的借入、归还等情况。该科目的贷方登记长期借款本息的增加额,借方登记本息的减少额,贷方余额表示事业单位尚未偿还的长期借款。本科目可按照贷款单位和贷款种类设置明细账。

(三)长期借款的管理

事业单位借入长期借款,应按规定办理借入手续,支付长期借款利息,并按规定的期限归还借款。事业单位是承担一定福利职能的社会公益单位,不以营利为目的。对此,事业单位要严格控制负债规模。如果负债超过一定限度,既会影响事业单位的经济效益,也会因可能出现的偿还能力不足而影响债权人的利益。

(四)账务处理程序与方法

长期借款的核算涉及款项的借入、计息和归还本息三方面内容。定期偿还长期借款的特征为:取得本金后,逐年计算利息,待借款期满时一次性偿还本金和利息。

1.款项借入。事业单位向银行或其他金融机构借入长期借款,首先要在具备借款条件的前提下填报借款申请书,然后经银行或其他金融单位审查同意后与事业单位订立借款合同,办理借款手续。

2.款项计息。与短期借款相比,长期借款除借款期限较长外,其不同点还体现在对借款利息费用的处理上。长期借款的利息费用等,应当按照权责发生制原则的要求,按期预提计入所购建或者生产符合资本化条件资产的成本中,即予以资本化,或直接计入当期财务费用。具体来说,属于工程项目建设期间发生的,按照支付的利息,计入在建工程成本。

3.归还借款本息。事业单位偿还的长期借款本金,减少银行存款和长期借款。

长期借款账务处理程序与方法,如图3-9所示。

为购建固定资产支付的专门借款利息,分别以下情况处理:属于工程项目建设期间支付的,计入工程成本,同时,确认非流动资产基金增加,借款利息计入其他支出;属于工程项目完工交付使用后支付的利息,计入其他支出。

事业单位其他长期借款利息,按照支付的利息金额,计入其他支出。

【例3-21】某事业单位为建造某项固定资产,从银行借入长期借款3 500 000元,已存入银行。借款期限为3年,年利率6%,每年计息一次,单利计算,每年付息一次。款项借入后,以银行存款支付工程款2 800 000元,该工程于第1年12月31日达到可使用状态并完成交付使用,结转固定资产价值。应编制会计分录如下:

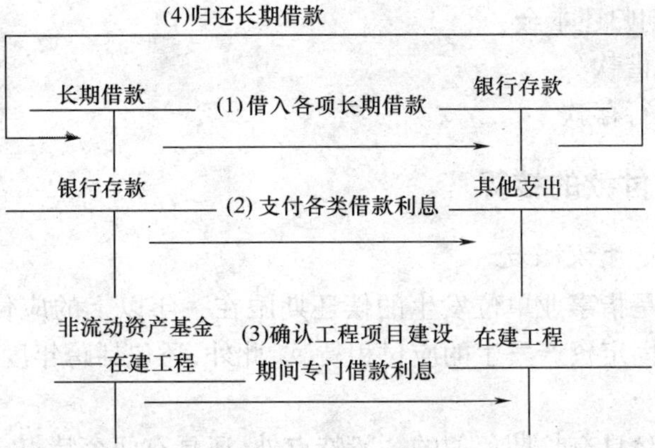

图 3－9　长期借款账务处理程序与方法

(1)取得借款：

借：银行存款　　3 500 000

　贷：长期借款——基建借款　　3 500 000

(2)支付工程款：

借：事业支出　　2 800 000

　贷：银行存款　　2 800 000

同时，

借：在建工程　　2 800 000

　贷：非流动资产基金——在建工程　　2 800 000

(3)支付第 1 年的借款利息：

借：在建工程　　(3 500 000×6%)210 000

　贷：非流动资产基金——在建工程　　210 000

同时，

借：其他支出——利息支出　　210 000

　贷：银行存款　　210 000

(4)第 1 年 12 月 31 日，结转固定资产价值：

借：固定资产　　3 010 000

　贷：非流动资产基金——固定资产　　3 010 000

同时，

借：非流动资产基金——在建工程　　3 010 000

　贷：在建工程　　3 010 000

(5)支付第 2 年、第 3 年借款利息：

借：其他支出——利息支出　　210 000

贷:银行存款　　210 000

(6)借款到期归还本金:

借:长期借款　　3 500 000

贷:银行存款　　3 500 000

三、长期应付款的核算

(一)长期应付款概念

长期应付款是指事业单位发生的偿还期限在一年以上的应付款项,主要指事业单位融资租入固定资产发生的应付租赁款,此外,还包括跨年度分期付款购入固定资产的价款等。

长期应付款除具有长期负债的一般特点外,还具有两个特点:一是具有分期付款性质,如融资租入固定资产的租赁费是在整个租赁期内逐期偿还的;二是通过长期应付款取得的资产一般为长期资产。

事业单位应设置"长期应付款"科目,核算事业单位发生的偿还期限在一年以上(不含一年)的应付款项。该科目贷方登记确认的长期应付款;借方登记偿还的长期应付款;期末贷方余额,反映尚未支付的各种长期应付款。其明细账应按长期应付款的种类设置并进行明细分类核算。

(二)融资租赁租入固定资产的核算

融资租赁是指在实质上转移了与资产所有权有关的全部风险和报酬的一种租赁。采用融资租赁方式租入固定资产,虽然资产的所有权在租赁期间仍然属于出租方,但由于资产租赁期基本上包括了资产的有效使用年限,承租单位实质上获得了租赁资产所提供的主要经济利益,同时承担与资产有关的风险。

承租的事业单位应将融资租入固定资产作为一项固定资产计价入账,同时确认相应的负债,并计提固定资产折旧。

需要说明的是,计提融资租入固定资产折旧时,应当采用与自有固定资产相一致的折旧政策。能够合理确定租赁期届满时将会取得租入固定资产所有权的,应当在租入固定资产尚可使用年限内计提折旧;无法合理确定租赁期届满时能够取得租入固定资产所有权的,应当在租赁期与租入固定资产尚可使用年限两者中较短的期间内计提折旧。

以融资租赁租入的固定资产,其成本按照租赁协议或者合同确定的租赁价款、相关税费以及固定资产交付使用前所发生的可归属于该项资产的运输费、途中保险费、安装调试费等确定。

融资租入固定资产应付款的账务处理程序与方法,如图 3－10 所示。

【例 3－22】2×13 年 1 月 1 日,甲事业单位与乙设备供应商签订协议,以融资租赁方式租入一套科研设备,价值 200 000 元,以银行存款支付设备安装、调试费

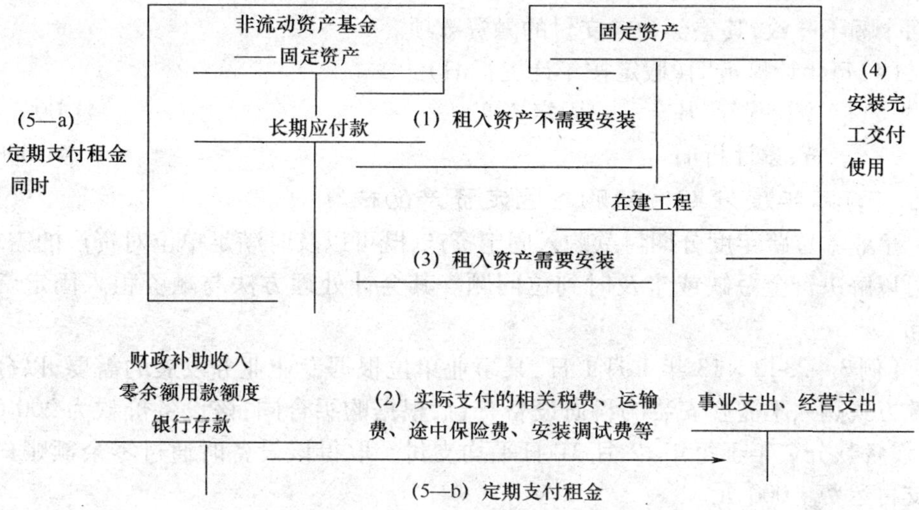

图 3-10　融资租入固定资产账务处理程序与方法

5 000元。设备租期5年,租金按年于每年1月1日支付20 000元,期满设备归甲事业单位。编制会计分录如下:

(1)取得科研设备交付安装:

借:在建工程——安装工程	205 000	
贷:长期应付款		200 000
非流动资产基金——在建工程		5 000
借:事业支出	5 000	
贷:银行存款		5 000

(2)科研设备交付安装、工程完工交付使用:

借:固定资产——科研设备	205 000	
贷:在建工程——安装工程		205 000
借:非流动资产基金——在建工程	5 000	
贷:非流动资产基金——固定资产		5 000

(3)支付第1年租金40 000元。

借:事业支出	40 000	
贷:银行存款		40 000

同时:

借:长期应付款	40 000	
贷:非流动资产基金——固定资产		40 000

需要说明的是,未来4年每年支付租金的会计分录同(3),略。若某年该单位

融资租入固定资产的"固定资产"科目与"非流动资产基金——固定资产"科目的账面余额不一致,其差额为未支付的融资款项。

(4)每年计提折旧(假定按年计提折旧):

借:流动资产基金——固定资产　　41 000

　贷:累计折旧　　41 000

(三)跨年度分期付款购入固定资产的核算

事业单位跨年度分期付款购入固定资产,既可以及时满足单位对资产的需求,也可以解决资金短缺或未及时到位问题。其会计处理方法与融资租入固定资产相同。

【例3-23】2×13年1月1日,某事业单位根据专业业务发展的需要,以分期付款方式购入不需要安装的科研设备一台,根据购买合同,该设备价款为200 000元,设备款分2年于每年12月31日平均支付。取得该设备时通过零余额账户转账支付运费3 000元。

(1)2×13年1月1日收到设备时:

借:固定资产——科研设备　　203 000

　贷:长期应付款——检测设备款　　200 000

　　非流动资产基金——固定资产　　3 000

借:事业支出——财政补助支出　　3 000

　贷:零余额账户用款额度　　3 000

(2)2×13年12月31日以零余额账户转账支付科研设备的第一笔款项:

借:事业支出——财政补助支出　　100 000

　贷:零余额账户用款额度　　100 000

借:长期应付款——科研设备款　　100 000

　贷:非流动资产基金——固定资产　　100 000

2×14年12月31日支付第二笔款项的会计分录同(2),略。

第四章 净资产的核算

第一节 净资产概述

一、净资产的概念

净资产，是指事业单位资产扣除负债后的余额，包括事业基金、非流动资产基金、专用基金、财政补助结转结余、非财政补助结转结余等。

净资产表明了事业单位的资产总额在抵偿了一切现存义务以后的差额部分。用公式可表示为：净资产 = 资产 - 负债。

结合上述关于净资产的概念，可对净资产有如下认识：

第一，从资产、负债和净资产三个要素之间的数量关系分析看，净资产一是指资产与负债之间的差额，这种“差量”体现了事业单位在一定时期所拥有、占有或可控制的具有未来经济利益资源的净额，反映了事业单位在持续发展过程中所具有的经济实力和物质基础。二是指净资产因事业单位运营状况的好坏而发生量的变化。通常情况下，净资产会随着事业单位收入扣除支出的正差额而增加，也会随着收入扣除支出的负差额而减少。

第二，净资产体现的是一种剩余权益。权益有广义和狭义之分。广义权益是指当事人依法享有的权利和利益，表示当事人可对关系自身利益的行为施加影响，并可从此项行为所产生的结果中取得合法的利益。广义权益分为债权人权益和净资产两部分，在资产负债表上与资产总额相对应。净资产就是以资产总额抵去一切债务之后的剩余权益。事业单位所拥有的各类经济资源必须先用于偿还负债，有剩余时才归所有者（国家），故称为剩余权益。

二、净资产的特征

事业单位净资产具有以下特征：

第一，根据“净资产 = 资产 - 负债”的计算过程看，净资产不像资产、负债要素那样在发生时可按规定的方法单独计量，净资产的确认也是在资产和负债计量之后计算确定。因此，净资产确认与计量最终取决于资产和负债的确认与计量。

第二，净资产的变动主要来源于收入减支出的余额。一般来说，引起净资产增减变动主要有两种情况：一是由于含有经济利益或服务潜力的资源流入单位，使单位的资产增加，或者负债减少，从而导致净资产增加，即事业单位获得了收入而导致净资产增加；二是由于含有经济利益或服务潜力的资源流出单位，使得单位的资产减少，或负债增加，从而导致净资产减少，即单位发生了支出而导致净资产减少。也就是说，事业单位的净资产变动主要来自于收入减去支出后的余额。

第三，事业单位享有其净资产的拥有权和使用权。事业单位净资产归单位拥有和支配。单位可以使用净资产购买设备和物资，也可以用来安排其他开支。对于固定资产基金、专用基金、财政补助结转（余）等具有限定用途的净资产，单位应当按照有关规定和限定用途予以使用。

三、净资产的分类

净资产可按不同标准进行分类：

（一）按净资产的经济内容

1. 事业基金。事业基金是指事业单位拥有的非限定用途的净资产，其来源主要为滚存的非财政补助结余资金。其中，非财政补助结余资金是指事业单位取得的除财政补助以外的各项非专项收支相抵后的余额，扣除结余分配后的金额。

2. 非流动资产基金。非流动资产基金，是指事业单位非流动资产占用的金额，如固定资产基金、无形资产基金、长期投资基金等。

3. 专用基金。专用基金，是指事业单位按规定提取或者设置的具有专门用途的净资产，主要包括修购基金、职工福利基金等。

4. 财政补助结转结余。财政补助结转结余，是指事业单位取得的各项财政补助收入与其相关支出相抵后剩余滚存的、须按规定管理和使用的结转和结余资金。

5. 非财政补助结转。非财政补助结转，是指事业单位取得的除财政补助以外的专项收入与其相关支出相抵后剩余滚存的、须按规定用途使用的结转资金。

（二）按净资产形成的来源分类

1. 外部注入的净资产。外部注入的净资产是指国家财政拨入和社会出资形成的净资产，主要包括：①国家财政补助形成的净资产。按照《事业单位财务规则》的规定，国家对事业单位实行核定收支、定额或者定项补助、超支不补、结转和结余按规定使用的预算管理办法。国家财政部门和主管部门对事业单位的事业性补助拨款的收支结余，按规定留给事业单位，构成事业单位净资产的重要来源之一。②出资者出资形成的净资产。出资者在资金所有权不变的前提下以货币、实物或无形资产对事业单位出资所形成的净资产。

2. 内部形成的净资产。内部形成的净资产是指事业单位根据有关规定按收入一定比例提存或按规定从结余分配中留用所形成的净资产。主要包括：

（1）按规定提取形成的净资产。按照《事业单位财务规则》的规定，事业单位按事业收入和经营收入的一定比例提取修购基金，按照非财政拨款结余的一定比例提取职工福利基金，这些提取的基金直接构成净资产的一部分，成为事业单位净资产的一个重要来源，对于保障事业单位业务活动是非常必要的。

(2)结余分配形成净资产。事业单位的收支结余（不含财政补助结余）按规定进行合理分配后而留用于事业单位的部分，也构成了净资产的一部分。

（三）按净资产是否限定其用途

1. 限定性净资产。如果资产或者资产所产生的经济利益（如资产的投资收益和利息等）的使用受到资产提供者或者国家有关法律、行政法规所设置的时间限制或（和）用途限制，则由此形成的净资产即为限定性净资产，国家有关法律、行政法规对净资产的使用直接设置限制的，该受限制的净资产亦为限定性净资产。

这里的"限定性"有"时间限定"和"用途限定"之分，前者是指资产提供者或者国家有关法律、行政法规要求事业单位在收到资产后的特定时期之内或特定日期之后使用该项资产，或者对资产的使用设置了永久限制。用途限制，是指资产提供者或者国家有关法律、行政法规要求事业单位将收到的资产用于某一特定的用途。

2. 非限定性净资产。如果资产提供者对所提供的资产（及资产所产生的经济利益）的使用没有设置限制，由此形成的净资产就属于非限定性净资产。如捐赠人对所捐赠资产的使用既没有设置时间，也没有设置用途限制。

四、净资产与其他会计要素的关系

（一）净资产与负债的关系

净资产与负债同为事业单位会计要素，是事业单位的资金来源，但净资产与负债相比具有以下特点：

1. 存续时间不同。净资产是事业单位持有的资产净值，它表明该组织从事公益事业活动的资金规模和经济实力。净资产主要来源于政府财政补助、事业收入、上级补助收入、各类补助结余转入部分等，这些资金一般不需要偿还，留归事业单位长期支配使用；而负债表示事业单位对债权人的经济责任，不论其期限多长，负债最终是要清偿的。

2. 体现的经济关系不同。净资产体现了事业单位作为受托人与资财提供者作为委托人之间的受托与委托关系；而负债则是体现了事业单位作为债务人与债权人之间的债务债权关系。

3. 各自计量的属性不同。净资产无法单独计量，它是根据一定方法对资产和负债计量以后形成的结果；而负债在其发生时可以按照规定的方法单独予以计量。

（二）净资产与资产、收入和支出或者费用要素的关系

净资产同资产、收入和支出或者费用要素都有着密切的联系。首先，净资产是资源提供者出资形成的事业单位赖以展开业务活动的最基础的启动资产。其次，

事业单位为了扩大业务活动规模，或是为了支付有关费用，或为了举债经营的性质，都要根据净资产的状况及业务活动的需要由董事会讨论决定。另外，事业单位费用的发生、收入的取得无不同净资产的情况相联系。净资产的增加反映了事业单位流入资金（收入）大于流出的资金（费用）；反之，则反映流入资金（收入）小于流出的资金（费用）。

第二节 事业基金

一、基金概述

（一）基金的概念

根据《现代汉语词典》（修订本）的解释：基金是为兴办、维持或发展某种事业而储备的资金或专门拨款。在当今经济社会环境中，基金已经成为一个已经包含范围相当广泛的经济术语，人们在不同场合、出于不同目的使用基金这个概念。如用于职工福利的福利基金、用于积累购买住房的住房基金、作为一种投资工具的投资基金。虽然人们对基金的表述不尽相同，但从形式中认识了基金内在的规定性。

（二）基金的特证

基金有三个明显的特征：

1. 目的性，即任何基金都必须依特定的目的或活动设立。

2. 限制性，即任何基金的设立、基金财务资源筹集和运用都必须按国家法律、行政令、资源提供者的限定予以限制。基金从其收入、支出是否具有对应性看，又可分为完全基金和不完全基金。完全基金，指收、支两方面都具有限定性，且收、支对应关系明确的资金，即用特定的收入来满足特定的支出需要。不完全基金，通常是对收入没有专门的限定，对支出的用途却进行了专门规定的基金。

3. 广泛的受托责任，即基金筹集与运用对立法机构、资源提供者、公共服务的对象以及社会公众负有政治的、经济的、法律的和社会的广泛责任。

4. 非实体性。与事业单位组织相比，基金不是一个经济实体，没有相应的组织机构和人员，其本身只是一个有着特定来源和用途的财务个体。为此，在对其进行会计核算时，需要采用特定程序和方法。

（三）事业单位基金种类

基金意指具有特定目的和用途的资金。因为事业单位的出资者不要求投资回报和投资收回，但要求按法律规定或出资者的意愿把资金用在指定的用途上，从而形成了基金。根据《事业单位会计准则》，事业单位基金一般包括：

1. 事业基金。事业基金，是指事业单位拥有的非限定性（无时间或用途限定）的净资产（非限定性固定基金除外），主要为历年滚存的非财政拨款结余资金。

2. 非流动资产基金。非流动资产基金，是指事业单位长期投资、固定资产、在建工程、无形资产占用的资金。

3. 专用基金。专用基金，是指事业单位按规定提取或者设置的具有限定用途的净资产，主要包括职工福利基金等。

二、事业基金的核算

(一) 事业基金的概念

事业基金，是指事业单位拥有的非限定用途的净资产，其来源为历年滚存的非财政补助结余资金。事业基金是一种最典型的非限定用途的净资产，可由事业单位自主调配使用。与净资产的其他组成部分相比，事业基金具有来源的多样性和用途的广泛性等特点。

设置事业基金是事业单位开展专业业务活动的客观需要。事业单位开展科教文卫体等专业业务活动及其辅助活动，必须拥有一定规模的事业基金。为了保障事业单位的业务活动在原有的规模上持续稳定地进行，需要补充维持事业基金；为了促进事业单位的业务活动在扩大的规模上进行，需要补充增加事业基金。事业基金是事业单位未限定用途的经济资源，在事业单位持续发展中起"蓄水池"的作用，用来调节年度之间的收支平衡。

关于事业基金应注意以下两点：一是从其来源看，事业基金主要是来自历年滚存的非财政补助结余资金；此外，还包括事业单位因对外投资直接划定的为事业基金部分。二是从其限定性看，事业基金是资产提供者对所提供资产或者资产的经济利益的使用和处置未提出任何限制条件而形成的净资产。

(二) 会计科目的设置

事业单位应设置"事业基金"科目核算事业单位拥有的非限定用途的净资产。贷方登记事业基金增加数；借方登记事业基金减少数；期末贷方余额，反映事业单位历年积存的非限定用途净资产的金额。

(三) 账务处理程序与方法

1. 长期投资基金。长期投资基金，即事业单位以货币资金对外长期投资直接划定的基金。

事业单位以货币资金取得长期股权投资、长期债权投资，按照实际支付的全部价款(包括购买价款以及税金、手续费等相关税费)作为投资成本，确认长期投资增加、银行存款减少的同时，确认长期投资基金的增加、事业基金减少。长期投资基金账务处理程序与方法，如图 4 - 1 所示。

【例 4 - 1】某事业单位发生长期国债投资业务及编制会计分录如下：

(1) 2 × 13 年 1 月 1 日，购买面值 500 000 元、期限 5 年、利率 8%、到期还本付息的国债一批，另支付相关税费 3 500 元，款项以货币资金付讫。

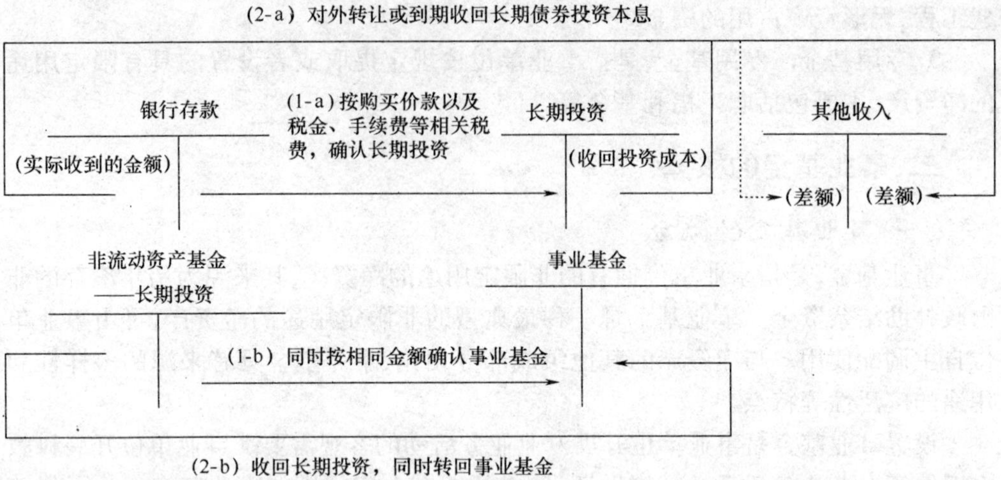

图 4-1　长期投资基金账务处理程序与方法

借:长期投资——债券投资　　503 500

　贷:银行存款　　503 500

同时，

借:事业基金　　503 500

　贷:非流动资产基金——长期投资　　503 500

(2)2×14 年 1 月 1 日对外转让国债面值的 40%，收回款项 220 000 元。

借:银行存款　　220 000

　贷:长期投资——债券投资　　201 400

　　其他收入　　18 600

同时,按照收回长期投资对应的非流动资产基金:

借:非流动资产基金——长期投资　　201 400

　贷:事业基金　　201 400

2. 非财政资金转入的事业基金。非财政资金转入的事业基金是指年末将“非财政补助结余分配”科目余额、留归本单位使用的非财政补助专项(项目已完成)剩余资金转入的事业基金。

年末,事业单位将“非财政补助结余分配”科目余额转入事业基金,借记或贷记“非财政补助结余分配”科目,贷记或借记“事业基金”科目。

年末,将留归本单位使用的非财政补助专项(项目已完成)剩余资金转入事业基金,借记“非财政补助结转——××项目”科目,贷记“事业基金”科目。

【例 4-2】2×13 年,某事业单位将非财政拨款结余资金 300 000 元转入事业基金。编制会计分录如下:

借:非财政拨款结余 300 000

贷:事业基金 300 000

【例4-3】某事业单位非财政补助专项活动已完成,年末将留归本单位使用的剩余资金50 000元转入事业基金。编制会计分录如下:

借:非财政补助结转——××项目 50 000

贷:事业基金 50 000

3. 调整以前年度结余事项。事业单位发生需要调整以前年度结余的事项,通过"事业基金"科目核算。调整增加以前年度结余的事项,借记有关科目,贷记"事业基金"科目;调整减少以前年度结余的事项,借记"事业基金"科目,贷记有关科目。国家另有规定的,从其规定。

【例4-4】2×13年3月20日,甲单位经有关部门审查,发现2×12年以下事项需要调整:

(1)2×12年经营结余少计30 000元。根据审批意见,编制会计分录如下:

借:事业支出——财政拨款支出——基本支出 30 000

贷:事业基金 30 000

(2)2×12年事业结余多计40 000元。

借:事业基金 40 000

贷:事业支出——财政拨款支出——基本支出 40 000

三、非流动资产基金的核算

(一)非流动资产基金的特点

非流动资产基金是指事业单位长期投资、固定资产、在建工程、无形资产等非流动资产占用的金额。其特点主要表现在以下方面:

1. 用途的限定性,属于限定用途的净资产。

2. 形成来源的广泛性,有拨款购建、自有资金购建固定资产形成,也有对外长期投资形成,还有融资租入、接受捐赠固定资产形成。

3. 非流动资产基金中的长期投资、固定资产、在建工程、无形资产等基金分别与其资产账户余额具有对等性。

(二)非流动资产基金确认

1. 长期投资以外非流动资产基金的形成。事业单位在取得固定资产、在建工程、无形资产等非流动资产或发生相关支出时,确认非流动资产基金增加;同时或待以后发生相关支出时,应确认事业支出增加、银行存款的减少;如果是以国库集中支付方式支付款项,在确认事业支出的同时,还应确认零余额账户用款额度减少或增加财政补助收入。

非流动资产基金确认账务处理程序与方法,如图4-2所示。

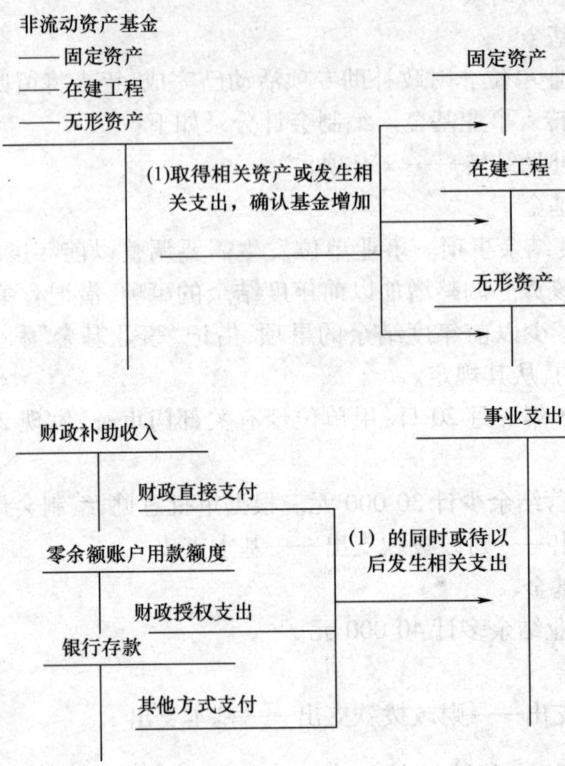

图 4－2　非流动资产基金确认账务处理程序与方法

【例 4－5】甲研究院为实行国库集中支付和政府采购制度的事业单位。2×13 年 3 月 6 日，甲研究院按政府采购程序与乙供货商签订一项购货合同，购买一台设备，合同金额 550 000 元，同时，收到乙供货商交付的设备和购货发票，发票注明的金额为 550 000 元，设备已验收入库。当日，甲单位向财政国库支付执行机构提交了“财政直接支付申请书”，向财政部门申请支付乙供货商货款，但尚未收到“财政直接支付入账通知书”。9 日，甲研究院收到代理银行转来的用于支付乙供货商货款的“财政直接支付入账通知书”，通知书中注明的金额为 550 000 万元。编制会计分录如下：

(1)6 日，确认固定资产和应付账款增加。

借：固定资产　　550 000

　贷：应付账款　　550 000

(2)9 日，确认事业支出和财政补助收入。

借：事业支出　　550 000

　贷：财政补助收入　　550 000

借:应付账款　550 000
　贷:非流动资产基金——固定资产　550 000

【例4－6】2×13年5月10日,某事业单位购买一项专利权,价款200 000元,其中通过财政直接支付180 000元,非财政资金支付20 000元。编制会计分录如下:

借:事业支出　200 000
　贷:财政补助收入　180 000
　　银行存款　20 000

同时,

借:无形资产　200 000
　贷:非流动资产基金——无形资产　200 000

2. 固定资产、无形资产对外投资确认非流动资产基金。事业单位以固定资产、无形资产对外投资,按照评估价值加上相关税费作为投资成本,确认长期投资增加的同时,确认非流动资产基金(投资基金)增加;同时,将固定资产、无形资产、累计折旧、累计摊销以及与投出固定资产、无形资产所对应的非流动资产基金予以核销。

以固定资产、无形资产对外投资时,非流动资产基金账务处理程序与方法,如图4－3所示。

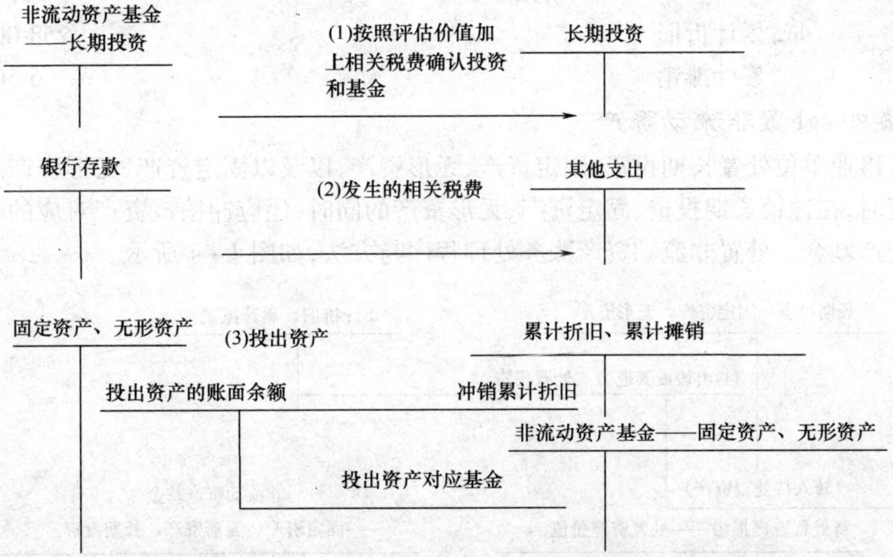

图4－3　固定资产、无形资产对外投资账务处理程序与方法

【例4－7】2×13年4月,某事业单位以一项固定资产对外投资,该项固定资产的账面原价为160 000元,已提折旧20 000元,该固定资产的评估价为150 000元,发生相关税费5 000元,均以银行存款支付。编制会计分录如下:

(1)确认长期投资和投资基金:

借:长期投资——股权投资　155 000

　贷:非流动资产基金——长期投资　155 000

(2)冲销固定资产、累计折旧和固定资产基金:

借:非流动资产基金——固定资产　140 000

　累计折旧　20 000

　贷:固定资产　160 000

(3)支付相关税费:

借:事业支出　5 000

　贷:银行存款　5 000

(三)非流动资产折旧或摊销

事业单位计提固定资产折旧、无形资产摊销时,按照计提的折旧、摊销金额,借记"非流动资产基金——固定资产、无形资产"科目,贷记"累计折旧""累计摊销"科目。

【例4-8】2×13年5月份,某事业单位计提固定资产折旧258 000元,摊销无形资产6 500元。编制会计分录如下:

借:非流动资产基金——固定资产　258 000

　　　　　　　　——无形资产　6 500

　贷:累计折旧　258 000

　　累计摊销　6 500

(四)处置非流动资产

事业单位处置长期投资、固定资产、无形资产,以及以固定资产、无形资产对外投资时,在冲销长期投资、固定资产、无形资产的同时,还应冲销该资产对应的非流动资产基金。处置非流动资产账务处理程序与方法,如图4-4所示。

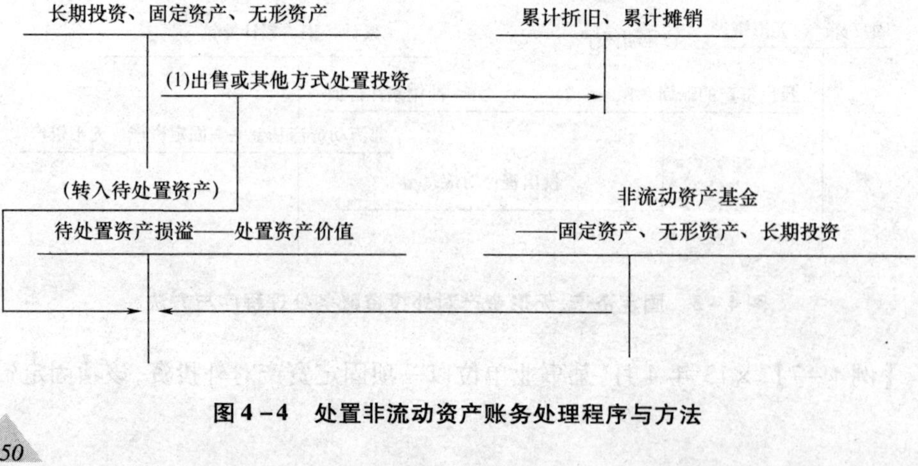

图4-4　处置非流动资产账务处理程序与方法

【例4-9】某事业单位出售一项无形资产，该项资产的账面原价为360 000元，累计折旧120 000元，取得出售资产价款250 000元存入银行。编制会计分录如下：

(1)将无形资产转入待处置资产：

借：待处置资产损溢——处置资产价值 240 000

累计摊销 120 000

贷：无形资产 360 000

(2)实际处置无形资产

借：非流动资产基金——无形资产 240 000

贷：待处置资产损溢——处置资产价值 240 000

(3)收到价款：

借：银行存款 250 000

贷：待处置资产损溢——处置净收入 250 000

四、专用基金的核算

(一)专用基金概述

1.专用基金的概念。专用基金是指事业单位按规定设置、提取的具有专门用途的净资产，如职工福利基金等。事业单位资金的类型多样，其管理要求也不完全相同。在开展业务运营过程中，既有用于正常支出所需要的资金，也有其支出范围及额度受到严格限制，或需要必要积累，以满足某方面需要的资金。这部分资金就是专用基金。各项基金的提取比例和管理办法，国家有统一规定的，按照统一规定执行；没有统一规定的，由省(自治区、直辖市)主管部门(或举办单位)会同同级财政部门确定。专用基金要专款专用，不得擅自改变用途。

2.专用基金的内容

(1)修购基金，即按照事业收入和经营收入的一定比例提取，并按照规定在相应的购置和修缮科目中列支(各列50%)，以及按照其他规定转入，用于事业单位固定资产维修和购置的资金。事业收入和经营收入较少的事业单位可以不提取修购基金，实行固定资产折旧的事业单位不提取修购基金。

(2)职工福利基金，即按照结余一定比例提取转入，用于单位职工的集体福利设施、集体福利待遇等的资金。

(3)其他基金，即按照其他有关规定提取或者设置的专用资金。

3.专用基金的特点。专用基金与事业单位正常业务资金相比有以下特点：①专用基金的形成均有特定渠道。专用基金不仅有专门用途，而且是从特定来源形成的。各项基金的提取比例和管理办法，国家有统一规定的，按照统一规定执行；没有统一规定的，由省(自治区、直辖市)主管部门(或举办单位)会同同级财政部门确定。②各项专用基金,都规定有专门的用途和使用范围,除财务制度规定可以合并使用外,专用基金一般不得互相占用、挪用。③专用基金的使用,均属于一次性消耗,没有循环周转,不可能通过专用基金支出直接取得补偿。

4. 专用基金管理原则。专用基金管理应当遵循先提后用、收支平衡、专款专用的原则,支出不得超出基金规模。具体管理时要做到:①提取按比例。按照《事业单位财务规则》的规定,各项专用基金的提取比例,国家有统一规定的,按照统一规定执行;没有统一规定的,由主管部门会同同级财政部门确定。②支出按规定。事业单位各项专用基金,都规定有专门的用途,在使用中要注意划清各项专用基金的界限。对于专用基金发生临时占用的,要注意及时还清。③收支有计划。事业单位对各项专用基金,要编制收支计划。安排的支出项目要以专用基金来源为依据,注意专用基金的积累。

为了反映专用基金增减变动情况,事业单位应设置"专用基金"科目,核算事业单位按规定提取或者设置的具有专门用途的净资产。该科目贷方登记专用基金提取、拨入、转入的增加数;借方登记专用基金的支出、转出的减少数;期末贷方余额,反映事业单位专门基金余额。其明细账应按照基金类别设置并进行明细分类核算。

(二)专用基金的确认与计量

1. 修购基金提取与使用。修购基金是用于固定资产的维修和购置,从支出的均衡性出发,从事业支出和经营支出的设备购置费与修缮费中,各提取50%。

修购基金提取额 =(事业收入 × 提取率)+(经营收入 × 提取率)

修购基金的提取时间,可按年一次提取或按月分别提取。从加强核算和有利于管理考虑,事业单位应按月提取。事业单位按事业收入或经营收入一定比例提取修购基金时,借记"事业支出""经营支出"科目,贷记"专用基金——修购基金"科目。

事业单位按规定使用专用基金时,借记"专用基金——修购基金"科目,贷记"银行存款"等科目;使用专用基金形成固定资产的,还应借记"固定资产"科目,贷记"非流动资产基金——固定资产"科目。

【例4-10】甲事业单位2×13年发生专用基金相关业务及编制会计分录如下:

(1)以银行存款支付设备维修费3 500元。

借:专用基金——修购基金　　3 500

　　贷:银行存款　　3 500

(2)该单位不计提固定资产折旧,2×13年事业收入8 000 000元,经营收入4 000 000元,提取修购基金为事业收入和经营收入的50%。计提修购基金。

修购基金提取额 =(8 000 000 × 50%)+(4 000 000 × 50%)= 600 000(元)

借：事业支出——财政拨款支出——基本支出　　400 000
　　　　　　　　　　　　　——经营支出　　200 000
　贷：专用基金——修购基金　　600 000

(3)该单位动用修购基金购置设备一台，价值 20 000 元，以银行存款支付。

①使用专用基金支付设备款。

借：专用基金——修购基金　　20 000
　贷：银行存款　　20 000

②确认设备。

借：固定资产　　20 000
　贷：非流动资产基金——固定资产　　20 000

2. 职工福利基金提取与使用。职工福利基金的使用范围主要包括：集体福利设施建设支出；对后勤服务部门的补助，如单位职工浴室、理发室、幼儿园以及后勤部门人员工资和各项支出，收支相抵后的差额部分，可用职工福利基金补助；单位职工食堂补助；单位职工公费医疗支出超支部分按规定应由单位负担的费用等。

年末，事业单位按规定从本年度非财政拨款结余中计提职工福利基金的，借记"非财政拨款结余——提取职工福利基金"科目，贷记"专用基金——职工福利基金"科目。

使用职工福利基金的会计处理方法，同修购基金。

【例 4－11】某事业单位 2×13 年实现非财政拨款事业结余 400 000 元、经营结余 600 000 元，已转入非财政补助结余分配。该单位按经营结余的 25% 计提所得税，按当年非财政拨款事业结余和缴纳所得税以后的经营结余的 10% 提取职工福利基金。编制会计分录如下：

(1)确认应缴企业所得税：

应缴所得税 = 600 000 × 25% = 150 000(元)

借：非财政拨款结余分配　　150 000
　贷：应缴税费——应缴企业所得税　　150 000

(2)确认职工福利基金：

提取的职工福利基金 = (400 000 + 600 000 − 150 000) × 10% = 85 000(元)

借：非财政拨款结余分配——提取职工福利基金　　85 000
　贷：专用基金——职工福利基金　　85 000

【例 4－12】某事业单位为职工购置健身器一批价值 15 000 元，作为固定资产入账。款项以转账支票付讫。编制会计分录如下：

借：专用基金——职工福利基金　　15 000
　贷：银行存款　　15 000

同时，

借:固定资产——通用设备　　15 000

　贷:非流动资产基金——固定资产　　15 000

3. 其他专用基金提取与使用。事业单位若有按规定提取的其他专用基金,按照提取金额,借记有关支出科目或"非财政补助结余分配"等科目,贷记"专用基金"科目。

若有按规定设置的其他专用基金,按照实际收到的基金金额,借记"银行存款"等科目,贷记"专用基金"科目。

第三节　资金结转与结余

一、资金结转与结余概述

(一)资金结转的概念、内容

1. 资金结转的概念。结转资金是指当年预算已执行但未完成,或者因故未执行,下一年度需要按照原用途继续使用的资金。按形成时间,资金结转分为当年资金结转和累计资金结转,当年结转是指当年形成的财政拨款结转;累计结转是指截止到年底形成的历年累计财政拨款结转资金。按结转资金来源,资金结转分为基本支出结转资金和项目支出结转资金。其中基本支出结转资金包括人员经费结转资金和日常公用经费结转资金。

2. 资金结转的内容。按照结转资金的性质不同,事业单位资金结转分为:

(1)财政补助结转,是指事业单位滚存的财政补助结转资金,包括基本支出结转和项目支出结转。

基本支出结转资金原则上结转下年继续使用,用于增人增编等人员经费和日常公用经费支出,但在人员经费和日常公用经费间不得挪用,不得用于提高人员经费开支标准。项目支出结转资金结转下年按原用途继续使用。

(2)非财政补助结转,是指事业单位除财政补助收支以外的各专项资金收入与其相关支出相抵后剩余滚存的、须按规定用途使用的结转资金。

(二)结余概念、分类及管理要求

1. 结余概念。结余即结余资金,其概念有广义、狭义之分,广义讲,结余是事业单位全部收入与全部支出相抵后的余额,也就是当年预算工作目标已完成,或者因故终止,当年剩余的资金。具体来说,事业单位结余既有在完成事业计划的前提下因节约开支而形成的收支结余,也有因事业计划未完成或项目需跨年度进行而要结转下年度使用的资金结存。由于事业单位的业务活动不以营利为目的,其结余形成的原因主要是增收节支或工作任务调整的结果。狭义讲,结余资金一般具体指财政补助结余、事业结余和经营结余。

2. 结余分类

(1)按结余资金性质,可将结余分为:①财政补助结余,是指事业单位滚存的财政补助项目支出结余资金。②事业结余,是指事业单位一定期间除财政补助收支、非财政专项资金收支和经营收支以外各项收支相抵后的余额。③经营结余,是指事业单位一定期间各项经营收支相抵后余额弥补以前年度经营亏损后的余额。

(2)按结余资金来源分类,可将结余分为:①基本支出结余,是指事业单位在年度终了尚未支用的基本支出;②项目支出结余,是指事业单位在年度终了尚未支用的项目支出。

其中:项目支出结余可进一步分为:①项目当年已完成形成的结余;②由于受政策变化、计划调整等因素影响,项目中止或撤销形成的结余;③项目当年已执行但尚未完成而形成的结余(包括项目需跨年度执行,但项目支出预算已一次性安排而形成的结余);④项目因故当年未执行,需要推迟到下年执行形成的结余。

(3)按结余资金计算期间分类,可将结余分为:①当年结余是指在本年度内收入与支出相抵后的余额;②累计结余,是指以前年度累计结余与当年结余之和。

3. 结余核算要求

(1)事业单位计算各项结余前,要对单位全年收支活动进行全面的清查、核对、整理和结算。凡属本年度的各项收入,都要按照规定的类别及时入账;凡属本年度的各项支出,都要按照规定的开支渠道和标准列支。要准确计算和如实反映单位全年收支情况。

(2)事业单位在计算结余时,要根据国家有关规定和要求,对不同性质的结余,如财政补助结余(按基本支出结余和项目支出结余分别计算)、事业结余和其他收入结余等要分别计算,避免相互混淆。

(三)与财政补助结转、结余相关的会计科目

事业单位资金来源渠道较多,其性质也不完全相同,除财政资金外,还有大量非财政资金。因此,按照《事业单位会计制度》规定应分别设置“财政补助结转”和“财政补助结余”两个会计科目。

1.“财政补助结转”科目。为了反映财政拨款结转结余增减变动情况,事业单位应设置“财政补助结转”科目,核算事业单位滚存的财政补助结转资金,包括基本支出结转和项目支出结转。该科目贷方登记事业结余转入数;借方登记上缴或注销数;期末贷方余额,反映事业单位财政拨款结转数额。

“财政补助结转”科目应当设置“基本支出结转”“项目支出结转”两个明细科目,并在“基本支出结转”明细科目下按照“人员经费”“日常公用经费”进行明细核算,在“项目支出结转”明细科目下按照具体项目进行明细核算;该科目还应按照《政府收支分类科目》中“支出功能分类科目”的相关科目进行明细核算。

2.“财政补助结余”科目。为了反映财政补助结余增减变动情况,事业单位应

设置“财政补助结余”科目。该科目属于净资产类科目,其贷方登记期末或年末转入数;借方登记上缴或注销数。期末贷方余额,反映事业单位财政补助结余资金数额。

事业单位应当按照《政府收支分类科目》中“支出功能分类科目”的相关科目进行明细核算。

二、财政补助结转与结余的核算程序

(一)财政补助结转

财政补助结转核算程序如下:

1. 期末,将财政补助收入本期发生额结转入“财政补助结转”科目,借记“财政补助收入——基本支出、项目支出”科目,贷记“财政补助结转——基本支出结转、项目支出结转”科目;将“事业支出——财政补助支出”本期发生额结转入“财政补助结转”科目,借记“财政补助结转——基本支出结转、项目支出结转”科目,贷记“事业支出——财政补助支出(基本支出、项目支出)”或“事业支出——基本支出(财政补助支出)、项目支出(财政补助支出)”科目。

2. 年末,完成上述1结转后,应当对财政补助各明细项目执行情况进行分析,按照有关规定将符合财政补助结余性质的项目余额转入财政补助结余,借记或贷记“财政补助结转——项目支出结转——××项目”科目,贷记或借记“财政补助结余”科目。

3. 按规定上缴财政补助结转资金或注销财政补助结转额度的,按照实际上缴资金数额或注销的资金额度数额,借记“财政补助结转”科目,贷记“财政应返还额度”“零余额账户用款额度”“银行存款”等科目。取得主管部门归集调入财政补助结转资金或额度的,做相反会计分录。

(二)财政补助结余

财政补助结余核算程序如下:

年末,事业单位对财政补助各明细项目执行情况进行分析,按照有关规定将符合财政补助结余性质的项目余额转入财政补助结余,借记或贷记“财政补助结转——项目支出结转(××项目)”科目,贷记或借记“财政补助结余”科目。

事业单位按规定上缴财政补助结余资金或注销财政补助结余额度的,按照实际上缴资金数额或注销的资金额度数额,借记“财政补助结余”科目,贷记“财政应返还额度”“零余额账户用款额度”“银行存款”等科目。取得主管部门归集调入财政补助结余资金或额度的,做相反会计分录。

财政补助结转、结余核算程序与方法,如图4-5所示。

【例4-13】某事业单位2×13年12月31日,财政补助结转业务内容(如表4-1)及其编制会计分录如下:

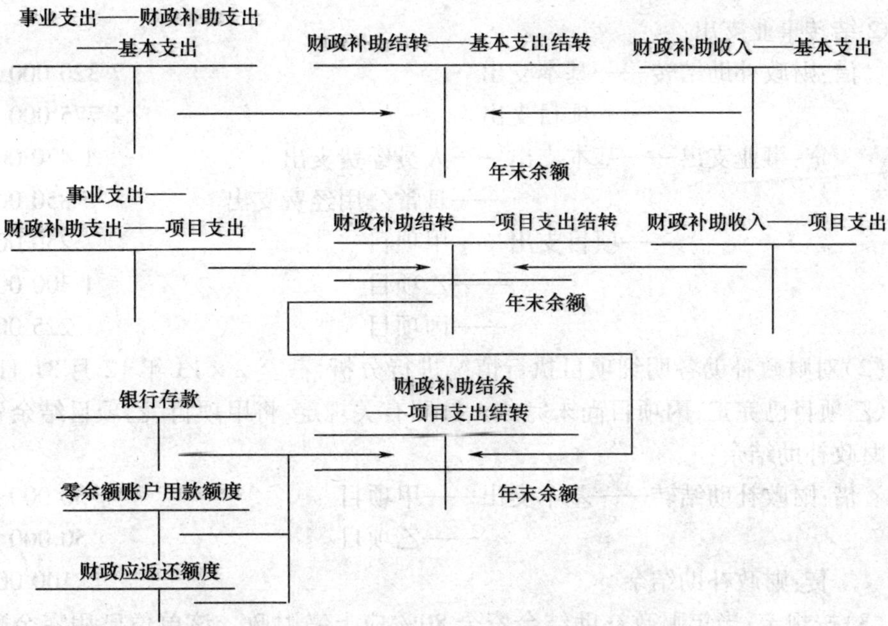

图 4－5　财政补助结转、结余核算程序与方法

(1)结转财政补助收入和事业支出:

表 4－1　财政补助结转业务内容　　金额单位:万元

财政补助收入					事业支出				
基本支出		项目支出			基本支出		项目支出		
人员经费支出	日常公用经费支出	甲项目	乙项目	丙项目	人员经费支出	日常公用经费支出	甲项目	乙项目	丙项目
150	540	30	135	22.5	147	585	25	130	22.5
690		187.5			732		177.5		

①结转财政补助收入:

借:财政补助收入——基本支出——人员经费支出　　1 500 000
　　　　　　　　　　　　　——日常公用经费支出　　5 400 000
　　　　　　　——项目支出——甲项目　　300 000
　　　　　　　　　　　　　——乙项目　　1 350 000
　　　　　　　　　　　　　——丙项目　　225 000
贷:财政补助结转——基本支出　　6 900 000

——项目支出　1 875 000

②结转事业支出：

借：财政补助结转——基本支出　7 320 000

——项目支出　1 775 000

贷：事业支出——基本支出——人员经费支出　1 470 000

——日常公用经费支出　5 850 000

——项目支出——甲项目　250 000

——乙项目　1 300 000

——丙项目　225 000

(2)对财政补助各明细项目执行情况进行分析，截至2×13年12月31日，甲项目、乙项目已完工，丙项目尚未完成。按照有关规定，将甲项目、乙项目结余资金转入财政补助结余：

借：财政补助结转——基本支出——甲项目　50 000

——乙项目　50 000

贷：财政补助结余　100 000

(3)按规定，当年财政补助结余资金80%应上缴财政。该单位已用零余额账户上缴。

借：财政补助结余　80 000

贷：零余额账户用款额度　80 000

需要说明的是，事业单位发生需要调整以前年度财政补助结转的事项，通过"财政补助结转"科目核算。

三、非财政拨款结转与结余的核算

(一)非财政拨款结转

1. 非财政拨款结转的概念。非财政拨款结转，是指事业单位除财政补助收支以外的各专项资金收入与其相关支出相抵后剩余滚存的、须按规定用途使用的结转资金。

为了反映非财政拨款结转结余增减变动情况，事业单位应设置"非财政拨款结转"科目，核算事业单位历年滚存的财政拨款结转和结余资金。"非财政补助结转"科目贷方登记非财政补助专项资金收入转入数；借方登记上缴或注销非财政补助专项资金收入数；期末贷方余额，反映事业单位非财政补助专项结转资金数额。

"非财政补助结转"科目应当按照非财政专项资金的具体项目进行明细核算。

2. 非财政拨款结转程序。期末，将事业收入、上级补助收入、附属单位上缴收入、其他收入本期发生额中的专项资金收入以及事业支出、其他支出本期发生额中的非财政专项资金支出结转入非财政补助结转。结转后，应当对非财政补助专项结转资金各项目情况进行分析，将已完成项目的项目剩余资金缴回原专项资金拨入单位的，从非财政补助结转中转出；留归本单位使用的，计入事业基金。非财政拨款结转程序与方法，如图 4－6 所示。

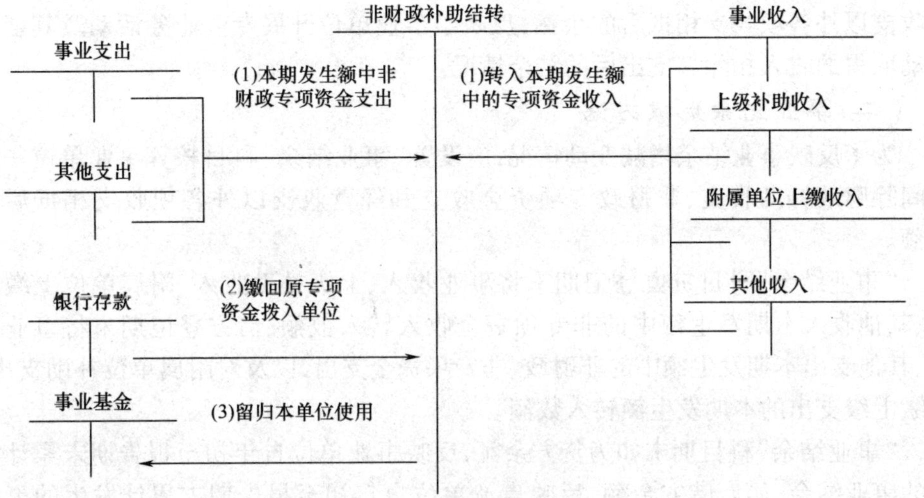

图 4－6　非财政拨款结转程序与方法

【例 4－14】某事业单位 2×13 年度上级补助科教研究项目收入 5 800 000 元，该项目支出 4 200 000 元，该科教项目研究已完成，结余资金 1 600 000 元。按照科教研究项目合同约定，结余资金的 60% 缴回上级单位，其余部分留归该事业单位。编制会计分录如下：

(1)结转上级补助科教项目收支：

借：上级补助收入　　5 800 000

　贷：非财政补助结转　　5 800 000

借：非财政补助结转　　4 200 000

　贷：上级补助支出　　4 200 000

(2)将结余资金缴回上级单位：

借：非财政补助结转　　960 000

　贷：银行存款　　960 000

(3)结余资金留归本单位：

借：非财政补助结转　　640 000

　贷：事业基金　　640 000

需要说明的是，事业单位发生需要调整以前年度非财政补助结转的事项，通过“非财政补助结转”科目核算。

四、事业结余

(一)事业结余的概念

事业结余,是指事业单位一定期间除财政补助收支、非财政专项资金收支和经营收支以外各项收支相抵后的余额,反映了事业单位开展专业业务活动及其辅助活动取得的收入扣除其支出后的结余情况。

(二)事业结余形成方法

为了反映事业结余增减变动情况,应设置"事业结余"科目核算事业单位一定期间除财政补助收支、非财政专项资金收支和经营收支以外各项收支相抵后的余额。

"事业结余"科目贷方登记期末将事业收入、上级补助收入、附属单位上缴收入、其他收入本期发生额中的非专项资金收入转入数额;借方登记期末将事业支出、其他支出本期发生额中的非财政、非专项资金支出,以及对附属单位补助支出、上缴上级支出的本期发生额转入数额。

"事业结余"科目期末如为贷方余额,反映事业单位自年初至报告期末累计实现的事业结余;如为借方余额,反映事业单位自年初至报告期末累计发生的事业亏损。

年末将"事业结余"科目余额转入"非财政补助结余分配"科目后,"事业结余"科目应无余额。

"事业结余"科目期末具体结转方法如下:

1. 期末,将事业收入、上级补助收入、附属单位上缴收入、其他收入本期发生额中的非专项资金收入结转入"事业结余"科目,借记"事业收入""上级补助收入""附属单位上缴收入""其他收入"科目下各非专项资金收入明细科目,贷记"事业结余"科目;将事业支出、其他支出本期发生额中的非财政、非专项资金支出,以及对附属单位补助支出、上缴上级支出的本期发生额结转入"事业结余"科目,借记"事业结余"科目,贷记"事业支出——其他资金支出"或"事业支出——基本支出(其他资金支出)、项目支出(其他资金支出)"科目、"其他支出"科目下各非专项资金支出明细科目、"对附属单位补助支出""上缴上级支出"科目。

2. 年末,完成上述1结转后,将"事业结余"科目余额结转入"非财政补助结余分配"科目,借记或贷记"事业结余"科目,贷记或借记"非财政补助结余分配"科目。

上述事业结余结转程序与方法,如图4-7所示。

说明:

①"事业支出"转入"事业结余"具体内容:"事业支出——其他资金支出""事业支出——基本支出(其他资金支出)""事业支出——项目支出(其他资金支

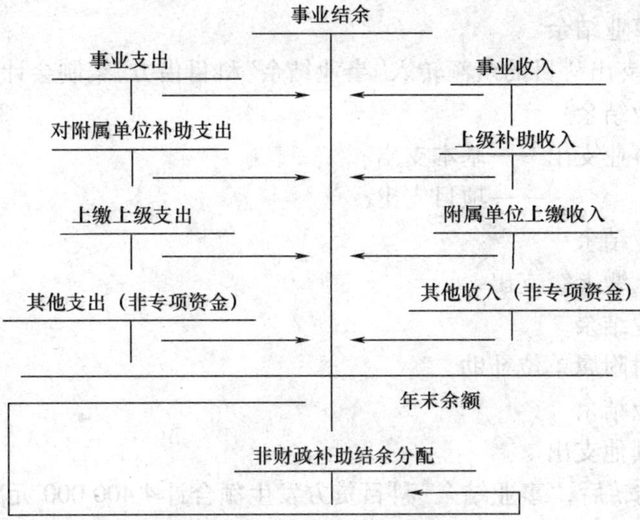

图4－7　事业结余结转程序与方法

出）”。

②年末，“事业结余”科目借方余额应转入“非财政补助结余分配”科目借方。

【例4－15】2×13年1月至11月“事业结余”科目贷方余额累计数额为3 200 000元，2×13年12月份事业收支各科目余额如表4－2所示。

表4－2　事业收支科目余额表　　金额单位：元

科目名称		借方余额	科目名称	贷方余额
事业支出	基本支出	2 340 000	事业收入	3 800 000
	项目支出	1 160 000		
上缴上级支出		200 000	上级补助收入	200 000
对附属单位补助		100 000	附属单位上缴收入	300 000
其他支出（非专项资金）		50 000	其他收入（非专项资金）	100 000

（1）将上述收入科目的余额转入“事业结余”科目贷方，编制会计分录如下：

借：事业收入　　3 800 000

　贷：事业结余　　3 800 000

借：上级补助收入　　200 000

　贷：事业结余　　200 000

借：附属单位上缴收入　　300 000

　贷：事业结余　　300 000

借:其他收入　　100 000
　贷:事业结余　　100 000

(2)将上述支出科目的余额转入“事业结余”科目借方,编制会计分录如下:

借:事业结余　　3 500 000
　贷:事业支出——基本支出　　2 340 000
　　　　　　——项目支出　　1 160 000

借:事业结余　　200 000
　贷:上缴上级支出　　200 000

借:事业结余　　100 000
　贷:对附属单位补助　　100 000

借:事业结余　　50 000
　贷:其他支出　　50 000

经过上述结转后,“事业结余”科目贷方发生额合计 4 400 000 元减去借方发生额合计 3 850 000 元即为 2×13 年 12 月事业结余 550 000 元。

2×13 年该事业单位全年“事业结余”余额为 3 750 000(3 200 000 + 550 000)元。

(3)年末,“事业结余”科目借方余额应转入“非财政补助结余分配”科目借方。

借:事业结余　　3 750 000
　贷:非财政补助结余分配　　3 750 000

五、经营结余

(一)经营结余概念

经营结余,是指事业单位本期经营收入减去经营支出后的差额。当事业单位年度经营收入大于其经营支出时,其差额表现为当年的经营收支余额;反之,当事业单位年度经营收入小于其经营支出时,其差额表现为当年的经营亏损。

经营结余反映事业单位在一定期间从事经营活动的最终成果,也反映了事业单位管理者从事经营活动对公共资源受托责任的履行情况,通过经营结余还可以反映管理者工作业绩和经营效率。

(二)经营结转结余的形成与结转

为了反映经营结余增减变动情况,应设置“经营结余”科目核算事业单位一定期间各项经营收支相抵后余额弥补以前年度经营亏损后的余额。该科目贷方登记期末转入的经营收入,借方登记期末转入的经营支出。

“经营结余”科目期末如为贷方余额,反映事业单位自年初至报告期末累计实现的经营结余弥补以前年度经营亏损后的经营结余;如为借方余额,反映事业单位截至报告期末累计发生的经营亏损。

“经营结余”科目期末贷方余额转入“非财政补助结余分配”科目；期末借方余额，为经营亏损，不予结转。

“经营结余”科目期末具体结转方法如下：

1. 期末，将经营收入本期发生额结转入“经营结余”科目，借记“经营收入”科目，贷记“经营结余”科目；将经营支出本期发生额结转入“经营结余”科目，借记“经营结余”科目，贷记“经营支出”科目。

2. 年末，完成上述1结转后，如“经营结余”科目为贷方余额，将“经营结余”科目余额结转入“非财政补助结余分配”科目，借记“经营结余”科目，贷记“非财政补助结余分配”科目；如“经营结余”科目为借方余额，为经营亏损，不予结转。

上述结转过程如图4－8所示。

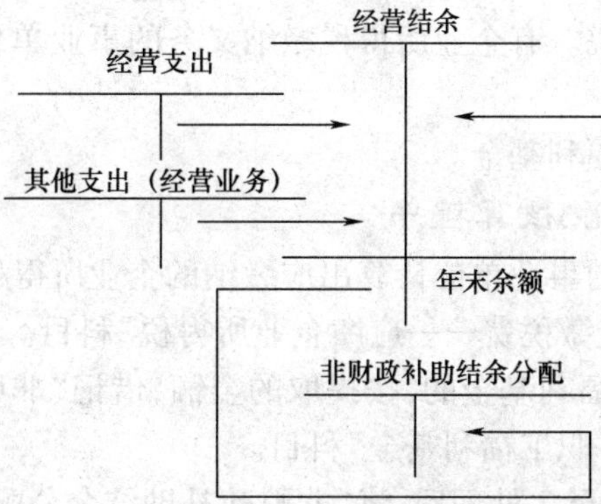

图4－8　经营结转结余形成、结转程序与方法

【例4－16】2×13年1月至11月“经营结余”科目借方余额35 000元。该年12月份“经营收入”科目贷方发生额168 000元，“经营支出”科目借方发生额108 000元，“其他支出（经营业务）”借方发生额5 000元。12月末，编制会计分录如下：

（1）结转经营收入：

借：经营收入	168 000	
贷：经营结余		168 000

（2）结转支出：

借：经营结余	108 000	
贷：经营支出		108 000
借：经营结余	5 000	
贷：其他支出		5 000

（3）计算年度经营损益并将其转入非财政拨款结转：

年度经营损益＝－35 000＋（168 000－108 000－5 000）＝90 000（元）

借:经营结余　　90 000
　　贷:非财政补助结余分配　　90 000

六、非财政补助结余分配

(一)非财政补助结余分配规定

根据《事业单位财务规则》的规定,非财政拨款结余可以按照国家有关规定提取职工福利基金,剩余部分作为事业基金用于弥补以后年度单位收支差额;国家另有规定的,从其规定。

(二)非财政补助结余分配程序

1. 非财政补助结余分配基本内容。事业单位通过"事业结余""经营结余"科目计算非财政补助结余。

2. 计算应缴纳的企业所得税。有企业所得税缴纳义务的事业单位应计算应缴纳的企业所得税。

3. 按照有关规定提取职工福利基金。

(三)非财政补助结余分配核算程序

1. 有企业所得税缴纳义务的事业单位计算出应缴纳的企业所得税,借记"非财政补助结余分配"科目,贷记"应缴税费——应缴企业所得税"科目。

2. 按照有关规定提取职工福利基金的,按提取的金额,借记"非财政补助结余分配"科目,贷记"专用基金——职工福利基金"科目。

3. 年末,按规定完成上述1至2处理后,将"非财政补助结余分配"科目余额结转入事业基金,借记或贷记"非财政补助结余分配"科目,贷记或借记"事业基金"科目。

【例4-17】承例【4-15】、【例4-16】。按照规定,该事业单位事业结余、经营结余均应依法缴纳企业所得税,适用税率为25%。编制会计分录如下:

(1)确认应缴所得税:

应缴所得税 =(3 750 000 + 90 000)×25% = 960 000(元)

借:非财政补助结余分配　　960 000
　　贷:应缴税费——应缴企业所得税　　960 000

(2)将"非财政补助结余分配"科目余额结转入事业基金:

借:非财政补助结余分配　　2 880 000
　　贷:事业基金　　2 880 000

第五章 收入的核算

第一节 收入概述

一、收入的概念

收入是指事业单位开展业务及其他活动依法取得的非偿还性资金。

在事业单位的所有收入中,有来自政府拨款的财政补助收入,有来自提供专业服务(如教育、文化、医疗、科技等)取得的收入,有来自专业业务活动及其辅助活动之外开展非独立核算经营活动取得的产品销售或劳务的提供方面的经营性收入,还有来自于与单位运营活动无直接关系的收入,如押金收入、捐赠收入等。广义地理解收入,所有使事业单位净资产增加的部分都是收入。很明显,上述政府拨款、专业业务活动、经营活动以及与事业或经营无直接关系的收入,都属于收入范畴。狭义地理解收入,则仅指来自事业单位专业业务活动及其辅助活动收入。可见,《事业单位会计准则》中的收入概念是指广义的收入。

二、收入特征

第一,与企业收入相比,事业单位收入呈现非生产性、依法性和形式或渠道的多样性[①]。

事业单位一般不直接从事物质资料生产、交通运输和商品流通的活动,其活动领域主要是教育、科技、文化和医疗等非物质生产领域,所从事的活动具有非生产性特点,因此,其开展业务活动的费用消耗,需要从财政部门获得财政补助收入,从主管部门或上级单位获得上级补助收入予以补偿;事业单位还可以通过开展有偿服务活动和生产经营活动获得事业收入和经营收入,补偿业务活动的费用消耗。

事业单位取得收入,必须符合国家有关法律、法规和规章制度的规定。比如,财政补助收入,事业单位必须按照国家有关规定,经过法定程序报批后,方可取得;

① 财政部《事业单位财务规则讲座》编写组:《事业单位财务规则讲座》,测绘出版社,1996 年版,第 36 页。

事业收入,其项目和标准必须按照规定程序经过政府有关部门的批准后,才能向服务对象收取。

事业单位收入来源的形式和渠道是多种多样的,既有财政补助收入,也有上级补助收入、事业收入、经营收入、附属单位上缴收入、投资收益、利息收入、捐赠收入等。

第二,收入对财务状况、业务成果影响的特点

其一,收入将引起资产增加或者负债减少(或者两者兼而有之),并最终将导致事业单位经济利益或服务潜力的增加。这里所指的“经济利益”是指现金或者最终能转化为现金的非现金资产;“服务潜力”是指从事宗旨或章程所规定的活动,向公众、会员或其他受益人、委托人提供所需产品或服务的能力。

其二,收入将导致本期净资产的增加。事业单位取得收入一定会增加本期净资产。需要说明的是,这里所指的仅是收入本身对净资产的影响。收入扣除相关成本费用后的净额可能会引起净资产的增加,也可能会引起净资产的减少。收入必须同时满足上述两个特征,否则,不能作为收入核算。

其三,收入是非偿还性资金。事业单位取得的各项收入,是不需要偿还的,可以安排用于开展业务活动及其他活动。事业单位取得的需要偿还的资金,不应确认为收入,应当作为负债处理。

事业单位应当按照收入的概念和特征,对实务中遇到的具体情况进行分析,判断某项所得或资源流入是否属于收入的范畴。

三、收入的分类

事业单位类型复杂,收入的项目较多,涉及的范围广泛。为了便于核算、分析与研究,进一步加强收入的管理与核算,必须对收入进行科学分类。

(一)按收入来源分类

1. 财政补助收入。财政补助收入是指事业单位从同级财政部门取得的各类财政拨款,包括基本支出补助和项目支出补助。

2. 事业收入。事业收入是指事业单位开展专业业务活动及其辅助活动取得的收入。

3. 上级补助收入。上级补助收入是指事业单位从主管部门和上级单位取得的非财政补助收入。

4. 附属单位上缴收入。附属单位上缴收入是指事业单位附属独立核算单位按照有关规定上缴的收入。

5. 经营收入。经营收入是指事业单位在专业业务活动及其辅助活动之外开展非独立核算经营活动取得的收入。

6. 其他收入。其他收入是指财政补助收入、事业收入、上级补助收入、附属

单位上缴收入和经营收入以外的各项收入,包括投资收益、利息收入、捐赠收入等。

(二)按收入等价交换原则关系分类

1. 交换交易收入。交换交易收入是指事业单位按照等价交换原则取得的收入,如商品销售收入、提供服务收入等。在交换中,事业单位接受资产或服务,或清偿负债,并直接给予交易另一方近乎相等的价值,如库存现金、银行存款、商品、服务等。

2. 非交换交易收入。非交换交易收入是指事业单位不是按照等价交换原则而是无偿取得的收入,如事业单位收到的捐赠收入、政府补助收入等。在非交换交易中,事业单位收到资源但不直接支付任何或仅支付名义对价作为回报。

(三)按收入与其专业活动关系分类

1. 专业活动收入。由事业单位的基本业务活动所取得的收入称为专业活动收入。专业活动收入在事业单位的收入中占有较大的比重,直接影响着其经济效益。主要业务活动收入的范围随着事业单位性质的不同而不同。在事业单位,专业活动收入主要指药品、医疗服务收入,在高校则主要指学杂费收入、培训收入等。

2. 其他收入,是指事业单位除专业活动以外的其他业务活动所取得的收入,如固定资产处置净收入、无形资产处置净收入等。这些业务收入的重要性与专业活动收入相比,相对地居于次要地位。

(四)按收入存在限定与否分类

1. 非限定性收入。非限定性收入,是指资金使用不受限制和制约而取得的收入。

2. 限定性收入。限定性收入,是指资金使用受到资金提供者所附条件的限制而取得的收入。

(五)按收入取得是否经过业务活动过程分类

1. 自创收入。自创收入是指事业单位通过提供产品或劳务以及开展对外投资而取得的收入。

2. 非自创性收入。非自创性收入是指事业单位接受政府拨款和社会捐赠而取得的收入。

此外,收入还可分为服务性收入、补偿性收入和商品性收入等,其中:

服务性收入,是指事业单位为社会生产和人民生活服务所取得的收入。主要包括公园、博物馆、美术馆、展览馆、纪念馆等各种参观门票收入;医疗门诊挂号收入;体育宫、馆、场门票收入;科技单位化验、计算等业务收入。其收入的特点是收费低,多为社会福利性质收入。

补偿性收入，指事业单位在业务活动中，除向服务对象和受益者提供一般性劳务外，还提供和消耗一定数量的物质资料，对于这种消耗需要收取一定量的收入予以补偿。事业单位属于补偿性收入的主要包括文艺团体的演出收入、剧场收入，事业单位住院费、医疗手术材料费、药品材料费收入，各类学校图书工本费收入，体育场、馆出租收入等。

商品性收入是指事业单位结合单位业务特点，根据市场的需求，向客户及消费者提供商品所取得的收入。如事业单位药品收入，科技单位的科技产品和科技情报资料收入，学校附属工厂的产品及对外加工收入，文物复制品收入，各类经济建设事业部门如林业事业单位的苗圃收入、水利事业单位的养殖收入、畜牧业事业单位的良种示范繁殖收入等。

四、收入确认与计量的基础和一般原则

（一）收入确认与计量的基础

确认的一个重要任务是决定应予以确认的项目应在何时确认、记录为何种要素。具体到收入的确认，表现为应确认的项目应何时记录为收入。这一问题实际上就是关于确认基础的选择问题。

根据《事业单位会计准则》第九条规定："事业单位会计核算一般采用收付实现制；部分经济业务或者事项采用权责发生制核算的，由财政部在会计制度中具体规定。"这实际是规定会计基础在事业单位的具体应用方式。前已述及，收付实现制的显著特点是业务收支与现金流量具有同步性，核算原理浅显，会计处理相对简单、易操作，它所提供的信息代表着任意时刻现金的实际状况，便于反映预算执行结果，也与现今政府财政财务管理和会计核算规范相匹配。在我国非企业会计规范中广泛采用收付实现制。

但是，收付实现制也有明显的缺点或不足，如：①所有非现金交易（有时数额相当大）不作为收入、支出即时纳入核算，不能及时完整地反映运营业绩；②无法客观地进行支出与收入在会计期间的配比，不利于评价收支结余的性质；③在确认收入和支出时，由于时滞因素而时而夸大时而低估，从而不利于项目尤其是重大项目的管理①。"现收现付制会计系统最大的缺点在于它不能提供未来的信息，即预期的收入与支出"②。

（二）收入确认、计量一般原则

1．收付实现制基础收入。《事业单位会计准则》第三十四条规定："事业单位的收入一般应当在收到款项时予以确认，并按照实际收到的金额进行计量。"这里

---

① 荆新：《非营利组织会计准则理论框架》，清华大学出版社，1997 年版，第 95 页。

② （美）小罗伯特·D.李，罗纳德·W.约翰逊等：《公共预算制度》（第七版），苟燕楠，译，上海财经大学出版社，2011 年版。

涉及了收入确认和计量的一般原则。

首先,事业单位收入是在收到款项时入账,这实际是收付实现制基础的应用。

其次,计量是确认的进一步发展。计量收入的前提是收到款项,一般表现为银行存款增加。

2. 权责发生制确认的收入。《事业单位会计准则》第三十四条还规定:"采用权责发生制确认的收入,应当在提供服务或者发出存货,同时收讫价款或者取得索取价款的凭据时予以确认,并按照实际收到的金额或者有关凭据注明的金额进行计量。"

权责发生制要求,任何一个项目的确认,都应以权利与(或)责任的发生与否为标志。对收入而言,其责任或义务是指收入的赚取过程已经完成,如工业企业的商品生产完工并销售出去、服务性企业的劳务提供过程已经完成等;而权利就是收取酬金或已经取得报酬的权利。收入实现原则集中地论述了有关收入的权利和义务①。

所谓收入实现原则是指收入只有在满足以下两项条件时才能予以确认,一是与收入有关的交易行为已经发生,即前一个条件是指买卖行为已经结束,卖方已与买方办妥了商品或劳务的交接手续(所售产品的所有权已转移),并且已经取得了现金或货款清偿权。二是赚取收入的过程已经基本完成。

五、收入的管理

在营利组织中,收入历来是会计领域重点关注的内容之一。特别是对上市公司来说,在其财务报告上,收益是投资人最为关注的一个表内信息,因为它不仅关系到可分派的股利,而且关系到公司的股价。即使事业单位不像上市公司那样有众多的投资人、债权人关注其收入的状况,但事业单位收入也是其持续发展,履行其职责,完成受托责任的物质基础,也是反映其业务活动成果,提供非营利服务质量的综合计量指标,正像国际公共部门会计准则所说,包括纳税人、立法机关、债权人、供应商、媒体和雇员在内,他们都关注事业单位的持续性的成功业绩,而衡量事业单位成功业绩的重要标准就是其提供的成本与收入的事实。

(一)划清各项收入界限、统一管理原则

事业单位进行会计处理时,要注意划分基建拨款与事业经费的关系、财政拨款收入与上级补助收入的界限、事业收入与经营收入的界限、经营收入与附属单位上缴收入的界限。

根据《事业单位财务规则》的规定,事业单位应当将各项收入全部纳入单位预算,统一核算,统一管理。也就是事业单位取得的财政拨入的财政资金、事业收入、

① 葛家澍:《市场经济下会计基本理论与方法研究》,中国财政经济出版社,1996 年版,第 115 页。

上下级缴拨款、其他收入等,纳入单位预算。不但要把单位直接取得的各项收入纳入单位预算,而且要把单位内部非独立核算部门取得的收入纳入单位预算。

(二)合法性与合理性并举原则

所谓合法性,就是事业单位取得的任何收入必须符合国家的收费政策和相关制度。合理性就是事业单位取得的各项收入都应当从实际情况出发,做到取之得当、用之合理、服务对象适当负担。

在贯彻合法性与合理性并举原则基础上,要注意充分利用现有人才、技术、设备等条件,不断拓宽服务范围,扩大财源。同时,组织收入还要将社会效益放在首位,体现事业单位公益性特点,实现经济效益与社会效益有机结合。

第二节 财政补助收入

一、财政补助收入概述

(一)财政补助收入概念

财政补助收入是指事业单位按照核定的部门预算经费申报关系从财政部门和主管部门取得的各类事业经费,是事业单位取得的预算内财政性资金补助。概括讲是事业单位从同级财政部门取得的各类财政拨款,包括正常经费和专项资金。需要指出的是,财政补助收入不包括国家对事业单位基本建设投资。财政补助收入是事业单位主要的资金来源,也是事业单位从事业务活动的物资保障。

为了加强财政补助收入的管理,事业单位应当严格按照经批准的年度部门预算和分月用款计划,部门预算规定的资金用途,财政资金支付方式以及预算级次申请取得财政补助收入。同时,要将各类收入(经营收入除外),如财政补助收入、财政专户返还收入、上级补助收入、事业收入、附属单位缴款和其他收入等收入来源同时纳入收入预算,实行统一管理,统筹安排使用。

(二)财政补助收入类别

按照部门预算要求,财政补助收入分为基本支出财政补助收入和项目支出财政补助收入。财政补助收入应当分别按照基本支出和项目支出的具体支出科目申请,取得后应当分别核算,不能相互混淆。未经财政部门同意,不得擅自变更财政补助收入用途。

(三)财政补助收入的确认与计量

财政补助收入的确认与财政部门财政资金的支付方式密切相关。财政补助收入一般应当于发生财政直接支付或收到财政授权支付额度、或者实际收到时予以确认。

按照财政部门财政资金的支付方式，事业单位财政补助收入有财政直接支付、财政授权支付和财政实拨资金三种方式。三种支付方式业务流程不同，事业单位财政补助收入的确认与计量原则也有所差异。

1. 财政直接支付方式。在财政直接支付方式下，取得财政补助的程序是：事业单位在需要支付财政资金时，应根据部门预算和用款计划向财政部门提出直接支付申请。经财政部门审核后，由财政部门通过财政零余额账户直接将款项支付给收款人。因此，事业单位应在收到财政部门委托财政零余额账户代理银行转来的财政直接支付入账通知书时，按照财政实际支付的金额确认财政补助收入。即财政直接支付方式下，事业单位在实际使用了财政资金的同时确认财政补助收入。也就是事业单位在确认财政补助收入时，实际上已经使用了财政预算资金。

2. 财政授权支付方式。在财政授权支付方式下，取得财政补助收入的程序是：事业单位根据部门预算和用款计划，按照规定的时间和程序向财政部门申请财政授权支付用款额度。经过财政部门审核后，将财政授权支付额度下达到事业单位零余额账户代理银行。在财政授权支付方式下事业单位收到的用款额度，可以用于结算和支付。因此，事业单位在收到单位的零余额账户代理银行转来的财政授权支付到账通知书时，按照通知书上所列的用款额度确认财政补助收入。事业单位收到的用款额度不是实际的货币资金，在商业银行开设的单位零余额账户不是实存资金账户，是一个过渡性的待结算账户。

3. 财政实拨资金方式。在财政实拨资金方式下，取得财政补助收入的程序是：事业单位根据部门预算和用款计划，按照规定的时间和程序向财政部门提出资金拨入请求。经过财政部门审核后，将财政资金直接拨入事业单位的开户银行。因此，事业单位在收到单位的开户银行转来的收款通知书时，按照通知书上所列的收款金额确认财政补助收入。在财政实拨资金方式下，事业单位收到的是货币资金，在商业银行开设的是实存资金账户。

二、会计科目的设置

为了反映财政补助收入增减变动情况，事业单位应设置“财政补助收入”科目，核算事业单位从同级财政部门取得的各类财政拨款。该科目贷方登记收到拨款数；借方登记缴回拨款数。平时贷方余额反映财政补助收入累计数。期末，将“财政补助收入”科目余额转入事业结转结余，结账后，“财政补助收入”科目应无余额。其明细账应当在“财政补助收入”科目下，设置“基本支出”和“项目支出”两个明细科目；两个明细科目下按照《政府收支分类科目》中“支出功能分类”项目科目设置明细账；同时在“项目支出”明细科目下按照具体项目进行明细核算。“财政补助收入”明细科目设置方法，如图 5－1 所示。

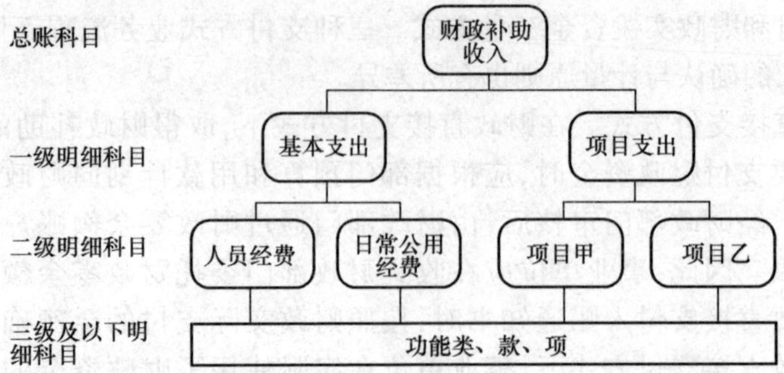

图 5 -1　财政补助收入明细科目设置方法

三、账务处理程序与方法

财政直接支付方式下,对财政直接支付的支出,事业单位根据财政国库支付执行机构委托代理银行转来的《财政直接支付入账通知书》及原始凭证,按照通知书中的直接支付入账金额,在增加事业支出等同时,确认财政补助收入的增加;年度终了,根据本年度财政直接支付预算指标数与当年财政直接支付实际支出数的差额,同时确认财政应返还额度和财政补助收入。

财政授权支付方式下,事业单位根据代理银行转来的《授权支付到账通知书》,按照通知书中的授权支付额度,在增加零余额账户用款额度的同时,确认财政补助收入增加;年度终了,事业单位本年度财政授权支付预算指标数大于零余额账户用款额度下达数的,根据未下达的用款额度,同时确认财政应返还额度和财政补助收入。

其他方式下,实际收到财政补助收入时,按照实际收到的金额,同时确认银行存款和财政补助收入。

因购货退回等发生国库直接支付款项退回的,属于以前年度支付的款项,按照退回金额,在确认财政应返还额度的同时,确认财政补助结转、财政补助结余、存货等;属于本年度支付的款项,按照退回金额,同时确认财政补助收入和事业支出、存货减少。

期末,应将财政补助收入本期发生额转入财政补助结转。

财政补助收入账务处理程序与方法如图 5 -2 所示。

【例 5 -1】甲事业单位实行国库集中支付和政府采购制度。经财政部门核准,甲单位支出 100 000 元以上的物品和服务采购支出实行财政直接支付方式,100 000元以下的物品和服务采购支出以及日常零星支出实行财政授权支付方式。2 ×13 年有关财政补助收入业务如下:

(1)收到财政国库支付执行机构委托代理银行转来的“财政直接支付入账通

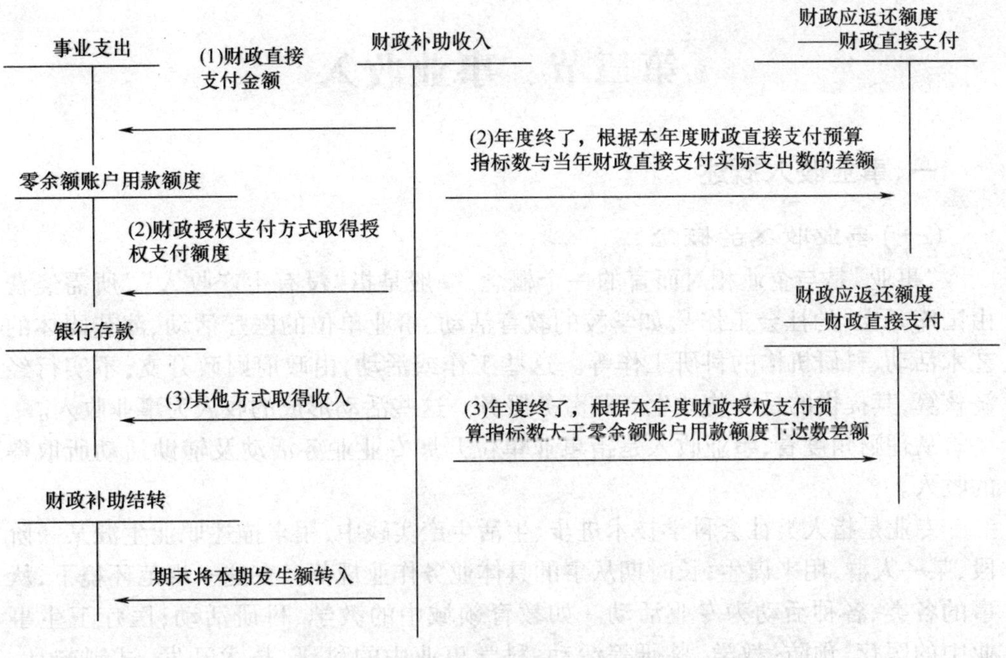

图 5－2　财政补助收入账务处理程序与方法

知书”和“工资发放明细表”，通知书和明细表中注明的工资支出金额为 800 000 元，代理银行已将 800 000 元划入甲单位职工个人账户。编制会计分录如下：

借：事业支出　　800 000
　　贷：财政补助收入　　800 000

（2）收到代理银行转来的“财政授权支付额度到账通知书”，通知书中注明的授权额度为 500 000 元。

借：零余额账户用款额度　　500 000
　　贷：财政补助收入　　500 000

（3）本年度财政直接支付预算指标数与当年财政直接支付实际支出数的差额为 150 000 元；财政授权支付预算指标数大于零余额账户用款额度下达数差额为 360 000 元。

借：财政应返还额度　　510 000
　　贷：财政补助收入　　150 000
　　　　零余额账户用款额度　　360 000

（4）期末，将“财政补助收入”科目本期贷方发生额 1 300 000 元转入财政补助结转。

借：财政补助收入　　1 450 000

贷:财政补助结转　　　　　　　　　　　　　　1 450 000

第三节　事业收入

一、事业收入概述

(一)事业收入的概念

"事业"是与企业相对而言的一个概念,一般是指"没有生产收入""所需经费由国库开支"的社会工作①,如学校的教育活动、事业单位的医疗活动、演艺团体的艺术活动、科研机构的科研工作等。这些工作或活动,由政府财政开支,不实行经济核算,其提供的是非物质生产和劳务服务。这些活动形成的收入为事业收入。

从理财角度看,事业收入是指事业单位开展专业业务活动及辅助活动所取得的收入。

专业是指人类社会科学技术进步、生活生产实践中,用来描述职业生涯某一阶段、某一人群,用来谋生,长时期从事的具体业务作业规范。在这一规范环境下,从事的各类、各种活动为专业活动。如教育领域中的教学、科研活动;医疗卫生事业中的医疗、预防、教学、科研等活动;科学事业中的科研、技术开发、试制产品、学术交流、科普等活动;文化事业中的图书馆、博物馆、档案馆、文物保护、新闻出版、广播电视电影等活动;体育事业中的体育组织筹办、体育场馆开放、体育竞赛等活动。

辅助活动是指与专业业务活动相关、直接为专业业务活动服务的单位行政管理活动、后勤服务活动及其他有关活动。

通过开展上述活动取得的收入,均作为事业收入处理。另外,事业单位按照国家有关规定应当上缴财政预算的资金和应当缴入财政专户的非税收入,不计入事业收入。从财政专户核拨以及部分经核准不上缴财政专户管理的非税收入,计入事业收入。

(二)事业收入的分类②

按管理方式的不同,事业收入分为财政专户返还收入和其他事业收入两种类型。

1.财政专户返还收入。财政专户返还收入,是采用财政专户返还方式管理的事业收入。承担政府规定的社会公益性服务任务的事业单位,面向社会提供的公益服务是无偿的,或只按政府指导价格收取部分费用,其事业收费需要纳入财政专

① 黄恒学:《中国事业管理体制改革研究》,清华大学出版社,1998年版,第2页。

② 事业单位会计制度研究组编写:《事业单位会计制度讲解》,东北财经大学出版社,2013年版,第36页。

户管理。如果事业单位的某项事业收费纳入了财政专户管理,事业收入需要按“收支两条线”的方式管理。在这种管理方式下,事业单位取得的各项事业性收费不能立即安排支出,需要上缴同级财政部门设立的财政资金专户,支出时由同级财政部门按资金收支计划从财政专户中拨付。事业单位经过审批取得从财政专户核拨的款项时,方可确认事业收入。

2. 其他事业收入。其他事业收入,是未采用财政专户返还方式管理的普通事业收入。许多事业单位的业务活动具有公益属性,在国家政策的支持下可以通过事业收费正常运转,提供的公益性服务不以盈利为目的,但需要按成本补偿的原则制定价格并收取服务费用,其事业收费不需要纳入财政专户管理。如果事业单位的某项事业收费没有纳入财政专户管理,事业单位在收到各项服务收费时即可确认事业收入。

需要注意的是,事业单位业务活动中的各项收费并非均属于事业收入。事业单位因代行政府职能而收取的款项需要上缴国库,形成政府的财政收入。事业单位收取的纳入财政专户管理的各项收入需要上缴财政专户,核拨后形成事业单位的财政专户返还收入。

二、会计科目的设置

为了反映事业收入增减变动情况,事业单位应设置“事业收入”科目,核算事业单位开展专业业务活动及其辅助活动取得的收入。该科目贷方登记收到的款项或取得的收入;借方登记期末收入转销的数额。期末,将“事业收入”科目余额转入事业结转结余,借记“事业收入”科目,贷记“事业结转结余”科目。期末结账后,“事业收入”科目应无余额。

“事业收入”科目应当按照事业收入类别、项目、《政府收支分类科目》中“支出功能分类”相关科目等进行明细核算。事业收入中如有专项资金收入,还应按具体项目进行明细核算。

三、账务处理程序与方法

(一)采用财政专户返还方式管理的事业收入

采用财政专户返还方式管理的收入既是事业收入,也属于财政资金。事业单位收到应上缴财政专户的事业收入时,按照收到的款项金额,在增加银行存款、库存现金增加的同时,确认应缴财政专户款增加;向财政专户上缴款项时,按照实际上缴的款项金额,减少应缴财政专户款和银行存款;收到从财政专户返还的事业收入时,按照实际收到的返还金额,在增加银行存款的同时,确认事业收入增加;期末,将事业收入本期发生额中的专项资金收入结转入非财政补助结转、非专项资金收入结转入事业结余。

事业单位采用财政专户返还方式管理的事业收入账务处理程序与方法，如图5－3所示。

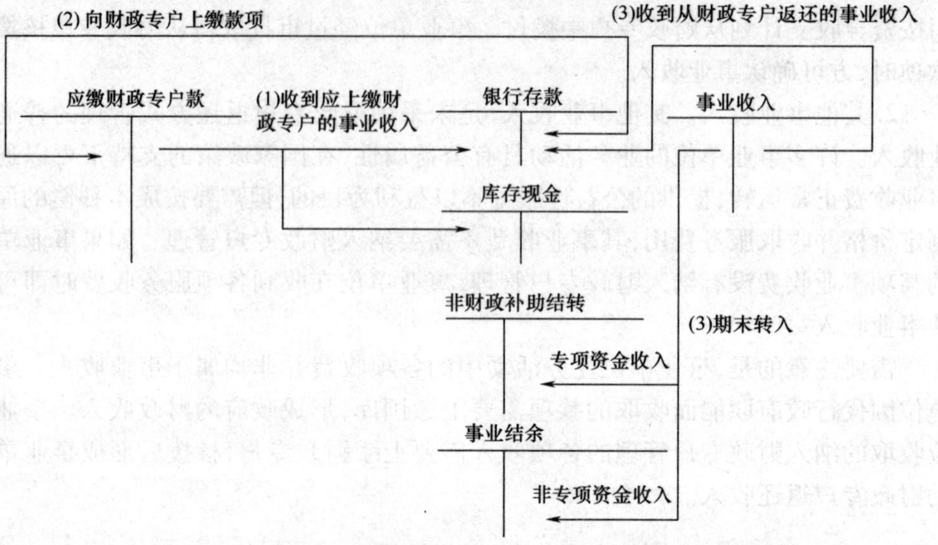

图5－3 财政专户返还方式事业收入账务处理程序与方法

【例5－2】某事业单位2×13年1月至11月份代行政府职能累计收取费用20 000 000元存入银行。12月份收取费用3 000 000元。按照相关政策，应从财政专户返还款项1 500 000元并已存入银行。编制会计分录如下：

(1)12月份收到款项：

借：银行存款　　3 000 000

　贷：应缴财政专户款　　3 000 000

(2)将全年代收款项全部上缴：

借：应缴财政专户款　　23 000 000

　贷：银行存款　　23 000 000

(3)收到财政专户返还款：

借：银行存款　　1 500 000

　贷：事业收入　　1 500 000

【例5－3】某事业单位全年事业收入53 000 000元，其中专项资金收入23 000 000元，非专项资金收入30 000 000元。期末，将事业收入余额转入相关科目。

借：事业收入　　53 000 000

　贷：非财政补助结转　　23 000 000

事业结余　　　　　　　　　　　　　　　　　　　　　30 000 000

(二)其他事业收入

事业单位收到事业收入时,按照收到的款项金额,增加银行存款、库存现金的同时,确认事业收入增加;期末,将事业收入本期发生额中的专项资金收入结转入非财政补助结转、非专项资金收入结转入事业结余。

事业单位收到事业收入时,按照收到的款项金额确认事业收入,其账务处理程序与方法,如图5-4所示。

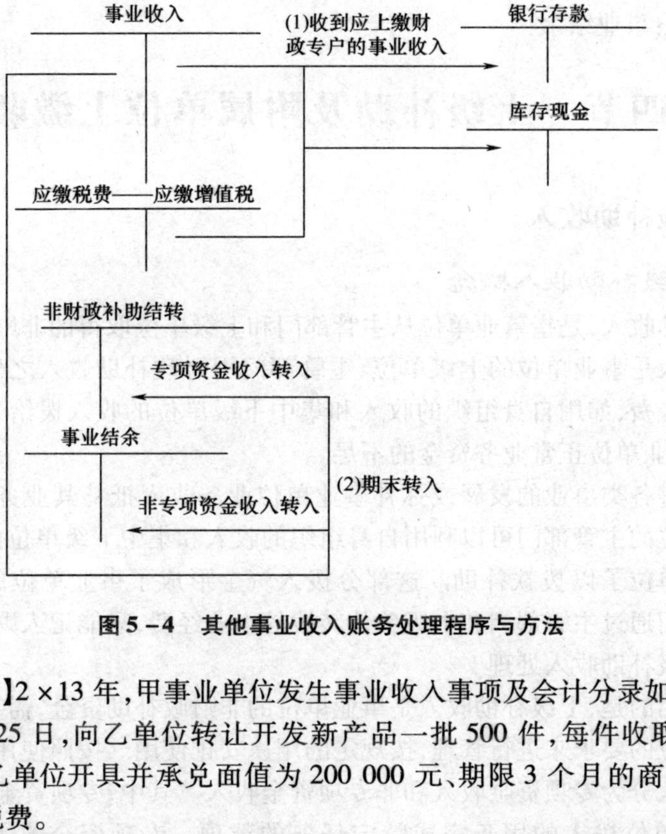

图5-4　其他事业收入账务处理程序与方法

【例5-4】2×13年,甲事业单位发生事业收入事项及会计分录如下:

(1)9月25日,向乙单位转让开发新产品一批500件,每件收取工料补偿费400元,收到乙单位开具并承兑面值为200 000元、期限3个月的商业汇票一张。不考虑相关税费。

借:应收票据——乙单位　　　　　　　　　　　　200 000

　贷:事业收入　　　　　　　　　　　　　　　　　200 000

(2)12月25日,上述应收票据到期,票面金额200 000元存入银行。

借:银行存款　　　　　　　　　　　　　　　　　200 000

　贷:应收票据——乙单位　　　　　　　　　　　　200 000

(3)12月31日,乙单位退回不合格品15件,甲事业单位支付退货款6 000元。

借:事业收入——产品销售收入　　　　　　　　　6 000

贷:银行存款　　6 000

如果该退货发生于2×14年2月10日,根据《事业单位会计制度》规定,事业单位发生需要调整以前年度非财政补助结余的事项,通过“事业基金”科目核算。则会计分录为:

借:事业基金　　6 000

贷:银行存款　　6 000

(4)期末,将事业收入本期贷方发生额合计206 000元转入事业结余。

借:事业收入　　194 000

贷:事业结余　　194 000

第四节　上级补助及附属单位上缴收入

一、上级补助收入

(一)上级补助收入概念

上级补助收入,是指事业单位从主管部门和上级单位取得的非财政补助收入。上级补助收入是事业单位的上级单位、主管部门用财政补助收入之外的收入拨给所属单位的经费,如用自身组织的收入和集中下级单位的收入拨给事业单位的资金,以补助事业单位正常业务资金的不足。

为了促进各类事业的发展或弥补事业单位业务收入抵补其业务支出的不足,各类事业单位的主管部门可以利用自身组织的收入和集中下级单位的收入以一定方式对事业单位予以拨款补助。这部分拨入资金形成了事业单位的上级补助收入。财政部门通过主管部门和上级单位转拨的事业经费,只能记入财政补助收入,不能作为上级补助收入处理。

需要说明的是,上级补助收入是事业单位的非财政补助资金,需要按照主管部门或上级单位的要求来进行管理,按规定的用途安排使用。按照使用要求的不同,上级补助收入分为专项资金收入和非专项资金收入。其中,专项资金收入,是主管部门或上级单位拨入的用于完成特定任务的款项。专项资金收入应当专款专用、单独核算,并按照规定向主管部门或上级单位报送专项资金使用情况;项目完成后,应当报送专项资金支出决算和使用效果的书面报告,接受主管部门或上级单位的检查、验收。当年未完成的项目结转到下年继续使用。已经完成项目结余的资金,按规定缴回原拨款单位,或留归事业单位转入事业基金。非专项资金收入,是主管部门或上级单位拨入用于维持正常运行和完成日常工作任务的款项。非专项资金收入无限定的用途,年度结余的资金可以转入事业结余并进行分配。

（二）会计科目的设置

为了反映上级补助收入增减变动情况，事业单位应设置“上级补助收入”科目，核算事业单位从主管部门和上级单位取得的非财政补助收入。该科目贷方登记收到的上级补助款；借方登记缴回或转拨补助款；期末，将“上级补助收入”科目余额转入事业结转结余，结账后，该科目应无余额。

“上级补助收入”科目应当按照附属单位、缴款项目、《政府收支分类科目》中“支出功能分类”相关科目等进行明细核算。附属单位上缴收入中如有专项资金收入，还应按具体项目进行明细核算。

（三）账务处理程序与方法

事业单位收到上级补助收入时，按照实际收到的金额，在增加银行存款的同时，确认上级补助收入增加；期末，应将上级补助收入本期发生额中的专项资金收入结转入非财政补助结转，将非专项资金收入结转入事业结余。

事业单位收到上级补助收入时，按照实际收到的金额入账，其账务处理程序与方法，如图5－5所示。

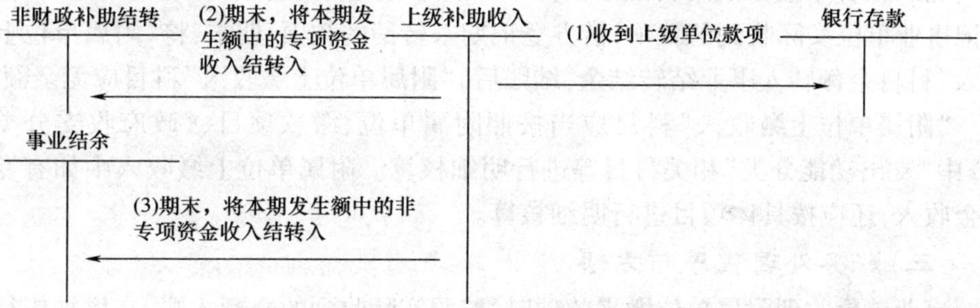

图5－5　上级补助收入账务处理程序与方法

【例5－5】2×13年7月5日，甲事业单位收到上级主管部门非财政补助收入3 000 000元，其中专项资金2 000 000元，款项存入银行。编制会计分录如下：

（1）确认收入：

借：银行存款　　3 000 000

　贷：上级补助收入——主管部门　　3 000 000

（2）期末，转销收入：

借：上级补助收入——主管部门　　3 000 000

　贷：非财政补助结转　　2 000 000

　　事业结余　　1 000 000

二、附属单位上缴收入

(一)附属单位缴款概念与内容

附属单位缴款是指事业单位附属的独立核算单位按规定标准或比例缴纳的各项收入,包括附属事业单位上缴的收入和附属企业上缴的利润等。附属单位补偿事业单位在支出中垫支的各种费用,应当相应冲减支出,不能作为上缴收入处理。

主管单位与附属机构,在行政上是领导与被领导关系,而在财务上则是分级核算单位,即附属单位是主管单位的内部独立核算单位。为了将双方作为独立法人来反映各自经济利益,主管单位对于所属机构缴款应单独设置账户予以反映。由于此项缴款是事业单位附属机构按规定标准或比例向事业单位缴纳的资金,其数额多少直接涉及双方的经济利益。对此,事业单位对附属单位缴款应加强管理与核算。

(二)会计科目的设置

为了反映附属单位上缴收入增减变动情况,事业单位应设置"附属单位上缴收入"科目,核算事业单位附属独立核算单位按照有关规定上缴的收入。该科目贷方登记事业单位实际收到的款项;借方登记期末转销的款项;期末,将"附属单位上缴收入"科目余额转入事业结转结余,结账后,"附属单位上缴收入"科目应无余额。

"附属单位上缴收入"科目应当按照附属单位、缴款项目、《政府收支分类科目》中"支出功能分类"相关科目等进行明细核算。附属单位上缴收入中如有专项资金收入,还应按具体项目进行明细核算。

(三)账务处理程序与方法

事业单位收到附属单位缴来款项时,按照实际收到的金额入账,在增加银行存款的同时,确认附属单位上缴收入增加;期末,将附属单位上缴收入本期发生额中的专项资金收入结转入非财政补助结转,非专项资金收入结转入事业结余。

其账务处理程序与方法,如图 5-6 所示。

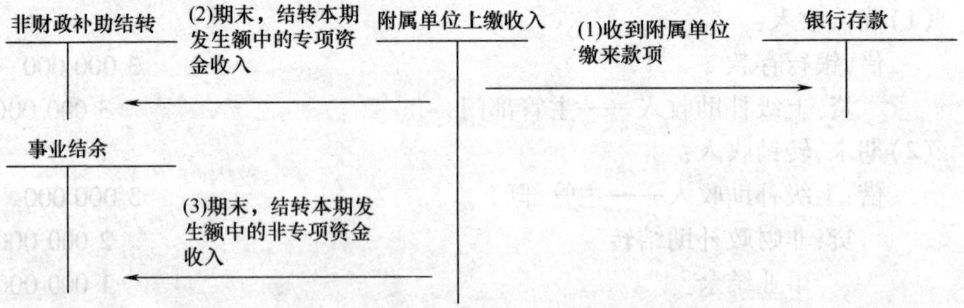

图 5-6　附属单位缴款账务处理程序与方法

【例5-6】2×13年12月25日,甲事业单位收到下属独立核算的乙单位缴款8 000 000元,其中专项资金6 000 000元;丙单位缴款2 000 000元为非专项资金。全部款项存入银行。编制会计分录如下:

(1)确认附属单位上缴收入:

借:银行存款　　10 000 000

　贷:附属单位上缴收入——乙单位　　8 000 000

　　　　　　　　　　——丙单位　　2 000 000

(2)转销附属单位上缴收入:

借:附属单位上缴收入——乙单位　　8 000 000

　　　　　　　　　——丙单位　　2 000 000

　贷:非财政补助结转　　6 000 000

　　　事业结余　　4 000 000

第五节　经营收入

一、经营收入概念及特点

经营收入是事业单位在专业活动及其辅助活动以外的经营活动取得的收入,如作为事业单位的剧院取得的演出收入是事业收入,剧院附设的商品部取得的销售收入则是经营收入。事业单位经营收入主要有:事业单位非独立核算部门销售商品取得的销售收入和提供服务取得的服务收入,未纳入“收支两条线”管理的出租房屋、场地和设备取得的租赁收入以及其他经营收入。

理解经营收入,需要区分以下收入之间的关系:

(一)经营收入与事业收入

事业收入与经营收入均是因事业单位向社会提供了商品或服务而应获取的收入。但两者的不同之处是:①从形成收入的渠道(即业务活动性质)看,事业收入来自事业单位开展专业业务活动及其辅助活动,而经营收入则是在专业活动及其辅助活动以外取得或形成的。②从来源看,经营活动体现了保本获利原则,只能是从商品或服务接受方取得收入;事业收入体现了事业活动的公益性原则,可能从商品或服务的接受方取得了补偿性收入,也可能从财政取得了补偿性资金。

(二)经营收入与附属单位缴款收入

经营收入是事业单位附属非独立核算单位开展经营活动,或者某些经营性项目而获得的经济收入。其中,非独立核算是指单位从上级单位领取一定数额的物资、款项从事业务活动,不独立计算盈亏,把日常发生的经济业务资料,报给上级集中进行会计核算。比如,学校的车队、食堂等后勤单位,财务上不独立核算,其对社会服务取得的收入及其支出,报给学校集中进行会计核算,属于非独立核算的经营活动。

附属单位缴款收入是指事业单位附属独立核算单位按有关规定上缴的收入,包括附属的事业单位上缴的收入和附属的企业上缴的利润等。所谓独立核算,是指单位对其经济活动或预算执行过程及其结果,独立地、完整地进行会计核算。比如,学校的校办企业,要单独设置财会机构或配备财会人员,单独设置账目,单独计算盈亏,属于独立核算的经营活动。

需要说明的是,附属单位补偿上级单位在事业支出中垫支的各种费用,应当相应冲减支出,不能作为缴款收入处理。

二、经营收入的特征

从经营收入概念中可知,事业单位的经营收入,必须同时具备以下特征:

(一)经营收入的来源是经营活动

事业单位收入有的是来自专业业务活动,如中小学的学费收入以及相关财政补助收入,而有的是来自辅助活动取得的收入。经营收入来自专业业务活动及其辅助活动以外,比如,事业单位对社会开展服务活动,将闲置的固定资产出租出借取得的收入,这些都属于经营活动取得的收入,但诸如学校向学生收取的学费和杂费,属于专业业务活动及其辅助活动取得的收入,只能作为事业收入,不能作为经营收入处理。经营活动体现了保本获利原则,其收入只能是来自商品或服务接受方。

(二)经营收入来源是非独立核算的收入

独立核算,是指一个单位对其经济活动过程及其结果,独立地、完整地进行会计核算。独立核算单位的特点是:在管理上有独立的组织形式,具有一定数量的资金,在当地银行开户;独立进行经营活动,能同其他单位订立经济合同;独立计算盈亏,单独设置会计机构并配备会计人员。比如,学校的校办企业,要单独设置财会机构或配备财会人员,单独设置账目,单独计算盈亏,属于独立核算的经营活动。

非独立核算是与独立核算相对应的一种核算形式。其特点是单位从上级单位领取一定数额的物资、款项从事业务活动,一切收入全部上缴,所有支出向上级报销,不独立计算盈亏,逐日或定期将发生的经济业务资料报送上级,并由其集中进行会计核算。比如,学校的车队、食堂等后勤单位,财务上不实行独立核算,其对社会服务取得的收入及其支出,报由学校集中进行会计核算,这部分收入和支出,应当作为经营收入和经营支出处理。需要说明的是,校办企业将纯收入的一部分上缴学校,学校收到后应当作为附属单位上缴收入,不能作为经营收入处理。

事业单位的经营活动要遵循自我维持原则,在经营活动中取得的经营收入一般应当能够弥补经营活动中发生的经营支出。事业单位不能用事业收入弥补经营活动亏损,但可以将经营活动的结余用以支持事业活动。

三、经营收入的内容

第一,商品销售收入。商品销售收入,是指事业单位职工食堂、单位内部商店等非独立核算部门销售商品取得的收入。

第二,提供劳务收入。提供劳务收入,是指事业单位内部招待所、博物馆等非独立核算部门,对外提供劳务取得的收入。

第三,让渡资产使用权收入。让渡资产使用权收入,是指事业单位对外出租房屋、车辆、场地、设备等让渡资产使用权取得的收入。

四、经营收入的确认原则

根据《事业单位会计准则》的规定,事业单位经营收入应当根据实现原则予以确认和计量。实现原则是指事业单位应当在提供服务或发出存货,同时收讫价款或者取得索取价款的凭据时,按照实际收到或应收的金额确认收入。实现原则由三项条件所规定:①与收入有关的交易行为已经发生或者存货的所有权已经转移;②收入的赚取过程实际上已经完成,或者已经获得在将来收取货款的法定权力;③经营收入可以计量。只有同时具备以上三点才可视为收入实现。

五、会计科目的设置

为了反映经营收入增减变动情况,事业单位应设置"经营收入"科目,核算事业单位在专业业务活动及其辅助活动之外开展非独立核算经营活动取得的收入。该科目贷方登记实现的经营支出;借方登记期末转销数;期末结账后,经营收入科目应无余额。"经营收入"科目应当按照经营活动类别、项目、《政府收支分类科目》中"支出功能分类"相关科目等进行明细核算。

六、账务处理程序与方法

事业单位实现经营收入时,按照确定的收入金额,增加银行存款、应收账款、应收票据等,同时确认经营收入增加;属于增值税一般纳税人、增值税小规模纳税人的事业单位实现经营收入,还应按应缴增值税金额确认应缴税费负债增加;期末,应将经营收入本期发生额转入经营结余。

经营收入的主要账务处理程序与方法,如图 5－7 所示。

【例 5－7】甲研究院所属非独立核算的服务部门核定为增值税一般纳税人,适用的增值税税率为 17%。2×13 年 1 月至 11 月经营收入 3 200 000 元,12 月份发生经济事项及编制会计分录如下:

(1)该部门所属车队向乙单位提供运输服务 35 000 元,已结算款项 20 000 元

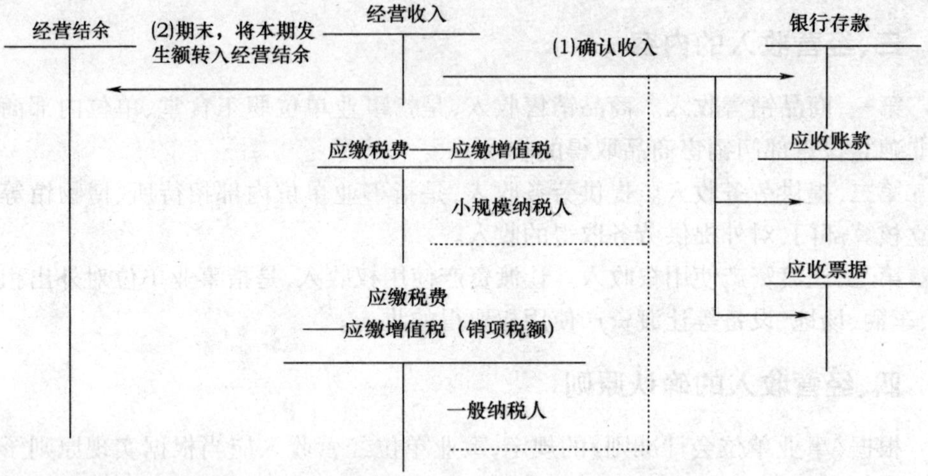

图5－7　经营收入的主要账务处理程序与方法

存入银行,余款暂欠。

借:银行存款　　20 000

　　应收账款——乙单位　　15 000

　贷:经营收入　　35 000

(2)该部门所属职工食堂向外提供服务收入60 000元,其中承办宴席预收订金30 000元,全部款项以现金结算。

①收取订金:

借:库存现金　　30 000

　贷:预收账款　　30 000

②确认收入:

借:预收账款　　30 000

　　库存现金　　30 000

　贷:经营收入　　60 000

(3)该部门所属加工车间销售自制商品500件,开出的增值税专用发票注明售价150 000元,增值税税款为25 500元,该批商品加工成本125 000元。款项全部存入银行。

借:银行存款　　175 500

　贷:经营收入　　150 000

　　　应缴税金——应缴增值税(销项税额)　　25 500

结转成本:

借:经营支出　　125 000

6 贷:存货　　125 000

(4)2×13 年 12 月 31 日,该研究院将“经营收入”科目余额转入“经营结余”科目时,编制会计分录如下:

2×13 年经营收入 = 3 200 000 + 35 000 + 60 000 + 150 000 = 3 445 000(元)

借:经营收入　　3 445 000

　贷:经营结余　　3 445 000

第六节　其他收入

一、其他收入的概念与内容

(一)其他收入的概念

其他收入,是指事业单位除财政补助收入、事业收入、上级补助收入、附属单位上缴收入、经营收入以外的其他收入,包括投资收益、银行存款利息收入、租金收入、捐赠收入、现金盘盈收入、存货盘盈收入、收回已核销应收及预付款项、无法偿付的应付及预收款项等。其他收入是事业单位在运营过程中发生的一些零星的收入,具有发生次数零星、金额不大等特点,是事业单位业务成果的组成部分。

(二)其他收入内容

1. 投资收益。投资收益是指事业单位对外债权或股权投资收取的债券利息或股利收入。它们主要包括:债权投资的利息收益,如国库券利息等;股权投资的股利收入,如与外单位共同投资兴办事业单位,被投资事业单位根据投资协议分配给事业单位的税后利润。

2. 银行存款利息收入。银行存款利息收入是指事业单位将资金存入银行取得的利息收入。

3. 租金收入。租金收入是指事业单位出租各类资产取得的收入,包括流动资产和非流动资产的出租收入。

4. 捐赠收入。捐赠收入,是指事业单位接受捐赠资产形成的收入。

5. 现金盘盈收入和存货盘盈收入。现金盘盈收入和存货盘盈收入,是指事业单位在现金、存货盘点过程中发生的多于账面数额部分形成的收入。

6. 收回已核销应收及预付款项。收回已核销应收及预付款项,是指事业单位已核销的短期债权而在以后期间又收回形成的收入。

7. 无法偿付的应付及预收款项。无法偿付的应付及预收款项,是指事业单位因债权人单位变更登记或撤销、债权人豁免偿等无法偿付的款项形成的收入。

二、其他收入的特点

事业单位的其他收入总体来说是繁杂、分散、零星的，具体特点如下：①数额相对较小，现金收款较多，涉及面广泛，且零星分散。②有些其他收入是偶发性事项形成的结果，如接受捐赠等，与事业活动没有必然联系。③有些其他收入源于事业单位财产的损毁、转让的变价收入。④有些其他收入应依法纳税，为此，其他收入可能要涉及税金的核算。

三、会计科目的设置

为了反映其他收入增减变动情况，事业单位应设置“其他收入”科目。该科目贷方登记取得的其他收入，借方登记期末转销的收入。期末，将“其他收入”科目余额转入事业结转结余。期末结账后，“其他收入”科目应无余额。

事业单位的其他收入应当按照其他收入的类别、《政府收支分类科目》中“支出功能分类”相关科目等进行明细核算。对于事业单位对外投资实现的投资净损益，应单设“投资收益”明细科目进行核算；其他收入中如有专项资金收入（如限定用途的捐赠收入），还应按具体项目进行明细核算。

需要说明的是，接受捐赠固定资产、无形资产等非流动资产，不通过“其他收入”科目核算。

四、账务处理程序与方法

事业单位对外投资持有期间收到利息、利润等时，按实际收到的金额确认其他收入；出售或到期收回国债投资本息，按照实际收到的金额，增加银行存款，按照出售或收回国债投资的成本，减少短期投资、长期投资，按其差额确认其他收入。

事业单位收到银行存款利息、资产承租人支付的租金，按照实际收到的金额，确认其他收入。

事业单位接受捐赠现金资产，按照实际收到的金额，增加银行存款，同时确认其他收入。接受捐赠的存货验收入库，按照确定的成本，增加存货，按照发生的相关税费、运输费等，减少银行存款、库存现金，按照其差额确认其他收入。

事业单位每日现金账款核对中如发现现金溢余，属于无法查明原因的部分，增加库存现金，同时确认其他收入；盘盈的存货，按照确定的入账价值，增加存货，同时确认其他收入增加。

事业单位收回已核销应收账款、预付账款、其他应收款在以后期间收回的，按照实际收回的金额，增加银行存款，同时确认其他收入增加。

事业单位无法偿付或债权人豁免偿还的应付账款、预收账款、其他应付款及长期应付款，减少应付账款、预收账款、其他应付款、长期应付款，同时确认其他收入增加。

期末,将其他收入本期发生额中的专项资金收入结转入非财政补助结转,将其他收入本期发生额中的非专项资金收入结转入事业结余。

事业单位其他收入账务处理程序与方法,如图 5－8 所示。

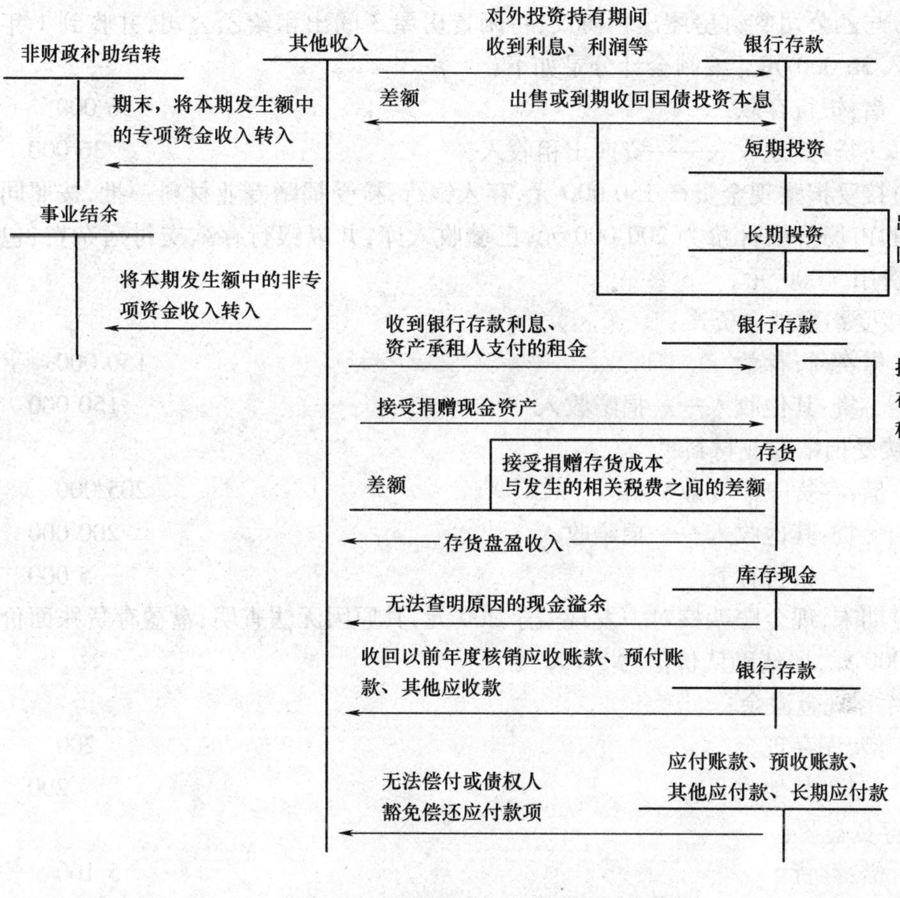

图 5－8　其他收入账务处理程序与方法

【例 5－8】2×13 年,甲事业单位与其他收入相关经济事项及编制会计分录如下:

(1)收到购买国债利息收入 30 000 元,存入银行。

借:银行存款　　30 000

　贷:其他收入——投资收益　　30 000

(2)收到联营投资企业乙公司分配的 2×12 年利润 600 000 元,存入开户银行。根据有关规定,甲事业单位分享 30% 利润,其余部分上缴财政。

借:银行存款　　600 000

贷:应缴财政专户款　420 000

其他收入——投资收益　180 000

(3)接到银行收款通知,本期银行存款利息收入8 000元,已存入银行。

借:银行存款　8 000

贷:其他收入——利息收入　8 000

(4)与乙公司签订房屋出租协议,将闲置房屋3间出租给乙公司,并收到1年租金收入36 000元。编制会计分录如下:

借:银行存款　36 000

贷:其他收入——资产出租收入　36 000

(5)接受捐赠现金资产150 000元,存入银行;接受捐赠专业材料一批,按照同类材料的市场价格计价为200 000元,已验收入库,并以银行存款支付运杂费、包装费等费用5 000元。

①接受捐赠现金资产:

借:银行存款　150 000

贷:其他收入——捐赠收入　150 000

②接受捐赠专业材料:

借:存货——专业材料　205 000

贷:其他收入——捐赠收入　200 000

银行存款　5 000

(6)期末,现金账款核对中发现溢余200元,其原因无法查明;盘盈存货账面价值为5 000元,评估确认价值为5 100元。

①库存现金溢余:

借:库存现金　200

贷:其他收入　200

②存货盘盈:

借:存货　5 100

贷:其他收入　5 100

(7)接到银行通知,收到乙公司偿还款项36 000元,该笔应收账款已确认为坏账处理。

借:银行存款　36 000

贷:其他收入　36 000

(8)年终资产清查中,发现以下负债项目无法支付:应付乙公司账款50 000元,预收丙单位账款80 000元,长期应付丁公司款项150 000元。

借:应付账款——乙公司　50 000

预收账款——丙单位　80 000

长期应付款——丁公司 150 000

贷:其他收入 280 000

(9)期末,将“其他收入”科目余额925 300元转账,其中属于专项资金部分550 000元,其余为非专项资金部分。

借:其他收入 925 300

贷:非财政补助结转 550 000

事业结余 375 300

第六章　支出或者费用的核算

第一节　支出或者费用概述

一、支出与费用的概念

事业单位在履行职能或开展专业活动及辅助活动过程中，必然要发生各种各样的耗费或支出，如支付职工薪酬、机器设备折旧费，以及材料等物品消耗等，它们是事业单位从事各类事业活动付出的代价或发生的资金耗费及损失，被称为“支出或者费用”。

支出与费用是一对既有联系但又不完全相同的概念。按照《现代汉语词典》的解释，“支出”，一是付出去、支付；二是支付的款项。“费用”，是指花费的钱、开支。可见，支出关注的是资金流出、结算，而费用关注的是耗费，付出的代价。

在事业单位会计中，支出或者费用是指事业单位开展业务及其他活动发生的资金耗费和损失。其中，资金的耗费一般是指事业单位开展专业业务及其他活动所发生的、能达到预期目的价值形态的转移。资金的损失一般是指事业单位在专业业务及其他活动中因自身失败等原因发生的、未能达到预期目的或非目的性的价值形态的转移。

“支出或者费用”作为事业单位会计要素，两者的区别主要表现在其应用前提不相同。支出一般适用以收付实现制为基础的事业单位；而费用则适用于以权责发生制为基础的事业单位。也就是采用收付实现制的事业单位，按支出要素对其专业活动及其他活动发生的资金耗费和损失予以确认、计量和报告。如果事业单位《事业单位会计准则》规定，对部分经济业务或者事项，按照权责发生制核算，该事业单位应按费用要素对其专业业务及其他活动发生的资金耗费和损失予以确认、计量和报告。

二、支出或者费用的特征

第一，支出或者费用的发生可能导致事业单位资产的减少，也可能导致事业单位负债的增加，或者两者兼而有之。

事业单位发生支出或者费用会引起其资产的减少（如以货币资金购买存货、清偿债务),但资产减少,有些是资产数量的减少,如业务活动中材料的领用、各种款项的支付等;有些是资产价值的减少,如房屋、机器或设备计提的折旧等。支出或者费用的发生有时也会引起负债的增加,如事业单位确认的应付职工薪酬等;有些情况下,支出或者费用在引起资产减少的同时,还会导致负债增加,如采购材料的运费,部分以银行存款支付,部分尚未支付就是一例。但并非所有的资产减少都是支出或者费用,代付款项、预拨款项、归还借款等就不是支出或者费用。

第二,支出或者费用将导致本期净资产的减少。这里所指的"本期"是指支出或者费用的发生当期,即支出或者费用的确认时点。也就是说,只有在导致某一会计期间净资产减少时,才能确认一项支出或者费用。支出或者费用最终将减少事业单位的资产,根据"资产 = 负债 + 净资产"的会计等式,引起资产总额减少的情况有:负债的减少或者净资产的减少。值得注意的是,其中只有同时引起净资产减少的经济利益或者服务潜力流出才是支出或者费用。例如,偿还借款时资产减少,但同时负债也减少,这种情况下,资产和负债减少了相同的金额,并没有影响净资产,因此,此项资产流出不构成支出或者费用。

第三,在获得补偿的形式上与企业相比有其特殊性。企业发生的成本和费用的消耗是以出售产品或提供劳务的方式,直接从购买商品或劳务的消费者手中获得补偿,这种补偿是经过买卖双方讨价还价最终达成对价格的共识后得以实现的。事业单位一般是具有公益性或同时具有公益性和产业性功能的特殊部门,事业单位支出或者费用一般不能以成本方式从收入中补偿,或不能足额补偿。其支出或者费用补偿来源渠道除预算拨款、财政补贴外,还可以通过服务收费、科研协作、社会捐资、附属单位上缴、经营活动等形式,也就是事业单位支出或者费用与收入不存在直接因果关系,或数量上的配比关系。但支出或者费用与工作质量存在一定联系,可在一定程度上说明支出或者费用质量的高低。

三、支出或者费用的分类

为了便于研究分析各项支出或者费用的范围和特点,弄清它们之间的区别和联系,有针对性地加强支出或者费用管理和监督,不断提高资金使用效益,必须对事业单位支出或者费用进行科学的分类。

(一)事业支出

事业支出,是指事业单位开展专业业务活动及其辅助活动发生的支出,包括基本支出和项目支出。其中,基本支出是指事业单位为了保障其正常运转、完成日常工作任务而发生的人员支出和公用支出。项目支出是指事业单位为了完成特定工作任务和事业发展目标,在基本支出之外所发生的支出。

(二)经营支出

经营支出,是指事业单位在专业业务活动及其辅助活动之外开展非独立核算经营活动发生的支出。事业单位非独立核算的经营活动所发生的全部支出,都应纳入经营支出核算反映。经营支出与经营收入要配比。

（三）对附属单位补助支出

对附属单位补助支出,即事业单位用财政补助收入之外的收入对附属单位补助发生的支出。补助的资金一般来源于收入较多的附属单位上缴的款项以及事业单位自己组织的除财政补助收入以外的其他资金。

（四）上缴上级支出

上缴上级支出,即事业单位按照财政部门和主管部门的规定上缴上级单位的支出。上缴资金的数额一般按定额或者比例确定。

（五）其他支出

其他支出,指事业单位发生的不属于事业支出、上缴上级支出、对附属单位补助、经营支出以外的支出。

四、支出或者费用管理原则

事业单位在进行支出核算与管理时,应遵循以下原则:

（一）依法原则

事业单位支出的核算与管理是一项政策性很强的工作。国家制定的财政财务规章制度,体现着国家有关方针、政策,是事业单位支出管理的依据和基本行为规范。因此,事业单位要以国家规定的财务规章制度作为准则,严格按照国家规定的开支范围和开支标准办理各项支出,不得违反规定,擅自扩大开支范围或提高开支标准。

（二）节约原则

财务资源的有限性,要求事业单位办理各项支出,必须精打细算、厉行节约,防止和杜绝各种铺张浪费,不断提高资金使用效益。同时,还要优化支出结构,减少因支出结构不合理所造成的“结构性”浪费,使各项支出按照分别轻重缓急、保证重点、兼顾一般的原则得到妥善安排,使有限的资金发挥最大的使用效益。

（三）划清各类支出界限的原则

事业单位支出的内容是多方面的,其性质也不相同。为了考核各种不同性质的支出水平,加强支出的管理,必须划清各项支出的界限。这包括:基建支出与事业支出的界限;经营支出与事业支出的界限;单位支出与个人支出的界限;事业支出与补助支出、上缴支出的界限;基本支出中的人员经费支出和公用经费支出的界限;预算资金的项目支出与基本支出的界限;专款支出中各项目支出的界限。

第二节　事业支出

一、事业支出的概念

事业支出是事业单位开展专业业务活动及其辅助活动发生的基本支出和项目支出。

事业支出是事业单位从事其主营或核心业务发生的主要支出，具有经常性、数额大的特点，反映了事业单位在履行其职责、提供公益服务过程中发生的必要的耗费，是考核事业成果和资金使用效益的重要依据。

二、事业支出的分类

事业支出可以按照不同标志进行分类。

（一）支出经济分类

支出经济分类反映事业单位支出的经济性质和具体用途，说明事业单位的钱是怎样花出去的，如办学校的钱究竟是发了工资，还是买了设备、盖了校舍。从某种意义上讲，支出经济分类是对事业单位支出活动更为明细的反映。

1. 工资福利支出。"工资福利支出"类级科目，反映事业单位开支的在职职工和编制外长期聘用人员的各类劳动报酬，以及为上述人员缴纳的各项社会保险费等。该类级科目分设如下款级科目：基本工资、津贴补贴、社会保障缴费、伙食补助费、绩效工资、其他工资福利支出。

2. 商品和服务支出。"商品和服务支出"类级科目，反映事业单位购买商品和服务的支出，其中不包括用于购置固定资产等的支出。该类级科目分设如下款级科目：办公费、印刷费、咨询费、手续费、水费、电费、邮电费、取暖费、物业管理费、差旅费、因公出国（境）费、维修（护）费、租赁费、会议费、培训费、公务招待费、专用材料费、劳务费、委托业务费、工会经费、福利费、公务用车运行维护费、其他交通费用、其他商品和服务支出。

3. 对个人和家庭的补助。"对个人和家庭的补助"类级科目，反映事业单位用于对个人和家庭的补助支出。该类级科目分设如下款级科目：离休费、退休费、退职（役）费、抚恤金、生活补助、救济费、医疗费、助学金、奖励金、生产补贴、住房公积金、提租补贴、购房补贴、其他对个人和家庭的补助支出。

4. 基本建设支出。"基本建设支出"类级科目，反映事业单位由各级发展与改革部门集中安排的一般预算财政拨款，用于购置固定资产、土地和无形资产，以及进行大型修缮所发生的支出。该类级科目分设如下款级科目：房屋建筑物购建、办公设备购置、专用设备购置、大型修缮、信息网络购建、公务用车购置、其他基本建设支出。

5. 其他资本性支出。"其他资本性支出"类级科目,反映事业单位由非各级发展与改革部门集中安排的用于购置固定资产、土地和无形资产,以及进行大型修缮等方面的支出。该类级科目分设如下款级科目:房屋建筑物购建、办公设备购置、专用设备购置、大型修缮、信息网络购建、公务用车购置、其他资本性支出。

(二)按部门预算要求分类

按照部门预算管理的要求,事业单位的事业支出应分为基本支出和项目支出两大类。

1. 基本支出。基本支出,是指为保障事业单位机构正常运转、完成日常工作任务而必须发生的支出。它是事业单位的基本消耗,没有基本支出做保障,事业单位就无法正常运转。按照部门预算管理的要求,事业单位的基本支出分为人员经费支出和日常公用经费支出两类。前者如事业单位按规定支付给工作人员的基本工资,后者则是指为完成日常工作任务而发生的办公经费支出等。基本支出具有常规性、稳定性的特点。人员经费支出的具体科目包括《政府收支分类科目》中的"工资福利支出"科目以及"对个人和家庭的补助支出"科目;日常公用经费支出的具体科目包括政府收支分类科目中的"商品和服务支出"科目,以及"基本建设支出"科目和"其他资本性支出"科目中的"办公设备购置"、"专用设备购置"和"交通工具购置"科目。

2. 项目支出。项目支出,是指事业单位为完成其特定工作任务和事业发展目标而发生的支出,是事业支出的重要组成部分。项目支出属于基本支出以外的专项支出,一般包括专项事业任务支出、大型专项修缮支出、专项基本建设支出等。与基本支出相比,项目支出具有点多面广、非常规性、不稳定以及繁琐复杂的特点。项目支出需要经过申报、筛选、立项、评审和审批的过程。

3. 按支出的资金来源性质分类。按支出的资金来源性质分类,事业单位的事业支出可以分为财政拨款支出和非财政拨款支出两类。①财政拨款支出,是指事业单位使用财政预算拨入经费和财政预算外资金返还收入而发生的事业支出。②非财政拨款支出,是指事业单位使用除财政预算拨入经费和财政预算外资金返还收入以外的资金而发生的支出。

需要说明的是,事业单位使用经营收入发生的支出属于经营支出,不属于事业支出。

4. 按财政拨款所属时期分类。按照不同财政拨款所属时期,事业单位的事业支出可以分成当年财政拨款支出和以前年度财政拨款结余支出两大类。①当年财政拨款支出,是指事业单位使用当年财政拨款发生的事业支出。②以前年度财政拨款结余支出,是指事业单位使用以前年度财政拨款结余发生的事业支出。事业单位以前年度财政拨款结余纳入事业单位当年预算收入的范围。

5. 事业支出的综合分类。综合分类，是指按照预算管理要求，根据事业支出特点，将事业支出不同分类进行有机结合而形成的事业支出类别。事业支出的综合分类一般先按不同经费来源性质将事业支出分为财政拨款支出和非财政拨款支出两类。在财政拨款支出种类下，再按财政拨款所属时期区分为当年财政拨款支出和以前年度财政拨款结余支出两类。在当年财政拨款支出和以前年度财政拨款结余支出类别下，再按部门预算管理的要求分为基本支出和项目支出。在基本支出类别下再区分为人员经费支出和日常公用经费支出。在项目支出种类下再按具体支出项目进行分类。在人员经费和日常公用经费以及相应的项目支出下，再按《政府收支分类科目》中的支出经济分类科目进行分类。非财政拨款支出种类下按部门预算管理的要求区分为基本支出和项目支出两类。

三、会计科目的设置

为了核算事业单位开展专业业务活动及其辅助活动发生的基本支出和项目支出情况，事业单位应设置“事业支出”科目。该科目借方登记事业支出的增加，贷方登记事业支出的减少。期末结账后，“事业支出”科目应无余额。

事业支出的明细科目有两种设置方法①。

（一）按事业支出的资金性质设置第一层次的明细科目

1. “事业支出”科目应当按经费的性质设置“财政补助支出”、“非财政专项资金支出”和“其他资金支出”三个一级明细科目，再按照《政府收支分类科目》中“支出功能分类”相关科目进行明细核算。

2. 在按经费性质设置明细科目后，应当分别在上述明细科目下设置“基本支出”和“项目支出”两个二级明细科目，分别核算事业单位的基本支出和项目支出的资金数额。

3. “基本支出”明细科目下设置“人员经费支出”和“日常公用经费支出”两个三级明细科目，“项目支出”明细科目下按照具体项目名称设置三级明细科目。

4. 根据《政府收支分类科目》的要求，按“支出经济分类”款级科目设置次级明细科目。

会计实务中，完整的明细科目为：

事业支出——财政补助支出——基本支出——日常公用经费支出——商品和服务支出

（二）按部门预算管理的要求设置第一层次的明细科目

1. “事业支出”科目应当按部门预算管理的要求设置“基本支出”和“项目支

① 事业单位会计制度研究组编写：《事业单位会计制度讲解》，东北财经大学出版社，2013 年版，第 52 页。

出”两个一级明细科目。

2. 按部门预算管理的要求设置一级明细科目后，在“基本支出”明细科目下按资金性质设置“财政补助支出”和“其他资金支出”两个二级明细科目；在“项目支出”明细科目下按资金性质设置“财政补助支出”、“非财政专项资金支出”和“其他资金支出”三个二级明细科目。

3. 在“基本支出”明细科目下，设置“人员经费支出”和“日常公用经费支出”两个三级明细科目；在“项目支出”明细科目下，按照具体项目名称设置三级明细科目。

4. 根据《政府收支分类科目》的要求，按“支出经济分类”款级科目设置次级明细科目。

会计实务中，完整的明细科目为：

事业支出——基本支出——财政补助支出——日常公用经费支出——商品和服务支出

四、职工薪酬支出的核算

（一）职工薪酬范围

职工薪酬是指事业单位为获得职工提供的服务而给予各种形式的报酬以及其他相关支出。也就是说，从性质上凡是事业单位为获得职工提供的服务给予或付出的各种形式的对价，都构成职工薪酬。职工薪酬主要由劳动报酬、社会保险、福利、教育、劳动保护、住房和其他人工费用等组成。

（二）职工薪酬计算程序

目前，事业单位工资一般采用财务部门委托银行从国库直接拨付到职工个人工资账户的方式。各单位根据编制部门和人事部门的要求，在每月规定时间内提供下月人员编制、实有人数、工资标准和代扣款项（包括按国家规定必须由个人缴纳的住房公积金、医疗保险、养老保险、失业保险和依法缴纳的个人所得税等数据），编制部门和人事部门审核后，在规定时间内将审核结果报送财务部门。财务部门的国库支付执行机构按照预算科目分类生成发放工资汇总表，通知代理银行办理资金支付。代理银行在工资支付的次日为各单位出具工资明细表，向各单位传送个人工资支付信息。

（三）账务处理程序与方法

事业单位职工薪酬的核算，一方面要把应付给每一职工的职工薪酬计算出来，付给职工，反映和监督事业单位与职工之间有关工资的结算情况；另一方面要把职工薪酬作为支出或者费用，按其用途计入事业支出或经营支出或由特定的资金来源开支。因此，职工薪酬核算包括职工薪酬的结算和职工薪酬的分配两部分内容。其中，职工薪酬的结算包括职工薪酬的计算、代发款项的计算、代扣款项的计算，以及应发金额的计算和支付。职工薪酬分配，是指将职工薪酬作为一种支出或者费用，按照其用途分配计入事业支出或经营支出中，或由规定的资金来源列支。职工薪酬账务处理程序与方法，如图6－1所示。

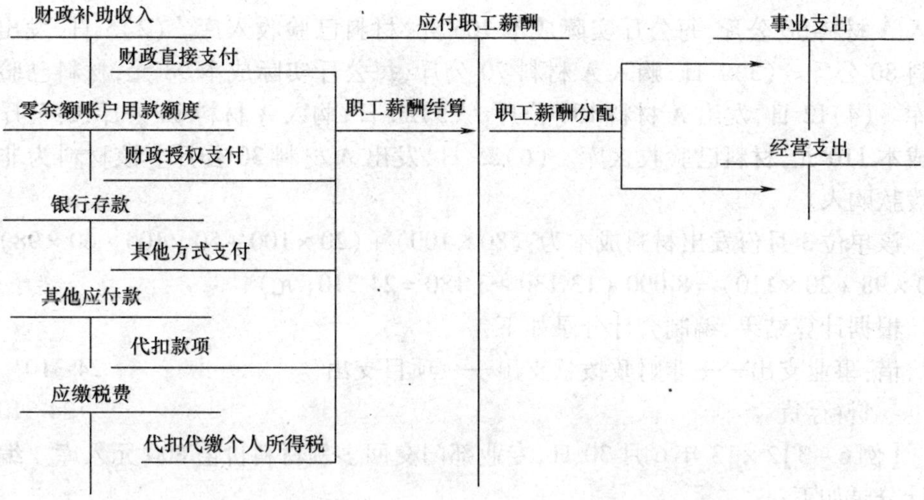

图6－1　职工薪酬账务处理程序与方法

【例6－1】某事业单位实行国库集中支付制度，经财政部门批准，其工资支出实行财政直接支付方式。2×13年3月5日，该单位收到代理银行开具的工资发放明细表，职工工资总额为4 620 000元，其中划转到个人工资账户4 200 000元，划转到相关账户应由职工个人缴纳的社会保险250 000元。此外，划转到相关账户由本单位为职工负担的社会保险费300 000元。编制会计分录如下：

(1)职工薪酬的分配：

借：事业支出——财政拨款支出——基本支出　　4 620 000

　贷：应付职工薪酬　　4 620 000

(2)支付职工薪酬：

借：应付职工薪酬　　4 620 000

　贷：财政补助收入　　4 620 000

(3)确认单位负担的社会保险费：

借：事业支出——财政拨款支出——基本支出　　300 000

　贷：财政补助收入　　300 000

五、领用存货支出的核算

事业单位开展专业业务活动及其辅助活动领用存货时，根据实际情况采用先进先出法、加权平均法或者个别计价法确定发出存货的实际成本,按计算确定的存货成本,编制借记“事业支出”科目,贷记“存货”科目的会计分录。

【例6-2】某事业单位按先进先出法计算材料的发出成本。2×13年3月1日结存A材料100公斤,每公斤实际成本100元。本月发生如下有关业务:(1)3日,购入A材料50公斤,每公斤实际成本105元,材料已验收入库。(2)5日,发出A材料80公斤。(3)7日,购入A材料70公斤,每公斤实际成本98元,材料已验收入库。(4)12日,发出A材料130公斤。(5)20日,购入A材料80公斤,每公斤实际成本110元,材料已验收入库。(6)25日,发出A材料30公斤。该材料为非财政拨款购入。

该单位3月份发出材料成本为:$(80\times100)+(20\times100+50\times105+60\times98)+(10\times98+20\times110)=8\ 000+13\ 130+3\ 180=24\ 310$(元)

根据计算结果,编制会计分录如下:

借:事业支出——非财政拨款支出——项目支出　　24 310

　贷:存货　　24 310

【例6-3】2×13年6月30日,专业部门交回多领材料价值800元入库。编制会计分录如下:

借:存货　　800

　贷:事业支出——财政拨款支出——基本支出　　800

六、购置设备支出的核算

事业单位购置设备等物品一般采用政府采购方式。所谓“政府采购”,是指各级国家机关、事业单位和团体组织,使用财政性资金采购依法制定的集中采购目录以内的或者采购限额标准以上的货物、工程和服务的行为。事业单位采购设备所需支付的资金实行财政直接支付,由财政部门按照政府采购合同约定,将政府采购资金通过代理银行直接支付给中标供应商。

事业单位购入不需安装的设备等固定资产,按照确定的成本,借记“固定资产”科目,贷记“非流动资产基金——固定资产”科目;同时,按照实际支付金额,借记“事业支出”等科目,贷记“财政补助收入”“零余额账户用款额度”“银行存款”等科目。

【例6-4】2×13年8月10日,某市文化局所属甲事业单位收到财政国库支付执行机构委托其代理银行转来的财政直接支付入账通知书,财政国库支付执行机构通过财政零余额账户为该单位支付音响设备,价值250 000元。编制会计分录如下:

借:事业支出——财政拨款支出——项目支出

　　　　　　　　　　　　　——专用设备购置　　250 000

　贷:财政补助收入　　250 000

同时，

借：固定资产　250 000

贷：非流动资产基金——固定资产　250 000

七、其他项目的核算

事业单位专业业务活动及其辅助活动中发生的其他各项支出，借记“事业支出”科目，贷记“库存现金”“银行存款”“零余额账户用款额度”等科目。

【例 6－5】2×13 年 10 月份，某事业单位业务活动支出及编制会计分录如下：

(1)5 日，以银行存款支付退休人员工资 35 000 元。

借：事业支出——财政拨款支出——基本支出

——对个人和家庭补助　35 000

贷：银行存款　35 000

(2)10 日，通过单位零余额账户支付办公用品款项 3 800 元，直接交付使用。

借：事业支出——财政拨款支出——基本支出

——商品和服务支出——办公费　3 800

贷：零余额账户用款额度　3 800

(3)15 日，办公室王主任出差归来报销差旅费 850 元，以现金付讫。

借：事业支出——财政拨款支出——基本支出

——商品和服务支出——差旅费　850

贷：库存现金　850

(4)20 日，以银行存款支付房屋维修支出 5 000 元。

借：事业支出——基本支出

——商品和服务支出——维修费　5 000

贷：银行存款　5 000

(5)22 日，通过单位零余额账户支付水费 600 元。

借：事业支出——财政拨款支出——基本支出

——商品和服务支出——水费　600

贷：零余额账户用款额度　600

(6)25 日，以银行存款支付网络通讯费 2 000 元。

借：事业支出——财政拨款支出——基本支出

——商品和服务支出——邮电费　2 000

贷：银行存款　2 000

八、事业支出期末转销的核算

期末，事业单位将“事业支出”科目余额转入事业结转结余，借记“事业结余”

科目,贷记“事业支出”科目。

【例6-6】承【例6-5】,2×13年10月末,该单位将事业支出45 250元转销。编制会计分录如下:

借:事业结余　　45 250

　贷:事业支出　　45 250

第三节　上缴与补助支出

一、上缴与补助支出内容

上缴与补助支出,是指事业单位的上缴上级支出和对附属单位补助。当一个事业单位将款项上缴时,构成其上缴上级支出;而当该单位对附属单位进行拨付资金而无需返还,则构成对附属单位补助支出。无论是对附属单位补助还是上级补助收入,它们所涉及的款项均为非财政性资金,这些资金是有关单位调剂收支余缺的机动财力。

(一)上缴上级支出

1. 上缴上级支出的概念。事业单位按照财政部门和主管部门的规定上缴上级单位的支出。

根据我国事业单位财务规则规定,非财政补助收入超出其正常支出较多的事业单位的上级单位可会同同级财政部门,根据该事业单位的具体情况,确定对这些事业单位实行收入上缴的办法。收入上缴主要有两种形式,一是定额上缴,即在核定预算时,确定一个上缴的绝对数额;另一是按比例上缴,即根据收支情况,确定按收入的一定比例上缴,即根据收支情况,确定按收入的一定比例上缴。事业单位按已确定的定额或比例上缴的收入即为上缴上级支出。

2. 会计科目的设置。为了反映上缴上级支出的增减变动情况,事业单位应设置“上缴上级支出”科目,核算事业单位按照财政部门和主管部门的规定上缴上级单位的支出。该科目贷方登记确认应上缴的数额;借方登记按规定上缴的款项;期末,将“上缴上级支出”科目余额转入事业结转结余,借记“事业结转结余”科目,贷记“上缴上级支出”科目。其明细账应当按照收缴款项单位或缴款项目等设置,并进行明细分类核算。

3. 账务处理程序与方法。事业单位按规定将款项上缴上级单位,按照实际上缴的金额,借“上缴上级支出”科目,贷记“银行存款”等科目;期末,将“上缴上级支出”科目余额转入事业结转结余,借记“事业结转结余”科目,贷记“上缴上级支出”科目。

【例6-7】2×13年6月30日,某市教育局所属经济管理学院附属中学按规定的标准上缴上级单位即经济管理学院款项 35 000 元，款项已以银行存款支付。该附属中学应编制会计分录如下：

借：上缴上级支出　　35 000

　贷：银行存款　　35 000

【例 6-8】承【例 6-7】，该附属中学年终结账，将“上缴上级支出”科目借方余额 25 000 元，予以转销。应编制会计分录如下：

借：事业结转结余　　25 000

　贷：上缴上级支出　　25 000

（二）对附属单位补助

1. 对附属单位补助的概念。对附属单位补助，是指事业单位用财政补助收入之外的收入对附属单位补助发生的支出。可见，对附属单位补助是无偿拨付的、不需单独报账的、财政补助收入之外的资金。其资金来源是收入较多的附属单位上缴的款项以及事业单位自己组织的除财政补助收入以外的其他资金。

对附属单位补助，从其性质看也是一种对外投资，但由于所属单位是本单位组成部分，与对其他单位的投资相比又有所区别。因此，对附属单位补助不通过“对外投资”科目核算，而另单设“对附属单位补助”科目。

2. 会计科目的设置。为了反映对附属单位补助增减变动情况，事业单位应设置“对附属单位补助支出”科目，核算事业单位用财政补助收入之外的收入对附属单位补助发生的支出。该科目借方登记对附属单位补助数额；贷方登记期末转入事业结转结余的对附属单位补助数；期末结账后，“对附属单位补助支出”科目应无余额。其明细账应当按照接受补助单位或补助项目等设置并进行明细分类核算。

3. 账务处理程序与方法。事业单位发生对附属单位补助，按照实际补助的金额，借记“对附属单位补助支出”科目，贷记“银行存款”等科目；期末，将“对附属单位补助支出”科目余额转入事业结转结余，借记“事业结转结余”科目，贷记“对附属单位补助支出”科目。

【例 6-9】2×13 年，某事业单位发生对附属单位补助及其转销业务如下：

（1）用银行存款 500 000 元对所属机构拨款。

借：对附属单位补助支出——甲单位　　500 000

　贷：银行存款　　500 000

（2）收到所属单位根据章程规定缴回的 30 000 元剩余资金。

借：银行存款　　30 000

　贷：对附属单位补助支出——甲单位　　30 000

（3）期末，将“对附属单位补助”账户借方余额转账。

借：事业结转结余　　470 000

　贷：对附属单位补助——甲单位　　470 000

第四节　经营支出

一、经营支出概述

（一）经营支出的概念

经营支出，是指事业单位在专业业务活动及其辅助活动之外开展非独立核算经营活动发生的支出。对于经营支出概念，应从以下两方面认识：

1. 经营支出是专业业务活动及其辅助活动之外发生的支出。所谓专业业务活动，是指事业单位根据本单位专业特点所从事或开展的主要业务活动，通俗地讲，也可以叫作“主营业务”。如文化事业单位的演出活动、教育事业单位的教学活动、科学事业单位的科研活动、卫生事业单位的医疗保健活动等。辅助活动是指与专业业务活动相关、直接为专业业务活动服务的单位行政管理活动、后勤服务活动及其他有关活动。开展上述活动以外的支出为经营支出。

2. 经营支出是非独立核算经营活动发生的支出。这里的非独立核算是指事业单位内部的不具有独立法人资格、没有完整会计工作组织体系的部门或单位。这些部门或单位，在生产、销售定型产品和经销商品过程中，在承包建筑、安装、维修等工程过程中，在出租、出借暂时闲置的仪器设备、房屋场地及向社会提供餐饮、住宿、交通运输等服务活动过程中，所发生的资金耗费和损失，即属于经营支出。

事业单位从事非独立核算的经营活动所发生的全部支出（包括直接用于经营活动消耗的材料、工资等直接支出和由单位事业支出统一垫支需要分配转入的各项支出）都应纳入经营支出核算范围，并实行经营支出与经营收入的相互配比。事业单位应当严格区分经营支出和事业支出，不能将经营支出的项目列为事业支出，也不能将事业支出的项目列为经营支出。

（二）经营支出的特点

经营收入与事业收入均是因事业单位向社会提供了商品或服务而应获取的收入。不同之处是，经营活动体现了保本获利原则，只能是从商品或服务接受方取得收入。事业收入体现了事业活动的公益性原则，可能从商品或服务的接受方取得了补偿性收入，也可能从财政取得了补偿性资金。

经营支出的主要特征有：

1. 支出是因非独立核算的经营性业务而发生；

2. 支出需要由经营活动收入补偿；

3. 经营支出应当与经营收入相互配比，以便考核经营业务的经济效益。

（三）经营支出核算原则

1. 正确归集与合理分配费用。事业单位开展非独立核算经营活动的，应当正确归集开展经营活动发生的各项费用数;无法直接归集的,应当按照规定的标准或比例合理分摊。

2. 经营支出与经营收入应当配比。为了提供事业单位经济业务管理水平相关信息,对经营活动的核算必须遵循收支配比原则。即在确定一个时期的经营收入时,必须相应确认与该期收入有关的支出,并将收入和相应的支出相互配比,以确定其事业成果。

二、会计科目的设置

为了反映经营支出增减变动情况,事业单位应设置“经营支出”科目,核算事业单位在专业业务活动及其辅助活动之外开展非独立核算经营活动发生的支出。该科目借方登记事业单位发生的各项经营支出;贷方登记冲减经营支出以及期末将本科目余额全部转入经营结转结余数额。本科目应当按照经营活动类别、项目、《政府收支分类科目》中“支出功能分类”相关科目等进行明细核算。

三、账务处理程序与方法

(一)职工薪酬支出

事业单位为在专业业务活动及其辅助活动之外开展非独立核算经营活动人员计提的薪酬等,借记“经营支出”科目,贷记“应付职工薪酬”等科目。

【例6-10】某事业单位所属非独立核算印刷厂2×13年10月份职工薪酬结算情况为:职工35人,其薪酬总额为87 500元。为职工代扣医药费500元,个人所得税800元。编制会计分录如下:

(1)确认应付职工薪酬:

借:经营支出　　87 500

　贷:应付职工薪酬　　87 500

(2)结转代扣款项:

借:应付职工薪酬　　1 300

　贷:应缴税费——应缴个人所得税　　800

　　其他应付款　　500

(3)通过银行发放职工薪酬:

借:应付职工薪酬　　86 200

　贷:银行存款　　86 200

(二)领用存货

事业单位在专业业务活动及其辅助活动之外开展非独立核算经营活动领用、发出的存货,按领用、发出存货的实际成本,借记“经营支出”科目,贷记“存货”科目。

【例6－11】2×13 年 8 月 1 日，甲事业单位某材料库存 100 千克，单位成本 6.40元。本月 5 日购入该材料 200 千克，单位成本 6.30 元，15 日又购入该材料 700 千克，单位成本 6 元。本月 18 日经营活动领用材料 300 千克，25 日专业活动领用材料 200 千克。发出材料按加权平均法计价。该材料为非财政拨款资金购入。

材料加权平均单价＝(100×6.40＋200×6.30＋700×6)÷(100＋200＋700)＝6.10(元)

经营活动领用材料成本＝300×6.10＝1 830(元)

专业活动消耗材料成本＝200×6.10＝1 220(元)

借:事业支出——非财政拨款支出——商品和服务支出——专用材料费　1 220

　　经营支出——加工 M 设备　1 830

　贷:存货——某材料　3 050

(三)其他支出

事业单位在专业业务活动及其辅助活动之外开展非独立核算经营活动中发生的其他各项支出，借记"经营支出"科目，贷记"库存现金""银行存款""应缴税费"等科目。

【例6－12】2×13 年 3 月份，甲事业单位从事经营活动及其编制会计分录如下：

(1)领用劳保用品 3 000 元用于经营活动。

借:经营支出　3 000

　贷:存货　3 000

(2)经营部门王某出差归来报销差旅费 5 000 元，出差前预借现金 6 000 元，退回 1 000 元。

借:库存现金　1 000

　　经营支出　5 000

　贷:其他应收款——王某　6 000

(3)用支票支付经营部门电费、网费 5 800 元。

借:经营支出　5 800

　贷:银行存款　5 800

(4)对经营用设备进行维修。领用维修材料 6 000 元，购置零星配料支付现金 300 元。

借:经营支出　6 300

　贷:库存现金　300

　　　存货　6 000

(四)经营支出期末转销

期末，事业单位将经营支出转入经营结余时，编制借记"经营结余"科目、贷记

“经营支出”科目的会计分录。

【例6－13】承【例6－12】，期末，将经营支出20 100元转入经营结余。编制会计分录如下：

借：经营结余　　20 100

　贷：经营支出　　20 100

第五节　其他支出

一、其他支出概述

（一）其他支出的概念

其他支出是指事业单位除事业支出、上缴上级支出、对附属单位补助支出、经营支出以外的各项支出，包括利息支出、捐赠支出、现金盘亏损失、资产处置损失、接受捐赠（调入）非流动资产发生的税费支出等。

其他支出的共同特点是与事业单位各项业务活动无直接关系，但对这些支出进行单独核算的意义在于正确反映事业单位各项支出水平，实现收支配比，以评价事业单位管理的水平。

（二）其他支出的内容

1. 利息支出。利息支出是指事业单位借入短期借款、长期借款而支付的利息。

2. 捐赠支出。一般而言，捐赠是指某一个主体无条件向另一主体交付现金或其他资产，或清偿、撤销债务，并且该主体不作为对方的所有者。捐赠同交换等相比具有以下特点：一是无条件性，即不存在需要在未来返还资产或重新承担债务的不确定事项；二是非互惠性，即取得捐赠不需要支付对价；三是自愿性，即没有来自外部强迫的压力；四是非所有权投资，即捐赠方不作为所有者。

3. 现金盘亏损失。现金盘亏，是指资产经过清查盘点后，其实际价值少于其账面价值。每日现金账款核对中发现现金短缺，应积极查找原因。

4. 资产处置损失。从一般意义上讲，资产处置是指通过综合运用法律允许范围内的一切手段和方法，对资产进行的价值变现和价值提升的活动。事业单位资产处置，是指事业单位对其占有、使用的国有资产产权的转移及核销。这包括资产的出售、出让、转让、对外捐赠、无偿调出、盘亏、报废、毁损以及货币性资产损失核销等。因资产处置而发生的损失为资产处置损失。

5. 接受捐赠（调入）非流动资产发生的税费支出，是指事业单位接受捐赠（调入）长期股权投资、固定资产，在建工程、无形资产等非流动资产发生的税费支出。

二、会计科目的设置

为了反映其他支出增减变动情况，事业单位应设置“其他支出”科目，核算事业单位除事业支出、上缴上级支出、对附属单位补助、经营支出以外的其他支出。该科目借方登记发生的支出;贷方登记期末分摊转销的其他支出;期末结账后,“其他支出”科目应无余额。

本科目应当按照其他支出的类别、《政府收支分类科目》中“支出功能分类”相关科目等进行明细核算。其他支出中如有专项资金支出,还应按具体项目进行明细核算。

需要说明的是,事业单位对外捐赠固定资产、无形资产等非流动资产,不通过“其他支出”科目核算。

三、账务处理程序与方法

(一)以货币资金支付的其他支出

事业单位支付银行借款利息、对外捐赠现金资产,应确认事业支出,减少银行存款;每日现金账款核对中如发现现金短缺,属于无法查明原因的部分,报经批准后,确认其他支出,减少库存现金;接受捐赠、无偿调入非流动资产发生的相关税费、运输费等,确认其他支出,同时减少银行存款。以固定资产、无形资产取得长期股权投资,所发生的相关税费确认其他支出,减少银行存款。

期末,将其他支出本期发生额中的专项资金支出结转入非财政补助结转、非专项资金支出结转入事业结余。其他支出账务处理程序与方法,如图6-2所示。

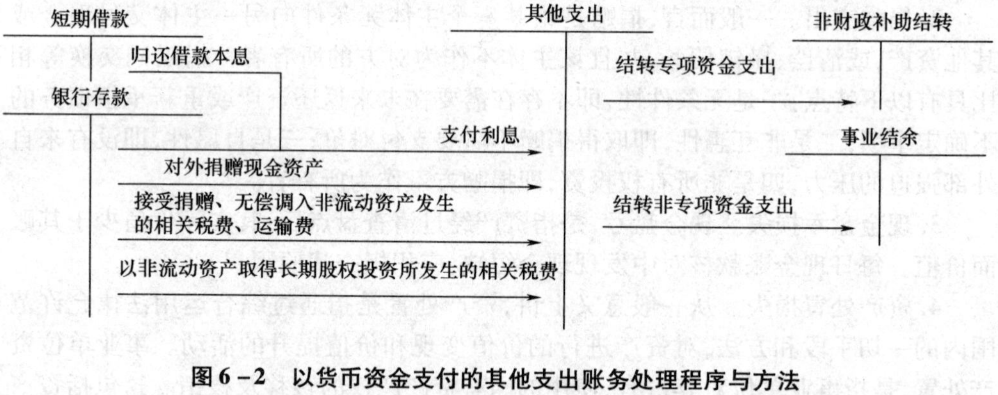

图6-2 以货币资金支付的其他支出账务处理程序与方法

【例6-14】某事业单位2×13年发生其他支出事项及编制会计分录如下:

(1)归还工商银行短期借款,本金400 000元,利息7 200元。

借:短期借款	400 000
其他支出——利息支出	7 200
贷:银行存款	407 200

(2)向乙灾区捐款货币资金200 000元,以转账支票付讫。

借:其他支出——捐赠支出　　200 000

　贷:银行存款　　200 000

(3)出纳盘点现金发现短缺150元,其中100元为多付乙公司,对方同意退还,其余50元经批准作为支出处理。

借:其他支出　　50

　其他应收款——乙公司　　100

　贷:库存现金　　150

(4)接受乙单位捐赠一项固定资产,与资产相关凭据、同类或类似资产的市场价格也无法可靠取得,该资产按照名义金额入账。甲事业单位接受捐赠资产支付相关税费、运输费3 800元,以银行存款付讫。

确认固定资产:

借:固定资产　　1

　贷:非流动资产基金——固定资产　　1

支付相关税费、运输费等:

借:其他支出　　3 800

　贷:银行存款　　3 800

(二)非货币资金列支的其他支出

1. 应收及预付款项损失。事业单位将应收及预付款项转入待处置资产时,确认待处置资产损溢,同时核销应收账款、预付账款、其他应收款;报经批准予以核销应收及预付款项时,确认其他支出,同时核销待处置资产损溢。

应收及预付款项损失的账务处理程序与方法,如图6-3所示。

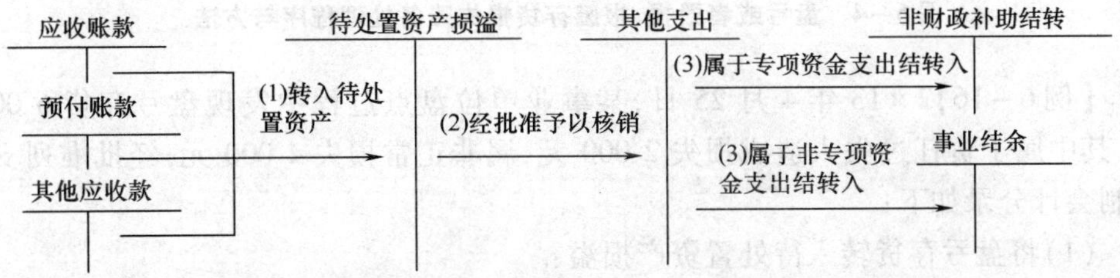

图6-3 应收及预付款项损失的账务处理程序与方法

【例6-15】2×13年1月5日,甲事业单位非独立核算部门向乙公司销售一批存货,其价款为500 000元,增值税销项税额85 000元,代垫运杂费、保险费3 000元。款项乙公司暂欠。近一年甲事业单位屡次催款未果。2×13年12月25日,乙公司被依法注销并吊销其营业执照,甲事业单位获得清算资金300 000元,存入银行,其余款项无法收回。编制会计分录如下:

(1)确认经营收入:

借:应收账款——乙公司　　588 000
　贷:经营收入　　500 000
　　应缴税费——应缴增值税　　85 000
　　银行存款　　3 000

(2)将应收款转入待处置资产:

借:待处置资产损溢——处置资产价值　　588 000
　贷:应收账款——乙公司　　588 000

(3)报经批准予以核销应收款项:

借:银行存款　　300 000
　其他支出　　288 000
　贷:待处置资产损溢——处置资产价值　　588 000

2. 盘亏或者毁损、报废存货损失。事业单位将盘亏或者毁损、报废存货转入待处置资产时,确认待处置资产损溢,同时减少存货;报经批准予以处置时,确认其他支出,同时核销"待处置资产损溢"。盘亏或者毁损、报废存货损失账务处理程序与方法,如图6-4所示。

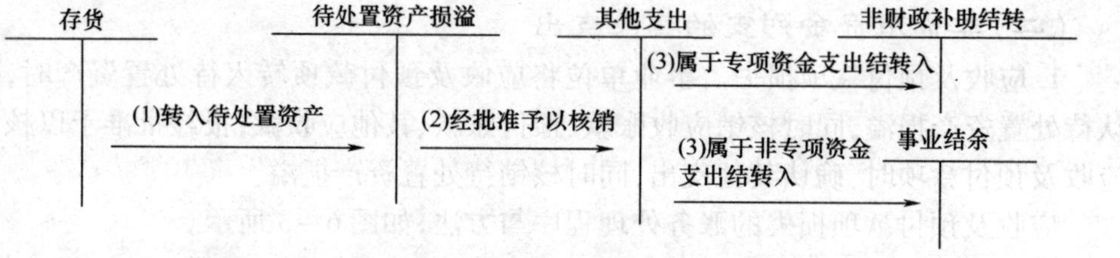

图6-4　盘亏或者毁损、报废存货损失账务处理程序与方法

【例6-16】2×13年4月25日,某事业单位盘点过程中发现盘亏存货6 000元,其中属于责任过失人造成损失2 000元,属非正常损失4 000元,经批准列支。编制会计分录如下:

(1)将盘亏存货转入待处置资产损溢:

借:待处置资产损溢　　6 000
　贷:存货　　6 000

(2)经批准处理资产损溢:

借:其他支出——资产处置损溢　　4 000
　其他应收款——某责任者　　2 000
　贷:待处理财产损溢　　6 000

3. 对外捐赠、无偿调出存货。事业单位将对外捐赠、无偿调出存货转入待处置资产时,确认待处置资产损溢增加、减少存货;实际捐出、调出时,确认其他支出,核销待处置资产损溢。其账务处理程序与方法,如图 6－5 所示。

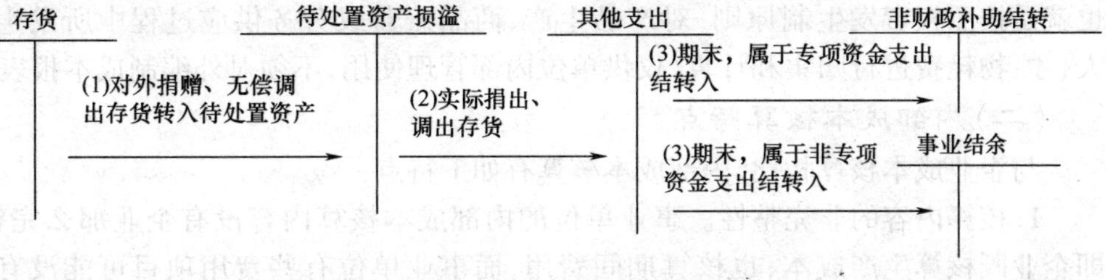

图 6－5　对外捐赠、无偿调出存货账务处理程序与方法

【例 6－17】2×13 年 2 月 25 日,甲事业单位将一批存货无偿调给乙单位,账面价值 28 500 元,与资产相关手续已办妥。编制会计分录如下:

(1)调出存货转入待处置资产:

借:待处置资产损溢——处置资产价值	28 500
贷:存货	28 500

(2)实际捐出资产:

借:其他支出	28 500
贷:待处置资产损溢——处置资产价值	28 500

(三)其他支出的转销

期末,将“其他支出”科目本期发生额中的专项资金支出结转入非财政补助结转,借记“非财政补助结转”科目,贷记“其他支出”科目下各专项资金支出明细科目;将本科目本期发生额中的非专项资金支出结转入事业结余,借记“事业结余”科目,贷记“其他支出”科目下各非专项资金支出明细科目。

【例 6－18】某事业单位其他支出总额为 280 000 元,其中属于专项资金支出 150 000 元,非专项资金支出 130 000 元。编制会计分录如下:

借:非财政补助结转	150 000
事业结余	130 000
贷:其他支出	280 000

第六节　内部成本

一、内部成本核算概述

(一)内部成本核算的概念

《事业单位财务规则》第二十四条指出:“事业单位应当加强经济核算,可以根据开展业务活动及其他活动的实际需要,实行内部成本核算办法。”

什么是内部成本核算办法？顾名思义，只是供内部管理而使用的成本核算办法，对外不计算也不报告成本。其实质上是加强支出或者费用管理的一种手段。也就是按照权责发生制原则，对产品生产、商品兼营或劳务供应过程中所发生的人、才、物耗费进行归集和计算，仅供单位内部管理使用，不须对外编制成本报表。

（二）内部成本核算特点

与企业成本核算相比，内部成本核算有如下特点：

1. 核算内容的非完整性。事业单位的内部成本核算内容没有企业那么完整，即企业既核算生产成本，也核算期间费用，而事业单位有些费用项目可能没有发生，有些费用项目发生了但又无法进行准确的成本核算。

2. 核算方法的非严格性。企业的成本核算，要求按照权责发生制原则确定成本费用的开支，严格划清本期成本费用和下期成本费用的界限、在产品成本和产成品成本的界限、各种产品成本的界限，各项成本费用的计算分配方法是非常严格的。而事业单位一般不具备真正意义上的成本核算条件，各种成本费用的界限无法划分，计算分配方法也难以严格。

事业单位实现内部的成本核算，目的是为了加强事业单位的内部管理，正确反映单位财务状况和事业成果，提高单位成本核算意识，提高资金使用效益。

（三）内部成本核算范围

内部成本核算适用范围实质是确定成本核算客体问题。①有产品生产或兼有商品营销的事业单位，应当以其产品或商品为对象进行成本核算；②对外提供技术咨询、教育培训等劳务服务活动的事业单位，应当以服务项目为对象进行成本核算；③进行科研的事业单位，一般应该以科研课题、项目或研究室、事业部等为对象进行成本核算；④事业单位等医疗单位，一般应对药品、检查项目等实行成本核算①。

（四）内部成本核算要求与形式

事业单位实行内部成本核算，必须符合事业单位财务管理基本要求，保证事业单位财务管理体制的统一性和完整性，其成本费用支出必须与事业支出科目相衔接。在进行成本项目设计时，其具体的、明细的项目，应当与国家统一规定的事业支出科目衔接起来。比如，事业单位的事业支出或经营支出，一级科目可以参照企业财务制度设计为直接费用（直接材料、直接工资、其他直接支出）、制造费用、管理费用、财务费用和销售费用等，也可以根据实际情况进行简化合并，二级科目则可以按照事业支出科目设计为工资、补助工资、职工福利费、社会保障费、助学金、公务费、业务费、设备购置费、修缮费和其他费用。这样，既满足了内部成本核算的需要，又能与国家统一规定的事业支出科目相衔接。在编制财务报告时，有关成本

① 王彦、王建英编著：《政府会计》，中国人民大学出版社，2012 年版，第 258 页。

费用能够还原到国家统一规定的支出科目当中去，统一编制事业单位的财务报告。

一般来说，只要是计算成本，无论是对内还是对外，就必须采用权责发生制原则，即必须严格划分经费发生的受益期间，按谁受益谁负担的原则分配费用，而不受款项收付的制约。

那么实践中如何协调这同记账基础的关系呢？这是一个难以处理的关键问题。解决这种问题有两种方法可以选择：

1. 双轨制，即在一个会计主体内同时采用两种记账基础，设立两套账目，进行双轨核算，分别反映单位成本和单位预算执行的情况。显然，这样做不符合成本效益原则，是一种事倍功半的做法。

2. 单轨制，即总账科目按收付实现制记账基础运作，另增设“待摊费用”、“预提费用”、“折旧费”和“累计折旧”四个明细科目。日常按权责发生制组织明细分类核算，期末（或定期）根据收付实现制原则，通过编制报表进行必要的账户调整。这样，可保证月末、年末总账和各明细账在预算会计的收付实现制下保持一致。

（五）成本费用核算要求

1. 产品成本和费用的核算，应当强调投入产出观念，以最小的投入，取得最大的产出，努力改善经营管理，降低成本费用消耗，提高经济效益，增强本单位的经费自给能力，促进事业发展。

2. 严格执行规定的成本、费用开支范围和标准。对于涉及国家预算拨款的成本费用开支会计事项，应当划清国家预算资金与单位自有资金的界限，做到互不挤占。生产成本和各项费用的支出，要与本单位的经费支出或业务支出、事业支出区别开来。

3. 属于成本费用消耗的各项原材料和财产物资，应当建立专门账卡，单独核算，并健全账簿记录，严密领发手续，定期进行清查盘点，做到账账、账实相符。

4. 要求根据具体情况，制定必要的、简便易行的各项成本费用的消耗定额、工时定额，编制成本费用报表，开展经济活动分析，考核经营成果。

二、产品成本的核算

事业单位进行产品生产所发生的活劳动与物化劳动的耗费，按产品品种进行正确归集和分配，则表现为产品的生产成本。成本是产品部分价值的货币表现，而价值又是确定价格的基础，所以，产品成本高低直接影响事业单位产品价格制订的合理与否，关系到产品生产过程中各种耗费能否得到补偿，它对国家、单位和消费者各方面的经济利益都产生了直接、重要的影响。

（一）产品成本开支范围及成本项目

1. 产品成本开支范围。产品成本核算是事业单位财务管理的重要内容。为了及时准确地计算产品成本，反映生产费用情况，便于有效地控制和监督生产费用支出,正确确定业务成果,进行产品成本核算必须遵守成本开支范围的相关规定。

成本开支范围是指单位在业务经营活动中可以列入产品成本的各项支出。事业单位的经济活动错综复杂,其发生的支出是多方面的,也表现为不同的性质和用途。确定产品成本开支范围应遵循以下原则:①以生产经营活动为限,即凡是与产品生产活动直接有关的费用支出计入成本;凡是与产品生产活动无关的支出不计入成本。②以效益支出为限,凡是属于为取得生产经营活动的价值效益而发生的支出,计入成本;凡属于投资性质的支出,不能一次计入成本。③以支出效益体现的时间为限,也就是说,当期受益的支出,允许计入成本;当期不能直接受益的支出采取分期摊销的原则,不能一次全部计入成本。

在生产经营活动中可以列入成本费用的,按规定一般包括:生产经营活动过程中实际消耗的各种材料、辅助材料和外购半成品;为制造产品耗用的燃料和动力;全部生产工人和生产管理人员的工资、奖励工资、职工福利费和其他工资等;加工修配和对外协作消耗的材料及费用;生产用固定资产的折旧费和修理费;因生产经营而支付的办公费、差旅费、广告费、运输费、保险费、检验费等;生产用低值易耗品;经财政部门批准列入成本开支的其他费用。

下列开支不应列入成本:基本建设支出和挖潜改造支出;社会性开支;自然灾害造成的财产损失;工人和管理人员应在专项资金中开支的奖金;不应列入事业支出的各项开支。

上述的成本费用界限必须划清。如果产品成本开支范围不清,成本费用与其他开支相互混淆,就不能如实反映各单位的实际消耗,引起盈亏不实,进而影响收入的合理分配。

2. 产品成本项目的内容。如前述,从事产品生产发生的各项生产费用,按其经济用途可划分为以下项目,即成本项目:

(1)直接材料,是指直接用于产品生产、构成产品实体的原料、主要材料、外购半成品,有助于产品形成的辅助材料及其他直接材料。

(2)燃料及动力,是指直接用于产品生产的外购和自制的燃料及动力。如果单位燃料和动力不多,为简化核算工作,可以将工艺用燃料费用并入"直接材料"成本项目;将工艺用动力费并入"间接费用"成本项目。

(3)直接人工,是指直接参加产品生产的工人工资及按生产工人工资总额和规定比例计算提取的职工福利费。

(4)间接费用,是指直接用于产品生产,但不便于直接记入产品成本,因而没有专设成本项目的费用(如机器设备折旧费),以及间接用于产品生产的各项费用。

(二)事业单位内部成本核算账户的设置

事业单位内部成本核算,其账户设置有以下两种方法。

1. 单设成本账户。有关成本方面的支出经分配直接或间接记入成本费用账户，然后根据要求在收入支出表中列示。根据《事业单位会计制度》的规定，对于成本核算业务较复杂的单位，可根据需要自行设置必要的成本核算账户。

为了总括地反映与监督产品形成过程中发生的各种费用，应设置“成本费用”账户、“间接费用”账户。

“成本费用”账户是支出类账户，核算实行内部成本核算的事业单位应列入劳务（产品、商品）成本的各项费用。其借方登记业务活动或经营过程中发生的各项费用，贷方登记产品入库成本。其明细账应按经营类别或产品品种设置。

“间接费用”账户是支出类账户，核算事业单位为生产产品（或提供劳务）而发生的各项间接费用。其借方登记发生的间接费用，贷方登记按一定标准分配记入当期有关成本核算对象的间接费用。结转后本账户一般没有余额。其明细账应按不同部门设置。

2. 不单设成本账户。在这种方式下，事业单位开展业务或经营活动发生的有关支出，直接记入相应的支出账户，而另以成本计算表计算有关产品成本。

（三）内部成本核算基本程序

不同类型的事业单位，由于业务经营特点和管理要求不同，决定了其成本费用核算方法存在着一定的差异。但不论哪种类型的单位，成本计算一般程序是相同的，主要包括以下内容：

1. 确定成本核算对象。成本核算对象一般根据劳动耗费受益物为基础进行确定。如科研单位从事各类科学技术和经营活动，都直接和间接地发生活劳动和物化劳动的消耗，这些劳动耗费受益物（既包括非物质形态的知识产品，也包括物质产品）构成了科研成本核算对象。事业单位业务和经营活动内容广泛，成本计算对象也多种多样，可以是生产的产品、研究的课题、服务的项目、专项工程或工作。

需要说明的是，一些事业单位如科学事业单位、医疗机构等，可以以研究室、业务部或课题组为成本核算单位，也可以以科研课题、项目、产品等为成本核算对象。

2. 确定成本计算期。成本费用计算期具有宽泛内涵，可以是月、季度或年度，也可是运营周期，还可以是某次成本计算期间。理论上讲，成本计算期与生产经营周期一致。但在实务上，成本计算期与生产经营周期是否达到一致，要取决于单位业务经营特点以及分期考核业务成果的要求。如高校本科人才成本应以入学至离校期间为成本计算期，而物质产品则以月为成本计算期。科研课题研究一般以技术合同规定的课题周期为成本计算期，对于跨年度的课题分年度计算，课题结束计算全部成本。

3. 确定成本费用项目。确定成本费用项目就是根据成本费用开支范围的规定，将计入成本费用的各项耗费，按其经济用途进行具体分类的项目。正确确定成本项目，可以清晰地显示成本的经济用途，便于成本的计算、控制与分析。成本项目应结合事业单位运营特点和成本管理要求加以确定。一般事业单位的成本项目包括人员经费和公用经费中的相关费用;从事物质产品科研、生产的事业单位,其产品成本项目包括直接材料、直接人工、间接费用等。

4. 设置成本明细账和各种费用明细账。事业单位所发生的各项费用应通过设置有关成本、费用明细账进行归集汇总。成本明细账应按照成本计算对象设置,一般而言,事业单位各个会计期间生产多少种产品,就必须设置多少个成本明细账,以便按照成本计算对象归集生产费用。同时,成本明细账应按成本项目归集费用,反映成本构成情况,提供成本管理和成本考核必要的信息。

5. 成本归集与分配。成本计算过程,实际上是按一定成本计算对象归集和分配费用的过程。在归集和分配费用时,应当遵守以下原则:对于能按某种成本计算对象直接归集的费用,就直接计入;对于不能直接确定的费用,则要按受益原则,通过一定的科学方法进行分配后再计入。如果成本计算对象只有一个时,归集的全部费用就直接计入该产品;如果成本计算对象有两个以上时,要将归集的费用按一定的标准分配计入各种产品,以计算各种产品的成本。

(四)内部成本核算的账务处理

根据《事业单位会计制度》规定,发生自行加工存货业务的事业单位,应当在"存货"科目下设置"生产成本"明细科目,归集核算自行加工存货所发生的实际成本(包括耗用的直接材料费用、发生的直接人工费用和分配的间接费用)。

以货币资金支付存货在加工过程中有关费用时,借记"生产成本"科目,贷记"银行存款"科目。

自行加工的存货在加工过程中发生各种材料费用时,借记"生产成本"科目,贷记"存货——××材料"科目。

自行加工的存货在加工过程中确认应付职工薪酬时,借记"生产成本"科目,贷记"应付职工薪酬"等科目。

发生间接费用,借记"间接费用"科目,贷记"银行存款""存货——××材料""应付职工薪酬"等科目;分配间接费用,借记"生产成本"科目,贷记"间接费用"科目。

加工完成的存货验收入库,按照所发生的实际成本,借记"存货——××存货"科目,贷记"生产成本"科目。

上述存货加工成本核算程序,如图6-6所示。

【例6-19】2×13年10月份,某科研事业单位自行加工A,B两种产品,其发生直接、间接费用情况如下:

(1)加工A,B产品共同耗用甲材料。A产品定额耗用量为4千克,乙产品为2千克。本期实际耗用甲材料6 000千克,每千克单价3元,共消耗材料费用18 000元。生产A产品1 500件,B产品1 000件。

根据上述公式,A,B产品定额消耗量的计算及材料费用分配方法如下:

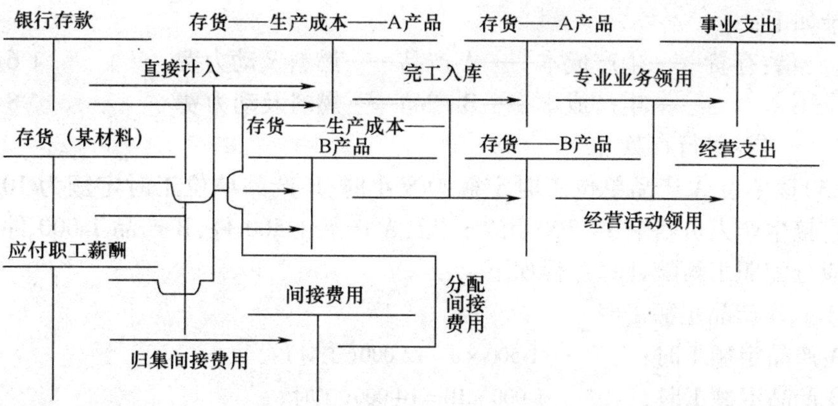

图6－6　存货加工成本核算程序

①A,B产品定额消耗量：

A产品＝1 500×4＝6 000（千克）

B产品＝1 000×2＝2 000（千克）

②全部产品定额耗用总量＝6 000＋2 000＝8 000（千克）

③材料分配率＝6 000÷8 000＝0.75

④A,B产品应分配的材料费：

A产品：　　0.75×3×6 000＝13 500（元）

B产品：　　0.75×3×2 000＝4 500（元）

根据分配结果，编制"材料费用分配表"，如表6－1所示。

表6－1　甲种材料费用分配表

2×13年10月

产品名称	分配标准			实际耗用量	分配率	分配金额（元）
	产量（件）	单位定额耗用量（千克）	定额耗用总量（千克）			
A产品	1 500	4	6 000			13 500
B产品	1 000	2	2 000			4 500
合　计			8 000	6 000	0.75	18 000

根据表6－1的分配结果，编制会计分录如下：

借：存货——生产成本——A产品——材料费　　13 500

　　　　——生产成本——B产品——材料费　　4 500

　贷：存货——甲材料　　18 000

（2）该单位本期生产A,B产品，本月共耗用外购动力费2 480元。经分配，A产品动力费为1 640元，B产品为840元。根据银行转来的动力费结算单，编制会计分录如下：

借:存货——生产成本——A 产品——燃料及动力费　　1 640

——生产成本——B 产品——燃料及动力费　　840

贷:银行存款　　2 480

(3)该单位 A 产品单位工时定额为 8 小时,B 产品单位工时定额为 10 小时。本月直接生产人员薪酬 14 300 元。产量:A 产品 1 500 件,B 产品 1 000 件。A,B 产品应分配职工薪酬计算过程如下:

①A,B 产品定额工时:

A 产品定额工时:　　$1\ 500 \times 8 = 12\ 000$(工时)

B 产品定额工时:　　$1\ 000 \times 10 = 10\ 000$(工时)

②A,B 产品定额工时总数 $= 12\ 000 + 10\ 000 = 22\ 000$(工时)

③薪酬分配率 $= 14\ 300 \div 22\ 000 = 0.65$(元/工时)

④A,B 产品应分配的薪酬:

A 产品:　　$0.65 \times 12\ 000 = 7\ 800$(元)

B 产品:　　$0.65 \times 10\ 000 = 6\ 500$(元)

根据计算结果,编制“职工薪酬分配表”,如表 6－2 所示。

表 6－2　职工薪酬分配表

2×13 年 10 月 31 日

产品名称	分配标准			分配率	分配金额(元)
	产量(件)	单位工时定额	定额工时总数		
A 产品	1 500	8	12 000		7 800
B 产品	1 000	10	10 000		6 500
合　计			22 000	0.65	14 300

根据表 6－2,编制会计分录如下:

借:存货——生产成本——A 产品——职工薪酬　　7 800

——生产成本——B 产品——职工薪酬　　6 500

贷:应付职工薪酬　　14 300

(4)本月发生与加工存货有关间接费用为:加工车间管理人员职工薪酬 2 640 元;外购动力费 1 800 元,以银行存款支付;以银行存款支付修理款 5 500 元;库房领用维修用材料 8 800 元;其他间接费用 2 530 元。编制会计分录如下:

①确认加工车间管理人员职工薪酬:

借:存货——间接费用　　2 640

贷:应付职工薪酬　　2 640

②支付外购动力费:

借:存货——间接费用　　3 300

　贷:银行存款　　3 300

③支付修理费用和领用维修材料:

借:存货——间接费用　　14 300

　贷:银行存款　　5 500

　　存货——某材料　　8 800

④支付其他费用:

借:存货——间接费用　　2 530

　贷:银行存款　　2 530

将上述间接费用记入“存货——间接费用”明细账,其结果如表6－3所示。

表6－3 “存货——间接费用”明细账

2×13年10月31日

月	日	摘 要	工资及福利费	折旧费	修理费	水电费	其他	合计	转出	余额
10	31	职工薪酬分配	2 640					2 640		
		动力费分配		3 300				3 300		
		修理费分配			14 300			14 300		
		其他费用分配				2 530		2 530		22 770
		分配转出							22 770	
		合 计	2 640	3 300	14 300	2 530	－	22 770	22 770	0

(5)期末分配间接费用,本月耗用定额工时为22 000小时,其中A产品耗用12 000工时,B产品耗用10 000工时。本月发生间接费用22 770元,在A,B产品分配方法如下:

$$\text{间接费用分配率}=\frac{22\,770}{12\,000+10\,000}=1.035(\text{元/小时})$$

A产品应分配间接费用＝12 000×1.035＝12 420(元)

B产品应分配间接费用＝10 000×1.035＝10 350(元)

合计　　22 770(元)

将分配结果编制“间接费用分配表”如表6－4所示。

表6－4 间接费用分配表

2×13年10月31日

产品名称	定额工时	分配率	分配额
A产品	12 000		12 420
B产品	10 000		10 350
合 计	22 000	1.035	22 770

根据“间接费用分配表”(表6－4),编制会计分录如下:

借:存货——生产成本——A产品——间接费用　　12 420

　　　——生产成本——B产品——间接费用　　10 350

贷:存货——间接费用　　22 770

(6)该单位A,B产品月末在加工存货成本采用“定额计算法”。

“定额计算法”就是以每个单位在加工存货的材料消耗定额成本(如表6－5所示),再乘以月末在加工数量,求出月末在加工存货成本。

表6－5　A,B在加工存货成本定额

名　称	单　位	单　价	A产品		B产品		备　注
			消耗定额	金额	消耗定额	金额	
1.材料							
甲材料	千克	10	4	40	2	20	
2.动力	度	0.5	10	5	10	5	
3.薪酬	工时	2	7.5	15	10	20	
合　计				60		45	

假定期末A在加工存货为150件,B在加工存货为60件,A,B产品期末在加工存货成本计算如下:

A在加工存货材料成本:　$40 \times 150 = 6\ 000$(元)

B在加工存货成本:　$20 \times 60 = 1\ 200$(元)

动力、薪酬项目计算同上。

另外,期末在加工存货间接费用为直接给定:A产品7 300元,B产品7 400元。

(7)该单位A,B产品完工成本和月末在加工存货成本资料如表6－6所示。其中本月存货完工成本的计算过程如下:

表6－6　产品成本计算表

2×13年10月31日　　金额单位(元)

成本项目	期初在加工成本		本期发生成本		期末在加工成本		本期完工成本	
	A产品	B产品	A产品	B产品	A产品	B产品	A产品	B产品
1.材料	650		13 500	4 500	6 000	1 200	8 150	3 300
2.燃料及动力	120		1 640	840	750	300	1 010	540
3.薪酬	320		7 800	6 500	2 250	1 200	5 870	5 300
4.间接费用			12 420	10 350	7 300	7 400	5 120	2 950
合计	1 090		35 360	22 190	16 300	10 100	20 150	12 090
产量							1 350	940
单位成本							14.93	12.86

本月存货完工(A 产品)成本 = 月初在加工存货成本 1 090 + 本月发生存货成本 35 360 -
月末在加工存货成本 16 300 = 20 150(元)

本月存货完工(B 产品)成本 = 月初在加工存货成本 0 + 本月发生产品成本 22 190 -
月末在加工存货成本 10 100 = 12 090(元)

本月完工产品总成本 = 20 150 + 12 090 = 32 240(元)

(8)本期 A,B 存货完工,根据产品成本计算表、存货入库单(略),编制会计分录如下:

借:存货——A 产品	20 150
——B 产品	12 090
贷:存货——生产成本——A 产品	20 150
存货——生产成本——B 产品	12 090

三、科研课题成本的核算

(一)科研课题成本费用核算的特点

科研课题(含各个研究专项)是进行科学研究的最基本单元。它是科研单位制定科研计划、落实经费预算以及订购物资的基础和依据。科研课题按其研究方向不同,可分为:基础研究课题、应用研究课题和开发研究课题;按课题来源不同,研究单位内部的课题可分为:国家攻关项目课题、部委重点课题、院重点课题。

科研单位所进行的课题研究活动,既是科研成果取得并应用于社会的过程,也是人力、物力和财力的消耗过程。为了核算科研成果的转让给科研单位带来的经济效益,有必要进行科研课题成本的核算。通过课题成本的核算,可以正确计算在研课题和完工课题的实际成本水平,考核课题费用预算执行情况,促进科研单位管好用好科研经费,努力增收节支,提高经济效益。

课题成本的核算,因科研活动特点而与企业产品成本核算有所区别。企业的生产过程一般表现为批量、连续、重复之特点,所创造的价值可以得到社会承认并获得补偿,经营风险相对较小。而科研活动因其追求先进、突破未知及知识产品的特点,决定了它的技术构思、设计、实施、科研周期、资金预算等需要不断地加以调整以致反复,同时存在失败的可能。因此,科研单位的课题通常单一性较强,课题之间的可比性差,某些成果社会需要面狭窄,经营风险大。所以课题成本核算通常要按课题项目进行单独成本核算,而不要求进行总体核算。成本计算期按从课题投入研究到完成课题的周期来算。不同课题所归集的研究费用就是该课题的全部费用。若课题已经完成,为该课题所归集的研究费用,就是该课题成本;课题未完成所归集的费用就是在研课题成本。因此课题成本一般不同于产品生产成本,不存在完工课题与未完成课题之间的费用分配问题。

(二)科研课题成本核算的程序

根据科研生产特点和成本管理要求,科研课题成本是以科研课题为主要核算对象,以课题研究周期为成本计算期,并按成本项目归集课题费用。

1. 科研课题成本核算对象的确定。一般以科研课题的“立题通知书”为成本核算对象,设置成本费用明细账或成本计算单,按成本项目归集其成本费用;课题研究完成时,其成本费用明细账或成本计算单所归集的全部费用,就是该课题的成本。

2. 成本项目的设置。恰当设置成本项目,有利于加强成本控制和成本分析。科研单位可根据本单位事业经营的性质、内容不同,设置以下成本项目:

(1)职工薪酬:是指直接从事科研、生产人员的劳务费(包括工资、补助工资、福利费、奖励工资、其他劳务支出等)。

(2)原材料费:是指直接用于科研、生产的元件、材料试剂、配套设备部件等。

(3)燃料及动力费:是指直接用于科研、生产的水、电、燃料、排污费等。

(4)设备购置及使用费:是指直接从事科研、生产等活动而发生的设备购置、使用等支出。

(5)专用业务费:是指为特定课题或产品发生的设计、资料、技术培训、技术会议、外事、检测、外协加工费等。

(6)室(车间)管理费:是指研究室、车间发生的费用。

下列费用不得列入科研课题成本:①应由基本建设投资、专项资金拨款中开支的费用;②应由特定资金开支的项目,如奖金、赔偿金、中止课题的经济损失、罚款、滞纳金等;③应由事业费拨款开支的事业费支出。

3. 合理确定成本计算期。科研课题以技术合同规定的课题周期为成本计算期。周期长的,可以会计年度、研制阶段为计算期核算当年或阶段成本和累计成本,研究结束核算其全部成本。

(三)科研课题费用的归集与分配

事业单位可在“存货”科目中设置“课题成本”明细科目核算课题成本、费用增减变动情况,也可以单独设置“课题成本”科目核算课题成本、费用增减变动情况。该科目借方登记本期发生的科研课题成本、费用;贷方登记完成课题的实际成本。其明细账可按事业拨款课题、自然科学基金课题、科技三项费用课题、委托科研课题、自选课题等设立。

此外,可设置“间接费用”“管理费用”科目,分别核算研究室(车间)和研究院(所)相关管理费用。

科研单位应做好科研课题成本费用的归集与分配的核算,凡能直接记入课题的费用(如直接材料费、人工费)应按实际发生数直接记入课题成本,而对研究室(车间)的管理费以及其他待摊的费用,应在每期期末按一定比例分配计入相关课题或产品成本。

1. 直接课题费用的归集与分配。科研单位在科研活动期间发生的领用设备、材料费，固定资产折旧费，本课题人员出差、国内外科学考察与培训等支出，构成了该课题直接费用。发生上述费用后，应根据审核无误的记账凭证直接记入各课题“科研课题明细账”（表6－7）及相关成本项目内。

表6－7　领用材料分配表

2×13年10月　　　　单位:元

	甲材料	乙材料	丙材料	合　计
科研用料	10 000	5 000	2 000	17 000
其中:01课题	6 000	3 000	1500	10 500
02课题	4 000	2 000	500	6 500
室(车间)耗料	1 500	500	1 000	3 000
院维修用料	3 000	1 000	2 000	6 000
合　计	14 500	6 500	5 000	26 000

【例6－20】甲科研部门接受乙公司委托研制01课题、02课题科研项目。相关成本费用发生情况及编制会计分录如下：

(1)2×13年10月该部门本月领用材料情况如表6－7所示。其中01课题为2×12年6月份开始研制，02课题是本月份开始研制。

根据领用材料分配表，编制会计分录如下：

借:课题成本——委托科研01课题——直接材料　10 500
　　　　　——委托科研02课题——直接材料　6 500
　　　　　　　　　　　　　　间接费用　3 000
　　　　　　　　　　　　　　管理费用　6 000
　贷:存货　26 000

(2)01课题组用课题经费16 000元，购置课题组使用专用计算机一台。单位办妥验收手续后，直接交课题组使用。

借:课题成本——委托科研01课题——设备购置费　16 000
　贷:银行存款　16 000

同时

借:固定资产——计算机　16 000
　贷:非流动资产基金——固定资产　16 000

(3)以银行存款支付研究室日常管理支出1 650元。

借:间接费用　1 650
　贷:银行存款　1 650

(4)委托外单位加工某零件用于02课题，按规定支付合同预付款8 000元。

借:预付账款——某单位　8 000

　贷:银行存款　8 000

此项加工业务完工,结算加工支出7 500元,转入课题费用。余款由对方交来转账支票结清,根据“加工费清单”、支票送存回单等凭证,编制会计分录如下:

借:银行存款　500

　课题成本——委托科研02课题——专用业务费　7 500

　贷:预付账款——某单位　8 000

(5)以银行存款支付01课题加工费3 600元,02课题动力费1 400元。

借:课题成本——委托科研01课题——加工费　3 600

　　　　——委托科研02课题——动力费　1 400

　贷:银行存款　5 000

2.职工薪酬的归集。科研单位发生科技人员的工资以及与个人相关开支部分,如社会保险费、福利费等,根据职工岗位、从事工作性质分别记入“课题成本”“间接费用”“管理费用”等科目,贷记“应付职工薪酬”科目。

【例6－21】承【例6－20】,该单位本月职工薪酬分配情况,如表6－8所示。

表6－8　职工薪酬分配表

2×13年10月　　单位:元

课题及部门名称	工资及津贴	社会保险费等	总金额
01课题	4 200	588	4 788
02课题	3 600	504	4 104
室(车间)管理人员	1 500	210	1 710
院管理人员	2 000	280	2 280
合　计	11 300	1 582	12 882

根据表6－8,编制会计分录如下:

(1)确认工资津贴等:

借:课题成本——委托科研01课题——职工薪酬　4 200

　　　　——委托科研02课题——职工薪酬　3 600

　　间接费用——职工薪酬　1 500

　　管理费用——职工薪酬　2 000

　贷:应付职工薪酬　11 300

(2)确认社会保险费等:

借:课题成本——委托科研01课题——职工薪酬　588

　　　　——委托科研02课题——职工薪酬　504

　　　　间接费用——职工薪酬　　　　210
　　　　管理费用——职工薪酬　　　　280
　　贷:应付职工薪酬　　　　1 582

3. 室(车间)管理费用的核算。科研单位发生室(车间)管理费用时,应先通过"间接费用"账户归集。由于室(车间)管理费用属于间接费用,因此,期末应选择以下较为合理且简便易行的标准、方法,在有关课题之间予以分配:①按课题组人员数的比例分配;②按课题组工作日或小时的比例分配;③按课题组工资总额的比例分配;④按课题预算数分配。

按课题组人员数的比例分配室(车间)间接费用的计算公式如下:

$$某课题组应分摊室(车间)费用=\frac{该课题人数}{研究室(车间)编制总人数}\times 待分配费用总额$$

【例6－22】承【例6－20】,月末该单位按课题组人员数的比例分配研究室管理费用。研究室发生管理费6 360(3 000＋1 650＋1 500＋210)元;课题研究室研究人员60人,其中:01课题24人,02课题12人。该课题应分配研究室的管理费计算方法如下:

01课题应分配额:　$\frac{24}{60}\times 6\ 360=2\ 544$(元)

02课题应分配额:　$\frac{12}{60}\times 6\ 360=1\ 272$(元)

根据分配结果,编制会计分录如下:

　　借:课题成本——委托科研01课题——研究室管理费　　　　2 544
　　　　　　　　——委托科研02课题——研究室管理费　　　　1 272
　　贷:间接费用　　　　3 816

4. 已完成科研课题成本的计算及结转。科研课题完成,经科研部门鉴定合格并出具鉴定结果报告后,财会部门根据鉴定结果的报告,将科研课题投产以来的累计成本通过"课题成本——科研课题明细账"(见表6－9、表6－10)进行整理、汇总,编制"课题成本决算表",如表6－11所示。

表6－9　科研课题明细账

课题编号　01课题　　　　经费来源:　甲公司投资
课题名称　ZHC　　　　开工日期:　2×12年6月1日
课题负责人　江南　　　　预计完成日期:2×13年11月30日

2×13年		凭证号	摘　要	职工薪酬	原材料费	燃料及动力费	设备购置费	业务费	室(车间)管理费	合　计	累计金额
月	日										
10	1		承前页	5 800	12 500	460	3 400	1 540	2 475	26 175	26 175
	略	略	领用材料		10 500					10 500	36 675

续表

2×13年 月	日	凭证号	摘　要	职工薪酬	原材料费	燃料及动力费	设备购置费	业务费	室(车间)管理费	合　计	累计金额
			购置计算机				16 000			16 000	52 675
			支付加工费					3 600		3 600	56 275
			支付职工薪酬	4 788						4 788	61 063
			分配研究室管理费						2 544	2 544	63 607
			合　计	10 588	23 000	460	19 400	5 140	5 019	63 607	63 607
			结转完工课题	10 588	23 000	460	19 400	5 140	5 019	63 607	0

表 6-10　科研课题明细账

课题编号　02 课题　　　　经费来源：　甲公司投资

课题名称　BMT　　　　　开工日期：　2×13 年 10 月

题目负责人　李宏　　　　预计完成日期:2×14 年 3 月 31 日

2×13年 月	日	凭证号	摘　要	职工薪酬	原材料费	燃料及动力费	设备购置费	业务费	室(车间)管理费	合　计	累计金额
10	略	略	领用材料		6 500					6 500	6 500
			支付加工费					7 500		7 500	14 000
			支付动力费			1 400				1 400	15 400
			支付职工薪酬	4 104						4 104	19 504
			分配研究室管理费						1 272	1 272	20 776
			合　计	4 104	6 500	1 400	–	7 500	1 272	20 776	20 776

表 6-11　课题成本决算表

课题编号	委托科研 01 课题	课题名称	ZHC
课题周期	2×12 年 6 月 1 日至 2×13 年 11 月 30 日	完工日期	2×13 年 11 月 30 日
课题负责人	江春明	参加人员	吕冬　连升敏　郭夏莲
资金供应单位	甲公司	费用预算	75 000
总　成　本	63 607		
成本项目	职工薪酬		10 588
	直接材料费		23 000
	燃料及动力费		460

续表

课题编号	委托科研01课题	课题名称	ZHC
成本项目	设备购置费		19 400
	专用业务费		5 140
	研究室管理费		5 019

所负责人:王江　科技负责人:尤立　财务负责人:张基　制表人:刘曼

【例6-23】承【例6-20】,根据表6-10资料,编制结转已完成01课题实际成本63 607元的会计分录如下:

借:存货——科技产品——01课题　63 607

　贷:课题成本——委托科研01课题　63 607

第七章　财务会计报告

第一节　财务会计报告概述

一、相关概念的辨析

财务报告发展过程中,曾经采用众多概念来界定会计主体对外提供财务信息的文件或资料的性质,如财务会计报告、财务会计报表、会计报表、财务报告、会计报告等称谓,厘清这些概念关系是十分必要的。

(一)会计报告与财务报告

从内容上看,会计报告与财务报告是相同的,但名称不同,所要表达的意思并不一样。"会计报告"要表达的应该是对会计这项活动的报告,而财务报告反映的则是各单位财务方面的活动,即从价值的角度来核算和反映各单位的财务活动,会计只不过是对各单位的财务活动进行系统化和程序化的反映而已,会计报告实际上就是要反映这种经会计系统化和程序化处理的财务活动结果,而不是会计活动本身。"财务报告"所要表达的正是报告所反映的内容——各单位的财务活动。

(二)会计报表与财务报表

会计报表是根据会计账簿记录和有关资料,按照规定报表格式,总括反映一定期间的经济活动和财务收支情况及其结果的一种报告文件①。会计报表根据服务对象不同,分为对外提供的会计报表和对内提供的会计报表。后者是指一些单位根据管理需要编制的仅供内部管理使用的会计报表。也就是说,会计报表可分为对内和对外两种报表,而财务报表一般是指对外报表。

(三)财务报表与财务报告

在实务中,财务报表和财务报告经常混同使用。但是,财务报告与财务报表两个概念既有联系又有区别。

1. 狭义的理解

① 《中华人民共和国会计法讲话》,经济科学出版社,1999 年版,第 90 页。

其中大部分属于财务信息

财务报告 = 财务报表 + 附注 + 补充信息 = 财务报表 + 其他财务报告

2. 广义的理解

财务报告 = 财务报表 + 附注 + 补充信息 + 财务报告的其他手段 + 其他信息

其中大部分属于非财务信息但同使用者决策有关

可见，财务报告提供的信息要比财务报表广泛得多，其采纳的手段和方式也比财务报表灵活。但财务报表概念的出现早于财务会计报告，两者是在不同时期，由于财务信息的使用者对信息需求的不同而产生的对财务信息披露或表述的两种不同概念表述。财务报表的种类、格式、项目和编制方法严格受各国会计准则或制度的约束。财务报表及其附注是财务会计报告的核心内容。如果没有财务报表，也就谈不上财务报告①。

“财务报表是财务报告的最初形式，从这个意义上讲，往往可以把财务报表等同于财务报告，它们具有基本相同的目的和作用。但是，尽管财务报表是财务报告的基本手段，却不是唯一的手段。其他财务报告也是补充提供财务信息和非财务信息的重要手段。”②

（四）财务报告与财务会计报告

财务会计报告是反映事业单位某一特定日期的财务状况和某一会计期间的事业成果、预算执行等会计信息的文件。

财务会计报告一度与财务报告混用，《企业会计准则讲解 2010》对“财务报告”“财务会计报告”的关系进行了辨析。从国际范围来看，“财务报告”是一个比较通用的术语，但是在我国现行有关法律、行政法规中使用的是“财务会计报告”术语，为了保持法规体系上的一致性，基本准则仍然沿用了“财务会计报告”的提法，但同时又引入了“财务报告”的通用概念，并指出“财务会计报告”又称“财务报告”，并在所有具体准则的制定中统一使用了“财务报告”的术语③。

① 财政部会计司：《企业会计准则讲解 2010》，人民出版社，2010 年版。

② 陈国辉：《会计理论研究》，东北财经大学出版社，2012 年版，第 146 页。

③ 财政部会计司：《企业会计准则讲解 2010》，人民出版社，2010 年版，第 16 页。

二、财务会计报告体系

（一）从财务报表到财务会计报告

不论是企业还是事业单位，其财务报告是由财务报表逐渐演变而来的。这种变化，首先是在企业领域。直到20世纪中期，典型的公司年度报告仍然只包括财务报表。此后，人们逐渐认识到财务报表内容的局限性，开始尝试在基本财务报表之外提供其他辅助性信息，从而使财务报表开始向财务报告转化。1978年11月，美国财务会计准则委员会（AFSB）发布了第1号财务会计概念公告——《企业财务报告的目标》，它标志着财务报表正式向财务报告转化[①]。在这个转化过程中，有诸多因素起了促进作用：首先，企业生产经营与投资活动日益复杂，使没有非货币性解释的财务报表内容难以理解；其次，以历史成本为基础的传统财务报表信息越来越难以满足使用者的决策需要；最后，企业责任的扩大也促使企业拓展对外报告的内容。

我国1988年《事业行政单位预算会计制度》中关于财务报告的说明尚局限在会计报表阶段，该制度第八十七条指出，事业行政单位会计报表，是单位预算内外资金收支活动情况的定期书面报告，是国家和地方财政预算收支执行情况的重要组成部分，是各单位领导和上级单位了解情况、掌握政策、指导单位预算执行工作的重要基础资料，也是编制下年度单位预算计划的数字基础。

1997年财政部发布的《事业单位会计准则》（试行）有关会计报告的表述仍然停留在会计报表阶段，但其内容已经发生了变化。该准则第四十四条指出：会计报表是反映事业单位财务状况和收支情况的书面文件，包括资产负债表、收入支出表、基建投资表、附表及会计报表附注和收支情况说明书等。

2012年《事业单位会计准则》明确提出了财务会计报告概念，并指出：财务会计报告是反映事业单位某一特定日期的财务状况和某一会计期间的事业成果、预算执行等会计信息的文件。事业单位的财务会计报告包括财务报表和其他应当在财务会计报告中披露的相关信息和资料。

（二）财务报告体系

财务报告是由不同部分组成的完整、科学的体系。其组成情况如图7－1所示。

1. 会计报表。会计报表是财务报告的主体，事业单位向外界传递的最相关和最重要的会计信息主要是通过会计报表来实现的。《事业单位会计准则》规定，会计报表至少应当包括资产负债表、收入支出（费用）表、财政补助收支情况表等报表。

---

① 方红星：《公众公司财务报告架构研究》博士论文打印稿。

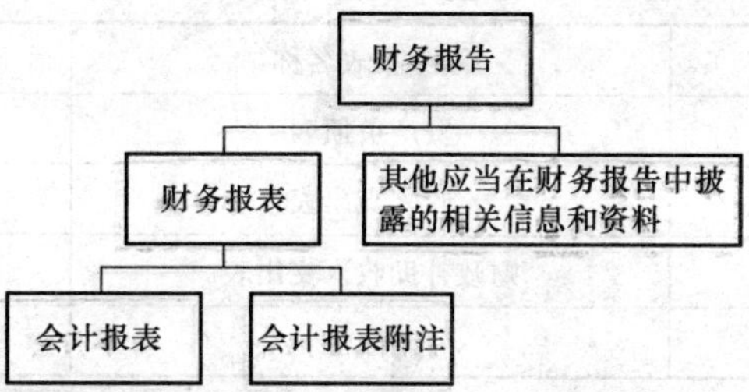

图 7-1　财务报告组成

2. 会计报表附注。会计报表附注,是指为了帮助会计信息使用者理解会计报表的内容而对报表有关项目等所做的解释。会计报表附注主要包括两项内容:一是对会计报表各项目的补充说明;二是对那些会计报表中无法描述的其他财务信息的补充说明。

3. 其他应当在财务报告中披露的相关信息和资料。

三、财务报表分类

(一)动态报表与静态报表

不管在哪一个领域,大多数报告都可以归入以下两种类型:一是静态报告或状况报告;二是动态报告。在某一时刻的蓄水池的蓄水量属于静态指标,而一天内通过蓄水池的水流量则属于动态指标。静态报告总是和某一时刻相关,而动态报告则和某一特定时期相关。静态报告仿佛是一张快照,而动态报告则更像一部动画片。财务报表中的资产负债表属于静态报告,它表述某一特定时刻有关该组织的资源的信息,而收入支出表则属于动态报表,它报告组织在一个时期的活动,譬如说一年或一个季度①。

(二)月报、季报与年报

在这三种报表中,年报要求的种类和揭示的信息最为完整齐全,可以全面地反映一个单位全年的经营活动。月报的信息则要求简明扼要,以便能及时地反映主要情况与主要问题。月报甚至可以是提供主要信息的电讯报告,或者是一种形式简明的会计报表。季报则是在会计信息的详细程度方面,介于月报和年报之间的会计报表。根据《事业单位会计制度》规定,事业单位会计报表编制时间如表 7-1 所示。

(三)单位报表与汇总会计报表

单位报表是指由事业单位在自身会计核算的基础上,对账簿记录进行加工而编制的会计报表,反映的是事业单位本身的财务状况和经营成果的会计报表。汇

① (美)安索尼等:《会计学——教程与案例》,骆珣等译,北京大学出版社,2000 年版,第 12 页。

表7-1　事业单位会计报表编制时间

编　号	账务报表名称	编制期
会事业01表	资产负债表	月度、年度
会事业02表	收入支出表	月度、年度
会事业03表	财政补助收入支出表	年　度
	附　注	年　度

总会计报表是指由事业单位主管部门或上级机关,根据所属单位报送的会计报表,连同本单位会计报表汇总编制的综合性会计报表。

(四)内部报表与外部报表

内部报表是指为适应事业单位内部经营管理需要而编制的不对外公开的会计报表,内部报表一般不需要统一规定的格式,也没有统一的指标体系。外部报表是指事业单位向外提供的,供政府部门、其他事业单位和个人使用的会计报表。

第二节　会计报表

一、资产负债表

(一)资产负债表概念及作用

资产负债表,也称"财务状况表",是反映某单位在某一特定日期财务状况的会计报表,它是根据"资产=负债+净资产"这一会计等式,按照一定分类标准和次序,将单位一定日期的资产、负债和净资产项目适当排列,并对日常核算资料进行高度浓缩整理后而形成的主要财务报表之一。它表明企业或非企业在某一特定日期所拥有或控制预期会给企业或非企业带来经济利益的资源、所承担的现有义务和所有者对净资产的要求权。

资产负债表是事业单位会计报表体系中的主要报表,它能够提供丰富的信息,具有以下作用:

1.资产负债表中的资产项目,反映了事业单位所拥有的各种资源数量、结构以及事业单位偿还债务的能力,有助于预计事业单位履行支付承诺的能力。

2.资产负债表中的负债、净资产项目,揭示了事业单位所承担的长短期债务的数量、偿还期限的长短,反映了事业单位的投资者对本事业单位资产所持有的权益,从而有助于会计信息使用者了解事业单位资金来源的构成,分析事业单位的资金结构,了解事业单位所面临的财务风险。

3.通过对资产负债表的分析,可以了解事业单位的偿债实力、投资实力和支付力。若把不同时期资产负债表中相同项目的横向对比和不同时期、不同项目的纵向对比，还可以反映事业单位资金结构的变化情况及财务状况的发展趋向。

（二）资产负债表的格式

关于资产负债表格式，目前国际上流行的主要有“账户式”和“报告式”两种。

所谓“账户式”资产负债表，是指报表用左右排列成“T”字账户基本结构的形式，反映资产、负债和净资产的基本状况。资产项目列示在报表的左方，负债和净资产项目列示在报表的右方。左方资产总额等于右方负债和净资产总额之和，“账户式”资产负债表简明格式如表7－2所示。

表7－2　账户式资产负债表

资　产	负债和净资产
流动资产	流动负债
非流动资产	非流动负债
	净资产
资产总计	负债和净资产总计

账户式资产负债表中，有关资产、负债和净资产项目平行列示，各项目之间内在钩稽关系得以充分揭示和披露。所以，这种结构的资产负债表，较好地将形式和内容统一于一体，有利于人们对资产负债表的分析。同时，账户式资产负债表将资产类的项目放在突出的地位，突出表明事业单位的资产情况，从而表明事业单位的运营能力和前景。

报告式资产负债表又称垂直式。它是运用“资产＝负债＋净资产”的会计等式，将资产负债表的项目自上而下排列，首先列示资产的数额，然后列示负债项目及金额，最后再列示净资产项目及数额。它向外报告事业单位的资产、负债和净资产的情况，着重突出表现事业单位资产与其资金来源的对应关系。报告式资产负债表基本结构，如表7－3所示。

表7－3　报告式资产负债表

（“资产＝负债＋净资产”报告式）

项　目	金　额
流动资产	×××
非流动资产	×××
资产总计	×××
流动负债	×××
非流动负债	×××
净资产	×××
负债和净资产总计	

2012 年财政部出台的《事业单位会计准则》第四十一条指出:资产负债表是指反映事业单位在某一特定日期的财务状况的报表。资产负债表应当按照资产、负债和净资产分类列示。资产和负债应当按照流动/非流动性分类并按其流动性列示。该准则虽然没有明确指出资产负债表应具体采用的格式,但遵从我国会计惯例,其格式应是“账户式”资产负债表。原因在于:一是账户式资产负债表反映资产、负债和净资产情况关系比较直观,资产=负债+净资产的关系,一目了然;二是我国会计基础教育、企业资产负债表均为账户式资产负债表,广大会计人员对账户式的会计报表比较熟悉,比较习惯,相对来说,编制这种格式的资产负债表比较容易理解。

(三)资产负债表的编制

总的来说,资产负债表是根据企业总分类账的期末余额来编制的。根据“表从账出”的原则,编制资产负债表应当以总分类账或有关明细账的期末余额为依据。资产负债表中有关资产类的项目,一般应根据各资产科目借方余额填列;资产负债表中的负债类项目和所有者权益项目,一般应根据各相应科目的贷方余额填列。

资产负债表“年初余额”栏内各项数字,应当根据上年年末资产负债表“期末余额”栏内数字填列。如果本年度资产负债表规定的各个项目的名称和内容同上年度不相一致,应对上年年末资产负债表各项目的名称和数字按照本年度的规定进行调整,填入本表“年初余额”栏内。

资产负债表“期末余额”栏各项目的内容和填列方法:

1. 流动资产。流动资产各项目按流动性和变现能力的大小顺序排列。流动性较高、变现能力较强的资产项目排列在先,流动性及变现能力低的资产项目排列在后。由于流动资产在事业单位经营活动中不断周转,直接影响事业单位经营活动,所以在资产方排为第一类。

资产负债表中列示的流动资产项目一般包括:货币资金、应收及预付款项、存货等。其中:

(1)“货币资金”项目,反映事业单位期末库存现金、银行存款和零余额账户用款额度的合计数。本项目应当根据“库存现金”“银行存款”“零余额账户用款额度”科目的期末余额合计填列。

(2)“短期投资”项目,反映事业单位期末持有的短期投资成本。本项目应当根据“短期投资”科目的期末余额填列。

(3)“财政应返还额度”项目,反映事业单位期末财政应返还额度的金额。本项目应当根据“财政应返还额度”科目的期末余额填列。

(4)“应收票据”项目,反映事业单位期末持有的应收票据的票面金额。本项目应当根据“应收票据”科目的期末余额填列。

(5)“应收账款”项目,反映事业单位期末尚未收回的应收账款余额。本项目应当根据“应收账款”科目的期末余额填列。

(6)“预付账款”项目,反映事业单位预付给商品或者劳务供应单位的款项。本项目应当根据“预付账款”科目的期末余额填列。

(7)“其他应收款”项目,反映事业单位期末尚未收回的其他应收款余额。本项目应当根据“其他应收款”科目的期末余额填列。

(8)“存货”项目,反映事业单位期末为开展业务活动及其他活动耗用而储存的各种材料、燃料、包装物、低值易耗品及达不到固定资产标准的用具、装具、动植物等的实际成本。本项目应当根据“存货”科目的期末余额填列。

(9)“其他流动资产”项目,反映事业单位除上述各项之外的其他流动资产,如将在1年内(含1年)到期的长期债券投资。本项目应当根据“长期投资”等科目的期末余额分析填列。

2. 非流动资产。非流动资产,是指流动资产以外的资产。资产负债表中列示的非流动资产项目一般包括:长期投资、在建工程、固定资产、无形资产等。其中:

(1)“长期投资”项目,反映事业单位持有时间超过一年(不含一年)的股权和债权性质的投资。本项目应当根据“长期投资”科目期末余额减去其中将于一年内(含一年)到期的长期债券投资余额后的金额填列。

(2)“固定资产”项目,反映事业单位期末各项固定资产的账面价值。本项目应当根据“固定资产”科目期末余额减去“累计折旧”科目期末余额后的金额填列。其中:“固定资产原价”项目,反映事业单位期末各项固定资产的原价。本项目应当根据“固定资产”科目的期末余额填列;“累计折旧”项目,反映事业单位期末各项固定资产的累计折旧。本项目应当根据“累计折旧”科目的期末余额填列。

(3)“在建工程”项目,反映事业单位期末尚未完工交付使用的在建工程发生的实际成本。本项目应当根据“在建工程”科目的期末余额填列。

(4)“无形资产”项目,反映事业单位期末持有的各项无形资产的账面价值。本项目应当根据“无形资产”科目期末余额减去“累计摊销”科目期末余额后的金额填列。其中,“无形资产原价”项目,反映事业单位期末持有的各项无形资产的原价。本项目应当根据“无形资产”科目的期末余额填列;“累计摊销”项目,反映事业单位期末各项无形资产的累计摊销。本项目应当根据“累计摊销”科目的期末余额填列。

(5)“待处置资产损溢”项目,反映事业单位期末待处置资产的价值及处置损溢。本项目应当根据“待处置资产损溢”科目的期末借方余额填列;如“待处置资产损溢”科目期末为贷方余额,则以“-”号填列。

(6)“非流动资产合计”项目,按照“长期投资”“固定资产”“在建工程”“无形资产”“待处置资产损溢”项目金额的合计数填列。

3. 流动负债。流动负债，是指需在一年或者超过一年的一个营业周期内偿还的债务。流动负债是在债权人提出要求时，或预期在资产负债表日后一年内需要清偿的债务。

资产负债表中列示的流动负债项目一般包括：短期借款、应付及预收款项、应付职工薪酬、应缴款项等。其中：

(1)“短期借款”项目，反映事业单位借入的期限在一年内(含一年)的各种借款。本项目应当根据“短期借款”科目的期末余额填列。

(2)“应缴税费”项目，反映事业单位应交未交的各种税费。本项目应当根据“应缴税费”科目的期末贷方余额填列；如“应缴税费”科目期末为借方余额，则以“-”号填列。

(3)“应缴国库款”项目，反映事业单位按规定应缴入国库的款项(应缴税费除外)。本项目应当根据“应缴国库款”科目的期末余额填列。

(4)“应缴财政专户款”项目，反映事业单位按规定应缴入财政专户的款项。本项目应当根据“应缴财政专户款”科目的期末余额填列。

(5)“应付职工薪酬”项目，反映事业单位按有关规定应付给职工及为职工支付的各种薪酬。本项目应当根据“应付职工薪酬”科目的期末余额填列。

(6)“应付票据”项目，反映事业单位期末应付票据的金额。本项目应当根据“应付票据”科目的期末余额填列。

(7)“应付账款”项目，反映事业单位期末尚未支付的应付账款的金额。本项目应当根据“应付账款”科目的期末余额填列。

(8)“预收账款”项目，反映事业单位期末按合同规定预收但尚未实际结算的款项。本项目应当根据“预收账款”科目的期末余额填列。

(9)“其他应付款”项目，反映事业单位期末应付未付的其他各项应付及暂收款项。本项目应当根据“其他应付款”科目的期末余额填列。

(10)“其他流动负债”项目，反映事业单位除上述各项之外的其他流动负债，如承担的将于一年内(含一年)偿还的长期负债。本项目应当根据“长期借款”“长期应付款”等科目的期末余额分析填列。

4. 非流动负债。非流动负债，是指偿还期在一年或者超过一年的一个营业周期以上的债务。长期负债通常是不需要即期支付的债务。非流动负债项目通常包括：长期借款、长期应付款以及其他非流动负债等。

(1)“长期借款”项目，反映事业单位借入的期限超过一年(不含一年)的各项借款本金。本项目应当根据“长期借款”科目的期末余额减去其中将于一年内(含一年)到期的长期借款余额后的金额填列。

(2)“长期应付款”项目，反映事业单位发生的偿还期限超过一年(不含一年)

的各种应付款项。本项目应当根据“长期应付款”科目的期末余额减去其中将于一年内(含一年)到期的长期应付款余额后的金额填列。

5. 净资产。净资产,是指事业单位资产扣除负债后的余额。事业单位的净资产至少包括事业基金、专用基金、财政补助结转结余、非财政补助结转等。

资产负债表的“负债及净资产”方项目按照需要偿还出资额的先后顺序排列。流动负债需要在一年内或一个营业周期内偿还,排在最先;净资产只有在事业单位解散时才需要偿还,排在最后。负债部分也是按照债务清偿缓急排列的,先流动负债,后长期负债。

(1)“事业基金”项目,反映事业单位期末拥有的非限定用途的净资产。本项目应当根据“事业基金”科目的期末余额填列。

(2)“非流动资产基金”项目,反映事业单位期末非流动资产占用的金额。本项目应当根据“非流动资产基金”科目的期末余额填列。

(3)“专用基金”项目,反映事业单位按规定设置或提取的具有专门用途的净资产。本项目应当根据“专用基金”科目的期末余额填列。

(4)“财政补助结转”项目,反映事业单位滚存的财政补助结转资金。本项目应当根据“财政补助结转”科目的期末余额填列。

(5)“财政补助结余”项目,反映事业单位滚存的财政补助项目支出结余资金。本项目应当根据“财政补助结余”科目的期末余额填列。

(6)“非财政补助结转”项目,反映事业单位滚存的非财政补助专项结转资金。本项目应当根据“非财政补助结转”科目的期末余额填列。

(7)“非财政补助结余”项目,反映事业单位自年初至报告期末累计实现的非财政补助结余弥补以前年度经营亏损后的余额。本项目应当根据“事业结余”“经营结余”科目的期末余额合计填列;如“事业结余”“经营结余”科目的期末余额合计为亏损数,则以“-”号填列。在编制年度资产负债表时,本项目金额一般应为“0”;若不为“0”,本项目金额应为“经营结余”科目的期末借方余额(“-”号填列)。

“事业结余”项目,反映事业单位自年初至报告期末累计实现的事业结余。本项目应当根据“事业结余”科目的期末余额填列;如“事业结余”科目的期末余额为亏损数,则以“-”号填列。在编制年度资产负债表时,本项目金额应为“0”。

“经营结余”项目,反映事业单位自年初至报告期末累计实现的经营结余弥补以前年度经营亏损后的余额。本项目应当根据“经营结余”科目的期末余额填列;如“经营结余”科目的期末余额为亏损数,则以“-”号填列。在编制年度资产负债表时,本项目金额一般应为“0”;若不为“0”,本项目金额应为“经营结余”科目的期末借方余额(“-”号填列)。

在资产负债表中,资产各项目年初总计数和期末总计数,应分别与负债、净资产方各项目年初总计数和期末总计数相等。

我国事业单位资产负债表的基本格式如表7-4所示。

表7-4　资产负债表

会事业01表

编制单位:甲事业单位　　2×13年12月31日　　单位:元

资　产	期末余额	年初余额	负债和所有者权益	期末余额	年初余额
流动资产:			流动负债:		
货币资金	146 373 000	125 000 000	短期借款	200 000	200 000
短期投资	300 000	0	应缴税费	703 600	240 000
财政应返还额度	24 060 000	23 200 000	应缴财政专户款	6 540 000	0
应收票据	500 000	500 000	应付职工薪酬	630 000	630 000
应收账款	32 550 000	28 050 000	应付票据	80 000	0
预付账款	800 000	800 000	应付账款	460 000	460 000
其他应收款	600 000	600 000	预收账款	930 000	930 000
存　货	3 713 600	3 420 000	其他流动负债		
其他流动资产	20 030 000	20 030 000			
流动资产合计	228 926 600	201 600 000	流动负债合计	9 543 600	2 460 000
非流动资产:			非流动负债:		
长期投资	1 250 000	1 000 000	长期借款	3 000 000	3 000 000
固定资产	254 798 000	255 360 000	长期应付款	6 361 000	6 280 000
固定资产原价	559 398 000	558 650 000	非流动负债合计	9 361 000	9 280 000
减:累计折旧	304 600 000	303 290 000	负债合计	18 904 600	11 740 000
在建工程	1 862 000	1 862 000	净资产		
无形资产	537 000	1 107 000	事业基金	160 173 000	145 680 000
无形资产原价	880 000	1 380 000	非流动资产基金	257 666 000	258 329 000
减:累计摊销	343 000	273 000	专用基金	39 830 000	39 580 000
待处置资产损溢	300 000	0	财政补助结转	0	0
非流动资产合计	258 747 000	259 329 000	财政补助结余	8 300 000	5 600 000
			非财政补助结转	2 800 000	0
			非财政补助结余	0	4 580 000
			1.事业结余		
			2.经营结余		
			净资产合计	468 769 000	449 189 000
资产总计	487 673 600	460 929 000	负债和净资产总计	487 673 600	460 929 000

【例7－1】甲事业单位为财政全额拨款的事业单位（以下简称“甲单位”），实行国库集中支付和政府采购制度。经财政部门核准，甲单位的工资及支出100 000元以上的物品和服务采购支出实行财政直接支付方式，100 000元以下的物品和服务采购支出以及日常零星支出实行财政授权支付方式。

甲单位2×13年发生国库集中支付、政府采购事项及其编制会计分录如下：

（1）收到代理银行转来的“财政授权支付额度到账通知书”，通知书中注明的授权额度为50 000 000元。

借：零余额账户用款额度　　50 000 000
　贷：财政补助收入　　50 000 000

（2）收到财政国库支付执行机构委托代理银行转来的“财政直接支付入账通知书”和“工资发放明细表”，通知书和明细表中注明的工资支出金额为6 000 000元，代理银行已将款项全部划入职工个人账户。

借：事业支出　　6 000 000
　贷：财政补助收入　　6 000 000

（3）与乙公司签订技术转让合同。根据合同约定，乙公司先预付相关款项500 000元，待技术转让结束，乙公司再付1 500 000元。该业务确认应缴营业税100 000元。

①收到乙公司预付款项。

借：银行存款　　500 000
　贷：预收账款　　500 000

②收到补付款项1 500 000元存入银行。

借：银行存款　　1 500 000
　　预收账款　　500 000
　贷：经营收入　　2 000 000

③借：经营支出　　100 000
　贷：应缴税金——应缴营业税　　100 000

（4）与丙供货商签订购买550 000元设备合同。合同约定，设备价款于验货后由甲单位向财政申请直接支付。甲单位收到所购设备，并于当日向财政国库支付执行机构提交了“财政直接支付申请书”，向财政申请支付丙供货商货款，但当日尚未收到“财政直接支付入账通知书”。数日后，收到代理银行转来支付丙供货商货款的“财政直接支付入账通知书”，通知书中注明的金额为550 000元。

①收到设备确认固定资产和应付账款。

借：固定资产　　550 000
　贷：应付账款　　550 000

②收到“财政直接支付入账通知书”。

借:事业支出　550 000

　贷:财政补助收入　550 000

③结转应付账款并确认非流动资产基金。

借:应付账款　550 000

　贷:非流动资产基金——固定资产　550 000

(5)按政府采购程序与丁供货商签订购货合同,购买10台办公用计算机,合同金额为5 090 000元。款项以零余额账户支付丁供货商货款5 090 000元,其中非财政补助支出5 090 000元。

借:事业支出　5 090 000

　贷:零余额账户用款额度　5 090 000

借:固定资产　5 090 000

　贷:非流动资产基金——固定资产　5 090 000

(6)报主管部门审批,将一项专利权转让。该专利权账面余额为500 000元,累计摊销200 000元。将专利权转入待处置资产。

借:待处置资产损溢——处置资产价值　300 000

　累计摊销　200 000

　贷:无形资产　500 000

(7)购入科研用材料一批,其价款为200 000元,已验收入库,并向银行开具支付令。甲单位收到代理银行转来的"财政授权支付凭证"和供货商的发票。

借:存货　200 000

　贷:零余额账户用款额度　200 000

(8)经批准,用银行存款250 000元对外进行长期投资。

①借:长期投资　250 000

　贷:银行存款　250 000

②借:事业基金　250 000

　贷:非流动资产基金　250 000

(9)全年取得收入15 600 000元均存入银行,其中应上缴财政专户款项6 240 000元,事业收入9 360 000元。

借:银行存款　15 600 000

　贷:应缴财政专户款　6 240 000

　　事业收入　9 360 000

(10)以融资方式租入4年期不需要安装的设备1台,用于专业活动。租赁合同议定:该设备价款108 000元,分4年于每年末以银行存款支付。

①确认固定资产:

借:固定资产——融资租入固定资产　108 000

贷:长期应付款　　108 000

②支付当年租赁费:

借:事业支出　　27 000

贷:银行存款　　27 000

借:长期应付款　　27 000

贷:非流动资产基金　　27 000

(11)收到下属独立核算单位缴款 5 350 000 元,其中专项资金收入 2 800 000 元,全部款项存入银行。

①确认下属单位缴款:

借:银行存款　　5 350 000

贷:附属单位上缴收入　　5 350 000

②期末,将附属单位上缴收入转销:

借:附属单位上缴收入　　5 350 000

贷:非财政补助结转　　2 800 000

事业结余　　2 550 000

(12)收到联营被投资乙公司分配的上年利润 500 000 元,存入开户银行。其中甲事业单位分享 40% 利润,其余部分应上缴财政。

借:银行存款　　500 000

贷:应缴财政专户款　　300 000

其他收入　　200 000

(13)开出并承兑商业汇票一张购买经营材料,票据面值为 93 600 元,其中材料款 80 000 元、增值税 13 600 元,票据期限为 3 个月,材料验收入库。

借:存货　　93 600

贷:应付票据　　80 000

应缴税费——应缴增值税　　13 600

(14)用银行存款购入 5 年期、年利率 4%、面值为 300 000 元的国库券。

借:短期投资　　300 000

贷:银行存款　　300 000

(15)提供专业业务服务取得事业收入 8 000 000 元,其中 3 500 000 元存入银行,其余部分为应收账款。

借:银行存款　　3 500 000

应收账款　　4 500 000

贷:事业收入　　8 000 000

(16)期末,计提固定资产折旧 1 310 000 元,无形资产累计摊销 270 000 元。

借:非流动资产基金　　1 580 000

贷:累计折旧　　1 310 000

累计摊销　　270 000

(17)2 ×13 年度,财政直接支付结余 150 000 元,财政授权支付额度结余 710 000元,被予以注销。

①借:财政应返还额度　　150 000

贷:财政补助收入　　150 000

②借:财政应返还额度　　710 000

贷:零余额账户用款额度　　710 000

(18)期末,将财政补助收支转入财政补助结转,其中财政补助收入 7 700 000 元,财政补助支出 5 000 000 元。同时,将结余转入财政补助结余。

借:财政补助收入　　7 700 000

贷:财政补助结转　　7 700 000

借:财政补助结转　　5 000 000

贷:事业支出　　5 000 000

借:财政补助结转　　2 700 000

贷:财政补助结余　　2 700 000

(19)期末,将相关事业收支转入事业结余。

借:事业收入　　17 360 000

其他收入　　200 000

贷:事业结余　　17 560 000

借:事业结余　　6 667 000

贷:事业支出　　6 667 000

事业结余 =2 550 000 +17 560 000 −6 667 000 =13 443 000(元)

(20)将经营收入 2 000 000 元、经营支出 100 000 元转入经营结余。

借:经营收入　　2 000 000

贷:经营结余　　2 000 000

借:经营结余　　100 000

贷:经营支出　　100 000

经营结余 =2 000 000 −100 000 =1 900 000(元)

(21)将事业结余 13 443 000 元、经营结余 1 900 000 元转入非财政结余分配。

借:事业结余　　13 443 000

经营结余　　1 900 000

贷:非财政补助结余分配　　15 343 000

(22)期末,按规定计提所得税 350 000 元,职工福利基金 250 000 元。

借:非财政补助结余分配　　600 000

贷:应缴税费　　350 000

专用基金——职工福利基金　　250 000

(23)将非财政补助结余分配14 743 000元转入事业基金。

借:非财政补助结余分配　　14 743 000

贷:事业基金　　14 743 000

根据上述资料,编制资产负债表,如表7－4所示。

二、收入支出表概念

(一)收入支出表概念与作用

收入支出(费用)表,是反映事业单位在一定会计期间的运营成果的会计报表。按照《事业单位会计制度》的规定,“收入支出总表”采取结余实现、计算和结余分配合二为一同出一表的形式编报,既反映事业单位在一定期间的财务成果,又反映财务成果的分配过程。

收入支出表的作用主要表现在以下方面:

1. 收入支出表可以反映事业单位活动成果,也就是利用该表全面反映事业单位业务活动、运营活动发生的收入、支出情况,并通过收入与支出的比较,确定事业单位在某一会计期间业务活动成果。

2. 收入支出表为评价事业单位管理机构、管理者业绩提供了重要依据。利用收入支出表提供的收入、支出数据资料,可以反映事业单位管理机构、管理者业绩,有助于考核管理者受托经济资源管理责任的履行情况。

3. 收入支出表有助于反映净资产增减变动情况。净资产增减变动情况是事业单位资源提供者较为关注的内容之一,通过收入支出表可以向资源提供者报告其净资产的增加、使用、结存情况。

总之,通过收入支出表可以了解事业单位结余水平,判断事业单位运营成果;考核事业单位运营业绩;预测事业单位未来运营与结余发展趋势;为编制未来结余预算、做出未来运营决策提供依据。同时,将收入支出表中的信息与资产负债表中的信息相结合,还可以提供进行事业单位分析的基本资料。

(二)收入支出(费用)表的结构

收入支出表由表头和正表两个部分构成。表头说明报表的名称、编制单位的名称、编制报表的日期和货币的计量单位等。

正表是收入支出表的核心,分为“项目栏”和“金额栏”两部分。

正表“项目栏”反映事业单位全部收支相抵后运营成果各项指标的构成、分类和排列。采取了报告式形式,依次为“事业类收入”“事业类支出”“事业结转结余”“经营结转结余”“非财政拨款结转结余”“非财政拨款结余”“转入事业基金”。表内各项目之间关系如下:

事业类收入－事业类支出＝事业结转结余

经营收入 - 经营支出 - 其他支出 = 经营结转结余

正表“金额栏”，反映事业单位不同时期(月份、年份)各项收支及运营成果达到的水平。收入支出表的结构如表 7 - 5 所示。

表 7 - 5　收入支出表

会事业 02 表

编制单位:甲事业单位　　　　2×13 年　　　　单位:元

项　目	本月数	本年累计数
一、本期财政补助结转结余		2 700 000
财政补助收入		7 700 000
减:事业支出(财政补助支出)		5 000 000
二、本期事业结转结余		16 243 000
(一)事业类收入		22 910 000
1. 事业收入		17 360 000
2. 上级补助收入		
3. 附属单位上缴收入		5 350 000
4. 其他收入		200 000
其中:捐赠收入		
减:(二)事业类支出		
1. 事业支出(非财政补助支出)		6 667 000
2. 上缴上级支出		
3. 对附属单位补助支出		
4. 其他支出		
三、本期经营结余		1 900 000
经营收入		2 000 000
减:经营支出		100 000
四、弥补以前年度亏损后的经营结余		1 900 000
五、本年非财政补助结转结余		18 143 000
减:非财政补助结转		2 800 000
六、本年非财政补助结余		15 343 000
减:应缴企业所得税		350 000
减:提取专用基金		250 000
七、转入事业基金		14 743 000

（三）收入支出表的编制方法

收入支出表“本月数”栏反映各项目的本月实际发生数。在编制年度收入支出表时，应当将本栏改为“上年数”栏，反映上年度各项目的实际发生数；如果本年度收入支出表规定的各个项目的名称和内容同上年度不一致，应对上年度收入支出表各项目的名称和数字按照本年度的规定进行调整，填入本年度收入支出表的“上年数”栏。

收入支出表“本年累计数”栏反映各项目自年初起至报告期末止的累计实际发生数。编制年度收入支出表时，应当将本栏改为“本年数”。

收入支出表“本月数”栏各项目的内容和填列方法如下：

1. 本期财政补助结转结余

（1）“本期财政补助结转结余”项目，反映事业单位本期财政补助收入与财政补助支出相抵后的余额。本项目应当按照本表中“财政补助收入”项目金额减去“事业支出（财政补助支出）”项目金额后的余额填列。

（2）“财政补助收入”项目，反映事业单位本期从同级财政部门取得的各类财政拨款。本项目应当根据“财政补助收入”科目的本期发生额填列。

（3）“事业支出（财政补助支出）”项目，反映事业单位本期使用财政补助发生的各项事业支出。本项目应当根据“事业支出——财政补助支出”科目的本期发生额填列，或者根据“事业支出——基本支出（财政补助支出）”“事业支出——项目支出（财政补助支出）”科目的本期发生额合计填列。

2. 本期事业结转结余

（1）“本期事业结转结余”项目，反映事业单位本期除财政补助收支、经营收支以外的各项收支相抵后的余额。本项目应当按照本表中“事业类收入”项目金额减去“事业类支出”项目金额后的余额填列；如为负数，以“-”号填列。

（2）“事业类收入”项目，反映事业单位本期事业收入、上级补助收入、附属单位上缴收入、其他收入的合计数。本项目应当按照本表中“事业收入”“上级补助收入”“附属单位上缴收入”“其他收入”项目金额的合计数填列。

“事业收入”项目，反映事业单位开展专业业务活动及其辅助活动取得的收入。本项目应当根据“事业收入”科目的本期发生额填列。

“上级补助收入”项目，反映事业单位从主管部门和上级单位取得的非财政补助收入。本项目应当根据“上级补助收入”科目的本期发生额填列。

“附属单位上缴收入”项目，反映事业单位附属独立核算单位按照有关规定上缴的收入。本项目应当根据“附属单位上缴收入”科目的本期发生额填列。

“其他收入”项目，反映事业单位除财政补助收入、事业收入、上级补助收入、附属单位上缴收入、经营收入以外的其他收入。本项目应当根据“其他收入”科目的本期发生额填列。

“捐赠收入”项目，反映事业单位接受现金、存货捐赠取得的收入。本项目应当根据“其他收入”科目所属相关明细科目的本期发生额填列。

(3)“事业类支出”项目，反映事业单位本期事业支出(非财政补助支出)、上缴上级支出、对附属单位补助支出、其他支出的合计数。本项目应当按照本表中“事业支出(非财政补助支出)”“上缴上级支出”“对附属单位补助支出”“其他支出”项目金额的合计数填列。

“事业支出(非财政补助支出)”项目，反映事业单位使用财政补助以外的资金发生的各项事业支出。本项目应当根据“事业支出——非财政专项资金支出”“事业支出——其他资金支出”科目的本期发生额合计填列，或者根据“事业支出——基本支出(其他资金支出)”“事业支出——项目支出(非财政专项资金支出、其他资金支出)”科目的本期发生额合计填列。

“上缴上级支出”项目，反映事业单位按照财政部门和主管部门的规定上缴上级单位的支出。本项目应当根据“上缴上级支出”科目的本期发生额填列。

“对附属单位补助支出”项目，反映事业单位用财政补助收入之外的收入对附属单位补助发生的支出。本项目应当根据“对附属单位补助支出”科目的本期发生额填列。

“其他支出”项目，反映事业单位除事业支出、上缴上级支出、对附属单位补助支出、经营支出以外的其他支出。本项目应当根据“其他支出”科目的本期发生额填列。

3. 本期经营结余

(1)“本期经营结余”项目，反映事业单位本期经营收支相抵后的余额。本项目应当按照本表中“经营收入”项目金额减去“经营支出”项目金额后的余额填列；如为负数，以“-”号填列。

(2)“经营收入”项目，反映事业单位在专业业务活动及其辅助活动之外开展非独立核算经营活动取得的收入。本项目应当根据“经营收入”科目的本期发生额填列。

(3)“经营支出”项目，反映事业单位在专业业务活动及其辅助活动之外开展非独立核算经营活动发生的支出。本项目应当根据“经营支出”科目的本期发生额填列。

4. 弥补以前年度亏损后的经营结余。“弥补以前年度亏损后的经营结余”项目，反映事业单位本年度实现的经营结余扣除本年初未弥补经营亏损后的余额。本项目应当根据“经营结余”科目年末转入“非财政补助结余分配”科目前的余额填列；如该年末余额为借方余额，以“-”号填列。

5. 本年非财政补助结转结余

(1)“本年非财政补助结转结余”项目，反映事业单位本年除财政补助结转结余之外的结转结余金额。如本表中“弥补以前年度亏损后的经营结余”项目为正数,本项目应当按照本表中“本期事业结转结余”“弥补以前年度亏损后的经营结余”项目金额的合计数填列;如为负数,以“-”号填列。如本表中“弥补以前年度亏损后的经营结余”项目为负数,本项目应当按照本表中“本期事业结转结余”项目金额填列;如为负数,以“-”号填列。

(2)“非财政补助结转”项目,反映事业单位本年除财政补助收支外的各专项资金收入减去各专项资金支出后的余额。本项目应当根据“非财政补助结转”科目本年贷方发生额中专项资金收入转入金额合计数减去本年借方发生额中专项资金支出转入金额合计数后的余额填列。

6. 本年非财政补助结余

(1)“本年非财政补助结余”项目,反映事业单位本年除财政补助之外的其他结余金额。本项目应当按照本表中“本年非财政补助结转结余”项目金额减去“非财政补助结转”项目金额后的金额填列;如为负数,以“-”号填列。

(2)“应缴企业所得税”项目,反映事业单位按照税法规定应缴纳的企业所得税金额。本项目应当根据“非财政补助结余分配”科目的本年发生额分析填列。

(3)“提取专用基金”项目,反映事业单位本年按规定提取的专用基金金额。本项目应当根据“非财政补助结余分配”科目的本年发生额分析填列。

7. 转入事业基金。“转入事业基金”项目,反映事业单位本年按规定转入事业基金的非财政补助结余资金。本项目应当按照本表中“本年非财政补助结余”项目金额减去“应缴企业所得税”“提取专用基金”项目金额后的余额填列;如为负数,以“-”号填列。

上述4至7部分(项目),只有在编制年度收入支出表时才填列;编制月度收入支出表时,可以不设置4至7项目。

【例7-2】承【例7-1】,根据甲事业单位2×13年资料,编制“收入支出表”,如表7-5所示。

三、财政补助收入支出表

(一)财政补助收入支出表概念

财政补助收入支出表是指反映事业单位某一会计年度财政补助收入、支出、结转及结余情况的报表。该表全面反映了事业单位财政补助的取得、支出、结转、结余情况,有助于为事业单位管理部门等信息使用者了解、评价财政拨款预算执行情况,进行财政拨款支出决策,加强财政拨转、结余资金管理等提供有用的会计信息。

(二)财政补助收入支出表的结构

财政补助收入支出表采用报告式形式,其结构分为“项目栏”和“金额栏”两部分。

"项目栏"分为"年初财政补助结转结余"、"调整年初财政补助结转结余"、"本年归集调入财政补助结转结余"、"本年上缴财政补助结转结余"、"本年财政补助收入"、"本年财政补助支出"和"年末财政补助结转结余"七个部分，每一部分主要分为"基本支出"和"项目支出"相关内容。其具体结构如表7-6所示。

（三）财政补助收入支出表的编制

1. 财政补助收入支出表"上年数"栏内各项数字，应当根据上年度财政补助收入支出表"本年数"栏内数字填列。

2. 财政补助收入支出表"本年数"栏各项目的内容和填列方法。

（1）"年初财政补助结转结余"项目及其所属各明细项目，反映事业单位本年初财政补助结转和结余余额。各项目应当根据上年度财政补助收入支出表中"年末财政补助结转结余"项目及其所属各明细项目"本年数"栏的数字填列。

（2）"调整年初财政补助结转结余"项目及其所属各明细项目，反映事业单位因本年发生需要调整以前年度财政补助结转结余的事项，而对年初财政补助结转结余的调整金额。各项目应当根据"财政补助结转""财政补助结余"科目及其所属明细科目的本年发生额分析填列。如调整减少年初财政补助结转结余，以"-"号填列。

（3）"本年归集调入财政补助结转结余"项目及其所属各明细项目，反映事业单位本年度取得主管部门归集调入的财政补助结转结余资金或额度金额。各项目应当根据"财政补助结转""财政补助结余"科目及其所属明细科目的本年发生额分析填列。

（4）"本年上缴财政补助结转结余"项目及其所属各明细项目，反映事业单位本年度按规定实际上缴的财政补助结转结余资金或额度金额。各项目应当根据"财政补助结转""财政补助结余"科目及其所属明细科目的本年发生额分析填列。

（5）"本年财政补助收入"项目及其所属各明细项目，反映事业单位本年度从同级财政部门取得的各类财政拨款金额。各项目应当根据"财政补助收入"科目及其所属明细科目的本年发生额填列。

（6）"本年财政补助支出"项目及其所属各明细项目，反映事业单位本年度发生的财政补助支出金额。各项目应当根据"事业支出"科目所属明细科目本年发生额中的财政补助支出数填列。

（7）"年末财政补助结转结余"项目及其所属各明细项目，反映事业单位截至本年末的财政补助结转和结余余额。各项目应当根据"财政补助结转""财政补助结余"科目及其所属明细科目的年末余额填列。

财政补助收入支出表的结构如表7-6所示。

【例7-3】承【例7-1】。根据甲事业单位2×13年资料，编制"财政补助收入支出表"，如表7-6所示。

表 7－6　财政补助收入支出表

会事业 03 表

编制单位：甲事业单位　　　　2×13 年　　　　单位：

项　目	本年数	上年数
一、年初财政补助结转结余		——
（一）基本支出结转		——
1. 人员经费		——
2. 日常公用经费		——
（二）项目支出结转		——
××项目		——
（三）项目支出结余		——
二、调整年初财政补助结转结余		——
（一）基本支出结转		——
1. 人员经费		——
2. 日常公用经费		——
（二）项目支出结转		——
××项目		——
（三）项目支出结余		——
三、本年归集调入财政补助结转结余		
（一）基本支出结转		
1. 人员经费		
2. 日常公用经费		
（二）项目支出结转		
××项目		
（三）项目支出结余		
四、本年上缴财政补助结转结余		
（一）基本支出结转		
1. 人员经费		
2. 日常公用经费		
（二）项目支出结转		
××项目		
（三）项目支出结余		

续表

项　目	本年数	上年数
五、本年财政补助收入	7 700 000	
(一)基本支出	7 700 000	
1. 人员经费	3 080 000	
2. 日常公用经费	4 620 000	
(二)项目支出		
××项目		
六、本年财政补助支出	5 000 000	
(一)基本支出	5 000 000	
1. 人员经费	2 000 000	
2. 日常公用经费	3 000 000	
(二)项目支出		
××项目		
七、年末财政补助结转结余	2 700 000	
(一)基本支出结转	2 700 000	
1. 人员经费	1 080 000	
2. 日常公用经费	1 620 000	
(二)项目支出结转		
××项目		
(三)项目支出结余		

第三节　附注

一、附注的概念与作用

附注是“会计报表附注”的简称,是对在资产负债表、收入支出(费用)表、财政补助收支情况表和现金流量表等报表中列示项目的文字描述或明细资料,以及对未能在这些报表中列示项目的说明等。

会计报表由于受格式、反映形式等因素的限制,有时所提供的信息不能完全满足报表使用者的需要。对此,需要以会计报表附注形式来完善财务会计报告,为会计信息的使用者理解会计报表提供帮助。会计报表附注既是对会计报表的补充说明,也是会计报表不可缺少的内容。很多情况只有通过报表附注,才能对财务会计报告有全面、准确的理解，一些在报表中以表格形式难以表达的内容，也需要通过报表附注加以反映。可见，会计报表附注在保持报表正文简练的基础上提供一些与报表的数据相关的信息，它不仅能增进会计信息的可理解性，突出会计信息的重要性，提高会计信息的可比性，而且还可以反映作为整个会计报表组成部分的非数量信息以及其他比报表本身更为详细的信息，说明报表中个别项目的质量和条件限制等。财务报表附注的作用具体表现在以下几方面：

（一）附注能够说明事业单位所采用的会计政策

所谓会计政策，指事业单位在会计核算时所遵循的具体原则以及事业单位所采纳的具体会计处理方法。事业单位采用某种会计政策，就会形成与之相应的会计核算结果。财务报表使用者看到的不同时期、不同事业单位的会计报表存在差异，除了外界环境和事业单位运营管理的原因之外，很大程度上是因为事业单位采用了不同的会计政策。对此，事业单位必须给予充分的说明，以使报表使用者能正确地理解会计报表，否则必然误导他们的判断与决策。对会计政策的说明，通常是以会计报表附注的形式完成的。

（二）附注能够说明影响事业单位财务状况和运营成果的特殊事项

事业单位在运营中总会遇到某些有别于正常交易的事项，例如与具有特殊关系的单位或个人之间的交易、对未来可能产生较大影响的不确定事项（或有事项）、事业单位合并与分立等。这些事项所带来的财务结果是正常交易情况下所不可能产生的，因而需要通过会计报表附注给予特别说明，否则，亦会对会计报表使用者产生不利影响。

（三）附注能够突出事业单位重大事项的信息

会计报表是对事业单位财务状况、运营成果的综合反映，涉及面广、数据多，有的报表使用者可能抓不住重点，也有的报表使用者不太关注事业单位与前期相比没有多大变化的一般性情况，而希望了解重大变化事项及其细节，如事业单位发生的重要资产转让、事业单位的合并与分立等。通过会计报表附注的说明，便可以帮助报表使用者了解哪些是应当引起注意的重要信息，以满足他们这方面的要求。

（四）附注能够补充说明会计报表本身无法表达的情况

由于会计报表表格所规定的内容具有一定的固定性和规定性，并只能提供定量的财务信息，这使得一些情况无法通过表格表达，或以表格形式表达起来过于复杂。在正式的会计报表之外以附注的形式对这些情况做单独说明，能够表达得很清楚，可以补充会计报表列示方式的不足。

二、附注特点

会计报表附注与基本会计报表及其附表相比，具有一定的特点：

第一，附注主要以文字而非数字来表达信息。

第二，附注侧重提供定性而非定量信息。

第三，附注对报表兼具基础和补充的作用。当然，即使附注具有其相对独立的地位和重要的作用，但不能用以取代报表中对项目的适当分类与描述，也不能与报表信息相重复甚至相矛盾。

三、会计报表附注的内容

事业单位的会计报表附注至少应当披露下列内容：

第一，遵循《事业单位会计准则》《事业单位会计制度》的声明；

第二，单位整体财务状况、业务活动情况的说明；

第三，会计报表中列示的重要项目的进一步说明，包括其主要构成、增减变动情况等；

第四，重要资产处置情况的说明；

第五，重大投资、借款活动的说明；

第六，以名义金额计量的资产名称、数量等情况，以及以名义金额计量理由的说明；

第七，以前年度结转结余调整情况的说明；

第八，有助于理解和分析会计报表需要说明的其他事项。

四、会计报表附注的形式

在会计实务中，会计报表附注可采用旁证、附表和底注等形式：

（一）旁注

旁注，是指在会计报表的有关项目后面以括号方式对其加注说明。如果会计报表中使用简明名称的项目不足以反映其全部含义，可以直接用括号加注说明。在会计报表的附注形式中，旁注是最简单的附注形式。

由于会计报表本身结构规范、具有法定性的特点，因此，旁注只适用个别只需简单补充的信息项目，并且其内容不宜冗长，以保持报表项目的简明扼要、清晰明了。

一般地说，旁注可揭示的信息包括：指明所采用的特定会计方法或计价基础，如在“长期投资”项目后注明（按购买法）；说明某个项目的性质，如在某项资产后注明“已作为抵押”，或在“应收票据”项目后注明（其中×××已向银行贴现）；列示某个标题中包括的构成项目；按备选计价方法确定某项金额，如在存货的历史成本后用括号说明其现行市价；需要参见其他部分的说明。

（二）附表

附表，是指反映会计报表内重要项目的构成及其增减变动数额的表格。附表所反映的是会计报表中某一项目的明细信息。

（三）底注

底注也称脚注，是指在会计报表后面用一定文字和数字所做的补充说明。底注的主要作用是揭示那些不便于列入报表正文的有关信息。一般而言，每一种报表都可以有一定的底注，其篇幅大小随各种报表的复杂程度而定。我国会计报表附注主要是采取这种形式。

五、附注的局限性

必须指出，尽管附注与表内信息不可分割，共同组成会计报表的整体，但是，附注中的定量或定性说明都不能用来更正表内的错误，也不能用以代替报表正文中的正常分类、计价和描述，或与正文数据发生矛盾。此外，附注作为一种会计信息的披露手段，还存在以下缺陷：①如果使用者对附注不做认真研究，便难以阅读和理解，从而可能忽视这项资料；②附注的文字叙述，比报表中所汇总的数据资源更难以用于决策；③随着事业单位业务复杂性的增加，存在着过多地使用附注的危险，这样势必会削弱基本报表的作用。

第四节　财务报表分析

一、财务报表分析概述

（一）财务报表分析的意义

财务报表分析就是运用事业单位财务报表、账簿记录和其他有关资料，对一定时期单位财务状况、收支情况和现金流量进行比较、分析和研究，并进行总结、做出正确评价的一种方法。或者说，财务报表分析就是从财务报表中，寻求有用的信息，帮助财务报表使用者评价非营利组织业务绩效，掌握受托责任履行情况，预测未来财务状况、业务活动结果以及现金流量。

财务报表虽然是事业单位业务活动的缩影，但财务报表所提供的毕竟是历史性静态信息，对财务报表使用者而言，仍是未进行加工整理的素材。财务报表阅读者为了获得更为有价值的信息，还需要运用一定的方法对报表的数据资料进一步加工、分析、比较和评价，以便掌握它们之间的相互关系，对事业单位和业务活动做出恰当的评价和判断。可见，财务报表分析是事业单位财务会计工作的重要组成部分，是会计核算和会计监督的继续和深化。

（二）财务报表分析的目的

事业单位财务报表的使用者包括捐赠者、债权人、有关政府部门机构等单位、团体和公众。不同的财务报表使用者对报表所提供的信息要求不同，同样，不同的报表使用者对报表分析的具体目的和用途也不同。具体而言，财务报表分析的目的和用途主要有以下几个方面：

1. 反映和衡量管理机构受托责任履行情况。一般情况下，事业单位的资金来源主要来自捐赠人的捐赠、会员缴纳的会费、向服务对象收取的服务费等，而且这些资金提供者在提供资金以后不再享有所有权（如资产处置权、受益权、分配权等）。但是，他们对所提供资源的用途、产生的效益十分关注，通过对财务报表分析可以更加深刻地了解事业单位控制的资源状况、负债水平、资金的使用情况及其效果、现金流量等信息，获取管理机构受托责任履行的情况。

2. 确定事业单位业务活动的效率。即通过财务报表分析，研究分析事业单位利用人力、物力、财力资源从事业务活动的程度，如劳动效率、营运资金利用效率、固定资产利用效率的高低等。

3. 了解事业单位偿还长期和短期债务的能力。为了促进公益事业发展的需要，事业单位可以从组织外部借入资金，获得资金的使用权，并按期履行偿还本金，支付利息。作为提供借贷资金的债权人十分关心借款人能否到期清偿其债务，他们需要对财务报表进行分析，了解事业单位偿还长期和短期债务的能力。

4. 预测事业单位未来的发展趋势。通过不同年度的财务数据，结合本组织当前的内部条件和外部环境，来预测事业单位未来的业务活动情况和业务成果的发展趋势，为加强事业单位管理提供科学的依据。

（三）财务报表分析的步骤

财务报表分析一般有以下步骤：

1. 确定分析的目的。不同的人员或集团，基于各自的经济利益，会对财务报表做出不同的分析。对于管理当局，通过报表分析，可以有效地调整对业务活动的预算与控制；对组织外部的捐赠者和债权人，则希望从财务报表分析中得知组织受托责任履行情况以及偿债能力的信息，以便做出评价和决策。

2. 搜集分析资料。财务报表是事业单位进行报表分析的主要资料来源，但由于会计信息只反映经济活动在某一时期的结果，并不反映经济活动的发生、发展变化过程。会计信息只能部分地反映造成当前结果的原因，但不能全面揭示形成原因。因此，需要分析者收集相关资料信息。一般信息收集内容包括：宏观经济形势信息；行业情况信息；组织内部数据等，如各种业务活动预算、定额、经济责任指标等；各种教学、技术和医疗等资料；各种文件报告资料；各种调查资料以及市场前景、员工构成等情况。

3. 选择分析方法。分析方法服从于分析目的，应当根据不同的分析目的，采用不同的分析方法，对未来发展趋势的预测，要用到回归分析法；对流动性的分析，要用到比率分析法；而对预算执行情况的分析，往往用到因素分析法。

4. 资料的整理、计算与分析。首先核对和明确财务报表是否反映了真实情况，并依据分析的目的进行相关指标的计算，根据计算结果与标准进行比较分析。

5. 撰写分析报告。在分析报告中，对分析过程、所采用的分析方法、分析依据做出交代，对分析结果做出概括。同时还应当对分析资料、分析方法的局限性做出说明。

（四）财务报表分析的基本方法

财务报表分析的基本方法主要有比较分析法、连环替代分析法、差额分析法、平衡法和百分比分析法等。

1. 比较分析法。比较分析法是通过实际数与基数的对比，来揭示实际数与基数之间的差异，据以了解经济活动中取得的成绩和存在的问题的一种分析方法。采用比较法进行报表分析时，根据分析的不同目的可以用本期实际指标与各种基数指标进行对比分析。主要包括：与预算指标对比分析；与前期实际指标对比分析；与条件大体相同的先进单位指标对比分析；与历史上最好水平对比分析等。

（1）实际指标与预算指标的比较分析。这是重要的一种对比形式。通过对比，可以检查预算执行情况，确定实际与预算之间的差异，据以考核单位工作业绩，为进一步分析、研究业务活动奠定基础。但是，在分析时，要注意检查预算指标本身的先进性和可行性。

实际指标与预算指标的比较分析，主要是通过计算预算完成百分比指标来实现的。

$$预算完成百分比 = \frac{实际完成数}{预算（计划数）} \times 100\%$$

（2）本期实际指标与上期（或上年同期）的实际指标比较分析。这是对财务报表项目纵向比较的动态分析方法，称作“趋势分析”。通过采用这种方法对财务报表有关项目的分析，可以考察预算收支活动发展变化情况及趋势。这种比较方式的具体做法如下：

①将前后期各项目的绝对金额进行比较，求出增减差额。其计算公式如下：

$$本期实际数较前期实际数的增减额 = 本期实际数 - 对比期实际数$$

②将增加或减少的差额作为分子，前期的绝对额作为分母，求出增减差额变化程度。其计算公式如下：

$$本期实际数为前期实际数的百分比 = \frac{本期实际数}{前期实际数} \times 100\%$$

（3）与先进单位指标的对比分析。与先进单位指标对比，实际上是与先进管理方法、管理成就的比较。通过对比分析，可以找出同先进水平的差距，有利于吸收先进经验，改进本单位工作。

2. 连环替代分析法。连环替代分析法是顺序用各项因素的实际数替换基数，据以计算各项因素影响程度的一种分析方法。采用这种方法，首先以被分析指标的实际数与基数（如计划数或上期实际数）进行对比，并以比较结果作为分析对象，利用因素替换找出影响分析对象变动的因素及程度，是对比较法的进一步发展。其计算程序为：

设单位某经济指标为 N，其实际完成水平为 N_1，预算为 N_0，则有：

$$N_1 - N_0 = \text{分析对象}$$

又假定指标 N 受相互联系的 a,b,c 3 个因素的影响，其彼此关系为：

$N = a \times b \times c$，依次有如下：

$$N_0 = a_0 \times b_0 \times c_0$$
$$N_1 = a_1 \times b_1 \times c_1$$

为了分析确定各因素对分析对象的影响程度，由 N_0 至 N_1，通过依次以各因素的实际数替换预算数的办法确定，即：

(1) 基数：$N_0 = a_0 \times b_0 \times c_0$

(2) 替换 a：$N_3 = a_1 \times b_0 \times c_0$

(3) 替换 b：$N_2 = a_1 \times b_1 \times c_0$

(4) 替换 c：$N_1 = a_1 \times b_1 \times c_1$

(2) - (1)，即：$N_3 - N_0$ 为 a 因素变动对分析对象的影响程度；

(3) - (2)，即：$N_2 - N_3$ 为 b 因素变动对分析对象的影响程度；

(4) - (3)，即：$N_1 - N_2$ 为 c 因素变动对分析对象的影响程度。

以上 3 个因素影响的总差异为：$(N_3 - N_0) + (N_2 - N_3) + (N_1 - N_2) = N_1 - N_0$ 与分析对象一致。

【例 7 - 4】某事业单位办公费预算由人员定额和定额标准两个因素组成，即：人员定额 × 定额标准 = 办公费预算。该单位 2 × 13 年核定全年办公费支出预算为 12 000 000 元，实际开支 11 745 000 元，实际支出比预算节约 25 500 元。采用连环替代法，找出影响办公费节约的原因。影响办公费水平的两个因素数值资料，如表 7 - 7 所示。

表 7 - 7

项　目	单　位	预算数	实际支出数
人　数	人	150	145
每人办公费定额	元	8 000	8 100

根据上述资料，运用连环替代法计算有关因素对公务费开支影响程度。

预算数：　　150 × 8 000 = 1 200 000（元）　　(1)

第一次替换：　　145 × 8 000 = 1 160 000（元）　　(2)

(2) - (1) = -40 000（元），即：人数减少 5 人使办公费节约 40 000 元。

第二次替换：　　145 × 8 100 = 1 174 500（元）　　(3)

(3) - (2) = 14 500（元），即：定额提高使办公费超支 14 500 元。

将各因素影响的数值相加，计算实际数与预算数之间的差异，即为全部因素影响办公费支出程度：$-40\ 000+14\ 500=-25\ 500$（元）。

3. 差额分析法。差额分析法就是直接利用各因素的预算（计划）与实际的差异来按顺序计算，确定其变动对分析对象的影响程度。它是从连环替代法简化而成的一种分析方法。其过程如下（仍用连环替代法中的指标相互关系及符号）：

分析对象为 N_1-N_0

即 $a_1\times b_1\times c_1-a_0\times b_0\times c_0$

（1）计算 a 因素变动对分析对象的影响程度为：

$$(a_1-a_0)\times b_0\times c_0$$

（2）计算 b 因素变动对分析对象影响为：

$$a_1\times(b_1-b_0)\times c_0$$

（3）计算 c 因素变动对分析对象的影响为：

$$a_1\times b_1\times(c_0-c_1)$$

（4）计算 a,b,c 3 个因素对分析对象影响之和为：

$[(a_1-a_0)\times b_0\times c_0]+[a_1\times(b_1-b_0)\times c_0]+[a_1\times b_1\times(c_0-c_1)]$，将括号展开，上式化简得：$a_1\times b_1\times c_1-a_0\times b_0\times c_0$

因：$a_1\times b_1\times c_1=N_1$，$a_0\times b_0\times c_0=N_0$

故：$a_1\times b_1\times c_1-a_0\times b_0\times c_0=N_1-N_0$ 与分析对象一致。

【例 7－5】资料承【例 7－4】，用差额法分析有关因素变动对办公费支出影响程度计算分析过程如下：

（1）人数变动影响：$(145-150)\times 8\ 000=-40\ 000$（元），人数减少 5 人使公务费节约 40 000 元。

（2）单位公务费定额影响：$145\times(8\ 100-8\ 000)=14\ 500$（元），单位公务费定额提高，使公务费超支 14 500 元。

（3）上述因素造成差异合计为：$-40\ 000+14\ 500=-25\ 500$（元）

4. 百分比法。百分比法是指用百分率或相对式子，表示同一时期各项财务指标内部结构或者表示不同时期同一财务指标的变动趋势的一种分析方法。不同时期的同类报表项目的百分率分析，可以反映出该项目的增长或减少的幅度；同一报表中的不同项目的百分率分析，可以反映出个体项目占总体项目的百分比。百分比法计算公式如下：

$$\text{某项所占比重}(\%)=\frac{\text{某项目数}}{\text{总值数}}\times 100\%$$

【例 7－6】某事业单位 2×12 年、2×13 年各项收入及计算各项收入比重情况如表 7－8 所示。

从表 7－8 可以看出，该单位 2×13 年与 2×12 年相比，财政补助收入和经营收入占全部收入的比重下降，财政补助收入下降速度为 3.22%，比经营收入下降速度 0.72% 要快。而该单位事业收入在比重中上升，由 2×12 年的 10.42% 上升到了14.36%。在事业任务没有显著减少的前提下，该单位财务业绩还是比较好的，减少了财政拨款资金，减轻了政府负担，同时事业收入也在增加。

表7－8　收入百分比分析表　　单位：元

	2×13 年实际		2×12 年实际		差额（+、-）	
	金额	比重（%）	金额	比重（%）	金额	比重（%）
财政补助收入	30 500 000	77.51	31 000 000	80.73	-500 000	-3.22
事业收入	5 650 000	14.36	4 000 000	10.42	+1 650 000	+3.94
经营收入	3 200 000	8.13	3 400 000	8.85	-200 000	-0.72
合　计	39 350 000	100	38 400 000	100	+950 000	—

第五节　财务报表的趋势分析法

一、趋势分析法概述

趋势分析法，是根据某一事业单位连续几年的财务报表，比较各期有关项目金额，以此对事业单位的发展趋势做出正确推断的一种分析方法。

事业单位一个会计期间的财务报表数据可能受到非常或偶然事件的影响，它所反映的内容不够全面，表中的数据资料既不能代表该事业单位的过去，也不能说明其未来。如果对事业单位若干期的财务报表按时间序列进行分析，就能看出其发展趋势，也有助于筹划未来。

进行趋势分析时，一般要编制比较财务报表。将连续多期的同一报表（至少是最近两、三年甚至五年）并列在一起加以比较。首先应选择一个适当的年度作为比较的基础。基年选的不合适会使分析的结果不能真实地反映实际情况。基年选定后，再将其他年度的数据表示为基年的百分数，得出趋势百分比，最后进行文字说明。

趋势分析的具体方法：

- 比较各项目前后期的增减方向和幅度。①把前后期各项目的绝对金额进行对比，求出增或减的差额；②把增或减的差额作为分子，把前期的绝对金额作为分母，求出增或减差额的变化程度（百分比）。
- 求出各项目在总体中所占的比重（百分比）。例如，业务活动表中以收入总额为总体，再计算各具体收入项目占总收入的比重；资产负债表中，分别以资产总额、负债及净资产总额为总体，再计算各具体项目占总体的比重。

二、比较资产负债表的趋势分析

【例7－7】某事业单位根据2×12年、2×13年资产负债表有关资料，编制该单位的比较资产负债表,如表 7 - 9 所示。

表 7 - 9 比较资产负债表

编制单位:某事业单位　　2×13 年 12 月 31 日　　金额:万元

项目	2×13 年	2×12 年	增(+)或减(-)	
			金额	百分比(%)
资产				
流动资产				
货币资金	4 000	10 280	-6 280	-61.09
应收账款	24 000	16 000	+8 000	+50
存货	32 000	40 000	-8 000	-20
预付账款	2 000	800	+1 200	+150
流动资产合计	62 000	67 080	-5 080	-7.6
非流动资产				
固定资产	16 000	16 000	0	0
长期投资	38 000	26 000	+12 000	+46.2
非流动资产合计	54 000	42 000	+12 000	+28.6
资产总计	116 000	109 080	+6 920	+6.3
负债				
流动负债				
应付账款	24 000	18 800	+5 200	+27.7
应付票据	2 000	2 000	0	0
应付职工薪酬	2 000	1 400	+600	42.9
流动负债合计	28 000	22 200	+5 800	26.1
非流动负债				
长期借款	30 000	34 000	-4 000	-11.8
非流动负债合计	30 000	34 000	-4 000	-11.8
负债合计	58 000	56 200	-1 800	-3.2
净资产				
事业基金	36 000	34 000	+2 000	+5.9
专用基金	22 000	19 080	+2 920	+15.3
净资产合计	58 000	53 080	+4 920	+9.3
负债及净资产总计	116 000	109 280	+6 720	+6.1

从表7－6可见，该单位2×13年资产总额比2×12年增加了69 200 000元，增长率为6.3%，其中应收账款和长期投资增加的数额比较多；与2×12年相比，2×13年负债总额减少18 000 000元，减少幅度为3.2%，主要是长期负债减少所致，而流行性负债各相关项目并未减少。该单位净资产2×13年比2×12年增加了49 200 000元，增长幅度为9.3%。总体看，该单位财务状况比较好，在资产、净资产增加的同时负债有所下降。

三、比较业务活动表的趋势分析

业务活动表的趋势分析主要进行年度变动分析。通过比较相对短期2—3年的财务报表，来分析同一行某项目的年度变化。这种短期年度变动分析易驾驭、好理解。它具有既表达绝对数额变动，又表达百分比变动的优点。

【例7－8】根据表中资料，编制的某事业单位比较业务活动表如表7－10所示。

表7－10　比较业务活动表

编制单位：某事业单位　　2×13年12月31日　　金额：万元

项　目	2×13年	2×12年	增(+)或减(-)	
			金额	百分比(%)
一、收入				
财政补助收入	36 200	34 000	+2 200	+6.5
事业收入	15 000	13 800	+1 200	+8.7
上级补助收入	300	200	+100	+50
附属单位上缴收入	0	0	0	0
经营收入	6 200	6 800	-600	-8.8
收入合计	57 700	54 800	+2 900	+5.3
二、支出或者费用				
事业支出	51 000	48 000	+3 000	+6.3
上缴上级支出	200	200	0	0
对附属单位补助支出	0	0	0	0
经营支出	5 800	6 500	-700	-10.8
支出或费用合计	57 000	54 700	+2 300	+4.2

由表7－10可知，该单位收入增长率为5.3%，其中，财政补助收入、事业收入增长的幅度分别为6.5%和8.7%，在财政补助收入、事业收入增加的同时，经营收入在下降。该单位支出或者费用增长幅度为4.2%，但经营支出增长速度在下降。

该单位收入增长的速度大于支出或者费用增长的速度，其经营收支状况比较好。

第六节 财务报表的比率分析法

比率分析法是把某些彼此存在关联的财务报表项目加以对比，算出比率，借以确定经济活动变动程度的分析方法。比率是有关指标之间比较后形成的相对数，该比率排除了规模的影响，使不同比较对象建立起可比性，把某些条件下的不可比指标变为可以比较的指标，为财务报表分析提供了重要的工具。

一、预算收入和支出完成率

预算收入和支出完成率，衡量事业单位收入和支出总预算及分项预算完成的程度。计算公式为：

预算收入完成率 = 年终执行数 ÷（年初预算数 ± 年中预算调整数）× 100%

（年终执行数不含上年结转和结余收入数）

预算支出完成率 = 年终执行数 ÷（年初预算数 ± 年中预算调整数）× 100%

（年终执行数不含上年结转和结余支出数）

二、人员支出、公用支出占事业支出的比率

人员支出、公用支出占事业支出的比率，衡量事业单位事业支出结构。计算公式为：

人员支出比率 = 人员支出 ÷ 事业支出 × 100%

公用支出比率 = 公用支出 ÷ 事业支出 × 100%

三、人均基本支出

人均基本支出，衡量事业单位按照实际在编人数平均的基本支出水平。计算公式为：

人均基本支出 =（基本支出 - 离退休人员支出）÷ 实际在编人数

四、资产负债率

资产负债率，衡量事业单位利用债权人提供资金开展业务活动的能力，以及反映债权人提供资金的安全保障程度。计算公式为：

资产负债率 = 负债总额 ÷ 资产总额 × 100%

【例 7 - 9】承【例 7 - 7】，根据表 7 - 9 相关数据资料，计算该事业单位 2 × 13 年资产负债率结果如下：

$$资产负债率 = \frac{58\ 000}{116\ 000} \times 100\% = 50\%$$

参考资料

[1]事业单位会计准则(2012 年 12 月 6 日财政部发布,自 2013 年 1 月 1 日起施行)

[2]事业单位会计制度(2012 年 12 月 19 日财政部发布,自 2013 年 1 月 1 日起施行)

[3]王国生.事业单位会计[M].北京:中国方正出版社,1998.